行列簿記の現代的意義
―歴史的経緯と構造の視点から―

礒本光広［著］

創成社

はしがき

　本書は行列簿記（Matrix Bookkeeping）について執筆したものである。Matrix と聞くと映画「マトリックス[1]」を思い浮かべる人も多いだろう。しかし映画「マトリックス」における「仮想現実」と数学において「行列」を意味する Matrix がなぜ結びつくのか疑問に思った人もまた多いのではないだろうか。そこで少し考察してみる。

　数学の世界において連立方程式を解くために考案されたのが「行列式[2]」であり，研究がすすめられていた。「行列式」を研究していくなかで，それを生み出すもととなるものの重要性に気づいてそれを比喩的に「行列（行列式の母体）」と表現したのがシルベスター（James Joseph Sylvester）である[3]。一方で SF（Science Fiction）の世界において，コンピュータのなかに作られた仮想的な世界を，あたかも現実のように体験させる技術を仮想現実（Virtual Reality）といい，それを生み出す装置のことを Matrix（仮想現実の母体）とウィリアム・ギブスン（William Ford Gibson）が名づけた[4]。これがそれ以降の SF 小説などにおいて利用されるようになったものである。このように Matrix とは母体を意味するラテン語 Mater に語源をもつことばであり，何かを生み出す機能に命名されることが多い。

　ところでみなさんは小遣い帳や家計簿をつけるときにどのように記帳するだろうか。何に対して支出したのかを記入するのが面倒で，支出費目が印刷してあれば便利だと感じるのではないだろうか。現金による支払いだけではなくてカード払いであったり，掛け払いなどがあったりすればなおさらではないだろうか。19 世紀以前の行列簿記萌芽期に考えられたことが，記帳の手数を減らすこと，すなわち記帳の簡便化である。これが小遣い帳や家計簿ではなく商売をしている場合にはどうなるかを考えていけば，ひとつの数値を記入するだけで事たりる行列形式をもちいる下地ができていったことが想像できるであろう。

行列簿記（Matrix Bookkeeping）は1957年に国民所得分析や経済波及効果にもちいられるレオンチェフ（Wassily Leontief）の産業連関表（投入－産出分析：Input-Output Analysis）に着想をえて，マテシッチ（Richard Mattessich）によって考案されたとされている。行列簿記と聞いてあなたはどういう印象をもつだろうか。表が大きくなるあの古い考え方だと思うか，それともコンピュータ時代の革新的な新しい考え方だと思うか。人によって受け止め方はさまざまであろう。

　行列簿記とは，仕訳を行と列とで区切られたマトリックス上のシートのなかに記入していき，最終的に財務諸表を作成する方式である。Ms-Excelを利用したことがある人には仕訳をワークシートに打ち込んでいけば最終的に財務諸表が完成すると説明すれば，おおまかには理解していただけることであろう。行列簿記を採用することによって記帳の簡便化ができ，将来予測ができ，デジタル化してあるため分析にも利用しやすい。このように書いていくと夢のような素晴らしい記帳方法であるように感じるかもしれないが，現在あまり評価されているとはいえない。どこかに劣位性があるために評価されず利用されない状態に至っていると推測される。そこで行列簿記に再び光を当て，優位性と劣位性のすべてをつまびらかにしたうえで再評価すべき点があることを理解してもらうべく執筆した次第である。

　第Ⅰ部では「行列簿記の起源」について考察する。小さいころわたしは川のはじまりをみつけたくて山の奥深くまで分け入っていき，水のしみだしているところを発見し感激したことがある。何かの起源について歴史探究することは冒険をするような高揚感がある。行列簿記の成立前に存在したマトリックス形式の帳票を研究することより，行列簿記が必然的に成立したことについて**第1章**で論ずる。行列簿記と一口にいっても多くの学者のさまざまな主張がある。そこで行列簿記の構造と種類を研究することによってそれぞれの行列簿記表の優位性と劣位性について**第2章**で論ずる。

　第Ⅱ部では「意思決定と経営分析」について考察する。**第3章**では行列簿記表の構造理解をしたうえで直接原価計算をもちいた利益感度分析について考察する。**第4章**では過去に行列簿記についての優劣を主張した論文の検証を

実際の有価証券報告書の財務データをもちいておこなう。また一般企業への適用可能性をも模索する。実際に理論をいわれるだけよりも実際のデータをもちいて説明された方が理解しやすい人が多いのが事実である。それをぜひ体感していただきたい。

　第Ⅲ部では「記帳の効率化とデータ保持」について考察する。第5章では記帳の効率化に視点をあて，コンピュータ会計の変遷や商品の仕訳方法について考察する。第6章では財務諸表のデータ保持方法を歴史的に考察し，コンピュータやクラウドの導入によってどのように変容していくのかについて考察する。コンピュータについて興味がある人はぜひ読んで今後の方向性を考えめぐらせていただきたい。

　行列簿記について歴史的，実務的，またそれ以外の多面的にこれだけ研究した書物は他に例を見ないうえ，研究書としてだけではなく一般的な読み物としてもおもしろいのではないかと自負している。
　この研究についてはじめて発表したのは日本経営診断学会関西部会であった。多くの先生方に厳しくも優しい意見をいただいた。それをのりこえようと模索する日が続いた。その後日本会計研究学会全国大会および日本経営診断学会全国大会で発表させていただき，さらなる意見をいただく機会をえた。一方で多くの査読付き論文に投稿するなかで査読者に多くの価値ある意見をいただいた。これら学会発表や査読付き論文においてさまざまな先生方の意見をいただき，それに対してさらなる研究を繰り返す過程で研究が膨らむとともにしっかりと筋が通り理論の骨子が固まっていったことを痛感している。また博士課程において主査である星野一郎先生，副査である村松潤一先生，林　幸一先生には多くのことを指導していただいた。先生方には学会や査読付き論文における意見にたいしてさまざまなアドバイスを与えていただいた。特に星野一郎先生の昼夜を問わない厳しくも優しい指導がなければ到底ここまでくることはなかった。先生方の指導に心より感謝する次第である。
　最後に私事で恐縮であるが，大病もせず健康で居続けあたたかく見守ってくれた両親の清一，小夜子，義母の朝香，そして研究を陰で支えてくれている妻

の理恵には感謝をしている。また娘の詩貴にいいところをみせたいという動機も論文を書く原動力になっていたことは否定できない。出版にあたって何かを感じてくれたらこれに勝る喜びはない。

わたしを支えてくれたすべての人に感謝しつつ，本書を捧げたい。

　　2017 年 10 月

礒本光広

【註】

1）「マトリックス（The Matrix）」（1999 年アメリカ）もしくはそれ以降のシリーズ（− 2003）の総称。1999 年 9 月 11 日日本公開。SF 作品であるが，カンフーファイトのテイストも含んでいる。ストーリーの各所にメタファーや暗示を置き，哲学や信仰というテーマも表現している。従来の CG にはない，ワイヤーアクションやバレットタイムなどの VFX（visual effects：映像効果）を融合した斬新な映像表現は「映像革命」として話題となった。

　　ウィキペディアウェブサイト，https://ja.wikipedia.org/wiki/%E3%83%9E%E3%83%88%E3%83%AA%E3%83%83%E3%82%AF%E3%82%B9，［2017 年 6 月 15 日閲覧］。

2）行列式は連立方程式の解を決定することから英語では determinant（決定）という。

3）This will not in itself represent a determinant, but is, as it were, a Matrix out of which we may form various systems of determinants.（これは諸々の行列式（determinant）ではなく様々な体系を生み出すことができる，まるで Matrix（行列式の母体）である）。

　　James Joseph Sylvester, Additions to the Articles in the September Number of this Journal, " 'On a New Class of Theorems,' and 'On Pascal's Theorem,' " *Philosophical Magazine and Journal of Science*, Ser.3, Vol.37, November 1850, p.369.

4）イギリスの SF テレビドラマ『ドクター・フー』（1963 年 −，イギリス）88 話『Deadly Assassin』（1976 年）に登場する用語。知識が集積された仮想空間のことを「マトリックス」と呼んでいる。またウィリアム・ギブスンのサイバーパンク SF 小説『ニューロマンサー』（1984 年），『カウント・ゼロ』（1986 年），『モナリザ・オーバードライブ』（1988 年），『記憶屋ジョニィ』（1981 年），『クローム襲撃』（1982 年），あるいは記憶屋ジョニィを基にした映画『JM（Johnny Mnemonic）』（1995 年，アメリカ）での用語。それらの作品において，コンピュータ・ネットワーク上のサイバースペース（電脳空間）に築かれた「仮想現実空間」，人類の全コンピューター・システムから引き出されたデータの「視覚的再現」，「共感覚幻想」のことを「マトリックス」と呼んでいる。

　　ウィキペディアウェブサイト，https://ja.wikipedia.org/wiki/%E3%83%89%E3%82%AF%E3%82%BF%E3%83%BC%E3%83%BB%E3%83%95%E3%83%BC，［2017 年 6 月 15 日閲覧］。

目　　次

はしがき

序　章　問題意識と論理構成 ─── 1
- P-1　問題意識と目的 …………………………………… 1
- P-2　本書の研究対象と研究方法 ……………………… 2
- P-3　本書の全体的な構成 ……………………………… 3

第Ⅰ部　行列簿記の起源

第1章　行列簿記の萌芽と生成 ─── 8
- 1-1　業務短縮のための帳票 …………………………… 8
  - 1-1-1　行列簿記の萌芽　8
  - 1-1-2　アメリカ式簿記　9
  - 1-1-3　一帳簿制と行列簿記　12
- 1-2　マトリックス形式の帳票 ………………………… 13
  - 1-2-1　岡田誠一の紹介した将棋盤式簿記　13
  - 1-2-2　コーラーの展開表　16
  - 1-2-3　マテシッチの取引行列　17
  - 1-2-4　行列簿記の優位性　21
- 1-3　数学利用を意識した帳票 ………………………… 21
  - 1-3-1　コーコランと高寺貞男の行列簿記表　21
  - 1-3-2　越村式行列簿記表　26
  - 1-3-3　リニア・プログラミングとの結合　29
- 1-4　複式簿記の数学的表現 …………………………… 31
  - 1-4-1　ゴンベルグの同時記入的一覧表　31

    1-4-2 取引と勘定との非可逆性　34
    1-4-3 二重分類簿記　34
    1-4-4 会計学と数学　39
  1-C 本章における結論 ──────────────────── 40

第2章　行列簿記の構造と種類 ─────────── 48
  2-1 諸外国における簿記法 ───────────────── 48
    2-1-1 岡田誠一による欧米諸国簿記法の紹介　48
    2-1-2 ロジスモグラフィア　50
    2-1-3 中国式増減記帳法　52
  2-2 越村式行列簿記のさまざまな型 ─────────── 54
    2-2-1 能率型　54
    2-2-2 古典型　55
    2-2-3 流線型　57
    2-2-4 混合型　58
  2-3 越村式行列簿記の検証 ───────────────── 60
    2-3-1 越村式行列簿記表の数式化　60
    2-3-2 越村式行列簿記表の問題点　76
  2-4 行列簿記のダウンサイジング ──────────── 77
    2-4-1 原型財務諸表行列簿記　77
    2-4-2 伝統的行列簿記と原型財務諸表行列簿記の比較　81
    2-4-3 複式行列簿記　83
    2-4-4 伝統的行列簿記と複式行列簿記との比較　85
  2-C 本章における結論 ──────────────────── 86

第Ⅱ部　意思決定と経営分析

第3章　行列簿記と意思決定 ─────────────── 92
  3-1 産業連関表の構造 ─────────────────── 92
    3-1-1 行列簿記と産業連関表　92
    3-1-2 産業連関表とは　96

3-1-3　産業連関表の構成　98
　3-2　産業連関表における各種係数 ･････････････････････････････････････99
　　　3-2-1　投入係数　99
　　　3-2-2　逆行列係数　99
　　　3-2-3　生産誘発額　101
　　　3-2-4　粗付加価値誘発額　102
　　　3-2-5　移輸入誘発額　103
　3-3　産業連関表における基本的な係数 ･･･････････････････････････････104
　　　3-3-1　投入係数と行列簿記表における恒等式　104
　　　3-3-2　次期繰越欄の付加　105
　　　3-3-3　ホーキンス＝サイモンの条件　107
　3-4　産業連関表における投入係数 ･･･････････････････････････････････109
　　　3-4-1　産業連関表における取引基本表　109
　　　3-4-2　産業連関表における投入係数表　110
　3-5　逆行列係数 ･･112
　　　3-5-1　産業連関表における逆行列係数　112
　　　3-5-2　行列簿記における逆行列係数　116
　　　3-5-3　影響力係数と感応度係数　118
　3-6　利益感度分析 ･･119
　　　3-6-1　利益感度分析とは　119
　　　3-6-2　利益感度分析の具体例　120
　3-C　本章における結論 ･･･122

第4章　行列簿記表と経営分析 ── 127

　4-1　有価証券報告書の利用による行列簿記表の作成 ･･････････････････127
　　　4-1-1　行列簿記表作成の意図　127
　　　4-1-2　マツダの行列簿記表　128
　　　4-1-3　行列簿記における推定仕訳　132
　　　4-1-4　キャッシュ・フロー計算書の利用　134
　4-2　マツダの経営分析 ･･136
　　　4-2-1　前年度との比較　136

4-2-2　他企業との比較　139
　　4-2-3　財務分析への適用　142

4-3　リチャーズと藤田芳夫による研究の分析……………………143
　　4-3-1　リチャーズの実証研究　143
　　4-3-2　藤田芳夫による検証　146

4-4　リチャーズと藤田芳夫による研究成果の分析検証………150
　　4-4-1　藤田芳夫分析の検証　150
　　4-4-2　リチャーズ分析の評価　158
　　4-4-3　マツダへの適用可能性　159
　　4-4-4　なぜ行列形式が必要なのか　168

4-C　本章における結論……………………………………………171

第Ⅲ部　記帳の効率化とデータ保持

第5章　記帳の効率化　178

5-1　効率化の変遷……………………………………………………178
　　5-1-1　分課制度と帳簿組織　178
　　5-1-2　伝票会計　181
　　5-1-3　伝票会計による自動化　182

5-2　仕訳の自動化……………………………………………………184
　　5-2-1　コンピュータの登場　184
　　5-2-2　EDP会計による自動化　187
　　5-2-3　擬制法　189

5-3　商品売買取引の処理……………………………………………190
　　5-3-1　小売業における取引記入　190
　　5-3-2　分記法・総記法　193
　　5-3-3　売上原価対立法　196
　　5-3-4　三分法・五分法・七分法　197

5-4　コンピュータ内部における処理方法──実務の面から──……199
　　5-4-1　コンピュータ処理の実際　199
　　5-4-2　会計ソフト内での商品売買取引の処理　200

　　　　5-4-3　ERPシステム　204
　　　　5-4-4　コンピュータ会計と帳簿組織　206
　　5-C　本章における結論 …………………………………………………… 208

第6章　DBMSと複式簿記 ——————————————— 217

6-1　スプレッドシートとカード型データベース ………………………… 217
　　　　6-1-1　コンピュータの変遷と会計処理　217
　　　　6-1-2　スプレッドシート　218
　　　　6-1-3　スプレッドシートとマテシッチの行列簿記表　219
　　　　6-1-4　行列簿記表と旧来の帳簿および財務諸表との関係　222

6-2　リレーショナルデータベース ………………………………………… 224
　　　　6-2-1　演算誤差　224
　　　　6-2-2　3層スキーマ　225
　　　　6-2-3　正規化　226

6-3　XBRLにおけるデータ管理 ……………………………………………… 230
　　　　6-3-1　タクソノミとインスタンス　230
　　　　6-3-2　XBRL GL　232
　　　　6-3-3　仕訳帳と元帳の関係　235

6-4　クラウドによるデータ管理 …………………………………………… 236
　　　　6-4-1　コンピュータとデータベース　236
　　　　6-4-2　ビッグデータ　237
　　　　6-4-3　NOSQL　239

　　6-C　本章における結論 …………………………………………………… 239

終章　成果と今後の展望 ————————————————— 245

E-1　要約と結論 ……………………………………………………………… 245

E-2　成　果 …………………………………………………………………… 247
　　　　E-2-1　学術的貢献　247
　　　　E-2-2　実務的貢献　248

E-3　課題と今後の展望 ……………………………………………………… 250
　　　　E-3-1　XBRL GLの可能性　250

　　　　　　E-3-2　非可逆性にたいする対応　251
　　　　　　E-3-3　経営俯瞰ツールとしての意義と課題　251
　　　　　　E-3-4　今後の展望　253

むすび　255
主要参照文献リスト　259
初出掲載雑誌等一覧　270
索　　引　271

序　章
問題意識と論理構成

P-1　問題意識と目的

　行列簿記は1957年にマテシッチが発表[1]したとされ隆盛を誇ったが歴史のなかに埋没している感がある。この時代のデータ処理システムといえばPCS（Punch Card System：パンチカードシステム）全盛でありOS（Operating System：オペレーティングシステム）の登場は1960年代である。OSの採用により業務の連続処理機能が開発され，コンピュータ性能が飛躍的に向上した。その結果1960年代の後半にPCSからコンピュータへの置き換えが急速に進むことになる[2]。行列簿記がもっとも盛んに議論されたのはこの時代であり，コンピュータが一般に普及した1990年代よりも前の話である。その後もコンピュータの性能は向上し続け，いまや人工知能をもちいて人間の仕事を脅かす勢いである。

　本書は，コンピュータが飛躍的に進歩した現代において「行列簿記の再評価」との視点から，行列簿記を多面的に研究していくものである。かつて勘定簿記にたいする行列簿記の優位性としてあげられていたのは以下の点である。ひとつめは仕訳をおこなうときに数字を一度しか記入する必要がなく時間短縮ができること，ふたつめは勘定科目がすでに記入してあるため誤記入をする可能性が低減すること，3つめは総勘定元帳，合計試算表，貸借対照表，損益計算書などを一覧でき経営判断に活かせること，4つめは数学と親和性が高く恒等式をもちいて分析ができること，5つめはリニア・プログラミングと組み合わせることで将来予測をおこなうことができることなどである。劣位性は借方と貸方に同じ勘定科目を配するために帳簿が大きくなりすぎること，複合仕訳の場合には行列形式にあわせるために分解仕訳をしなければならないことなど

である。

　これまでに優位性とみられていたもの，劣位性とみられていたものも時代が変われば評価がくつがえる可能性もある。歴史をひもときながらひとつずつ明らかにしていきたい。

P-2　本書の研究対象と研究方法

　行列簿記を研究対象とし，理論的枠組みについては歴史的経緯と構造の視点から研究していく。行列簿記の生成過程については先行研究レビューを中心に実施する。その際に「会計学と数学の融合」という側面を行列簿記は担っているという視点のもとに歴史的研究をおこなう。数学者でもあるルカ・パチョーリ（Luca Pacioli）が扉を開いた複式簿記の世界にシェアー（Johann Friendrich Schär）が連立方程式を持ち込んだ。その後，ケメニー＝シュライファー＝スネル＝トンプソン（John G. Kemeny, Arthur Shleifer Jr., J. Laurie Snell and Gerald L. Thompson）やマテシッチが，行列理論，ベクトル，フローダイアグラム，リニア・プログラミング，集合理論，その他の多くの数学理論を取り入れることによって複式簿記は発展していった。複式簿記の一形態である行列簿記の生成過程を「会計学と数学の融合」というあたらしい視点でとらえることにより，複式簿記および行列簿記の一層の理解を図る。

　さらに複式簿記とコンピュータ会計との関係性についても考察していく。複式簿記を中心とした帳票作成の歴史は長い。そして一般的に完成されたものとして論じられている。手作業をおこなううえでの複式簿記システムはある程度完成したといえるのかもしれないが，会計データをコンピュータに記録する場合に同じ方法で問題がないという道理はない。手作業で帳票を作成するためには冗長的な部分を多くつくり，誤謬を少しでも減らすしくみが必要であった。しかしコンピュータ処理をする場合には必要でないものも多い。また会計データ記録をDBMSでおこなう場合にはデータを個別に扱うため，それに見合った形での理論を構築する必要も出てくる。行列簿記を研究することによってコンピュータをもちいた会計システムの在り方について考察する。

行列簿記の起源はベリニ（Clitofonte Bellini）によれば19世紀以前ではないかといわれ，イタリアの商人たちが記帳の手数を減らすために考案されたと推察される記帳方法である。ベリニの将棋版式簿記はイタリアでアングロ・ノルマン人によって19世紀にはすでに利用され，一定の評価を与えられていたことが判明している。行列簿記の定義にもよるが，行列簿記成立以前にも行と列からなる帳票は数多く存在する。それらの作成経緯，作成目的を明らかにするとともに，それが行列簿記にどのような影響を及ぼしたのかについて考察する。

　その後も行列簿記（およびそれに類するもの）は進化し続けてきた。行列簿記は独特な帳票で幾種類もの帳票の意味をあわせもっている。通常複式簿記においてはどの帳票を誰がどの順番で作成するかという帳簿組織を備えている。複式簿記の一形態である行列簿記において帳簿組織はどのように扱われているのかについても考察していく。

　行列簿記の萌芽と生成，行列簿記の構造と種類，産業連関表との比較検討，伝票会計とコンピュータ会計の変遷，商品売買取引の処理方法，コンピュータ内部における処理方法，DBMS（Database Management System：データベース管理システム）における記録形式については先行研究を中心にすすめていく。一方で有価証券報告書をもちいた行列簿記表（MBチャート：Matrix Bookkeeping Chart）の作成およびその行列簿記表による企業間の比較検討，リチャーズ分析の検証，直接原価計算をもちいた利益感度分析，会計ソフトにおける記録形式については実際のデータをもちいて検討をすすめていく。

P-3　本書の全体的な構成

　行と列とであらわす形式の帳票は歴史的にみるとマテシッチが論じる以前にも数多く存在していた。そこで**第Ⅰ部**では行列簿記の優位性のひとつである記帳手続の短縮に焦点をあて先行研究をおこない，勘定簿記から行列簿記への変遷をたどる。その際に会計学と数学の融合，会計学とコンピュータの融合に行列簿記が重要な位置づけを担っているという仮定をもって検討する。そして行列簿記と呼ばれるものも多くの種類が存在する。それぞれの行列簿記がどのよ

うな由来および意図で作成されているのかを論ずることによって行列簿記を深く理解するとともに今後の方向性を探る。

マテシッチは産業連関表に着想をえて行列簿記を考案したといわれている。そこで**第Ⅱ部**では行列簿記が歴史に埋もれる原因となった点をさぐっていく。そのために行列簿記の起源のひとつである産業連関表およびそこでもちいられる係数が行列簿記にどのように転用されているのかについて論ずる。産業連関表の構造を理解することは行列簿記を理解する手助けになることだろう。さらにマツダ株式会社（以下マツダ）の有価証券報告書をもちいて行列簿記表の作成を試み、マテシッチの行列簿記ならびに越村式行列簿記の実務的に検証する。そこで作成された行列簿記表をもちいてリチャーズ研究にたいする検証も同時に実施する。

第Ⅲ部では記帳の効率化，自動化という視点で会計処理の変遷について研究する。複式簿記が始まったころには革張りの綴りこみ式帳簿にひとりの記帳係が記帳する方式であった。それでは企業規模の増大などによる分業が進まず，その時点での現金有高や商品有高などが把握しづらいなどの不便を有したため，帳簿組織は分課することとなった。そして伝票会計，EDP会計を経て現在の会計ソフトやERPシステムの利用に至る。さらに伝票会計が導入されたころからデータの取り扱い方が変容し、帳簿組織に影響を及ぼしている。データ記録方法の変容が会計システムおよび帳簿組織に与えた影響について論ずる。

本書における各章の関連を図示すると次頁のとおりである。

序　章　問題意識と論理構成

【註】

1）Richard Mattessich, "Towards a General and Axiomatic Foundation of Accountancy: With an Introduction to the Matrix Formulation of Accounting Systems," *Journal of Accounting Research*, Vol.8, No.4, October 1957, p.333, Table1.
2）花岡　菖「黎明期のコンピュータの発展に関する一考察（1）」『経済系』（関東学院大学）第215集，2003年4月，61-63頁。

第 I 部
行列簿記の起源

　行列簿記ということばは一般的になじみがないことばである。その起源は19世紀以前ではないかといわれ，イタリアの商人たちが記帳の手数を減らすために考案されたと推察される記帳方法である。ベリニ（Clitofonte Bellini）の将棋版式簿記はイタリアでアングロ・ノルマン人によって19世紀にはすでに利用され，一定の評価を与えられていたことがわかっている。

　毎日仕訳をしていれば当然のように考えることであるが，行列簿記の萌芽期に工夫されたことのひとつが記帳の簡便化である。どうすれば処理を省略し記帳可能であるのかを模索していくうちに，ひとつの数値を記入するだけで事たりる行列形式をもちいた帳簿記入に到達したという側面もある。アメリカ式簿記法，ボストン式簿記法など一帳簿制（多欄式帳簿）や複写式簿記法（透記式簿記法）などさまざまな簿記法が考案されてきたことが黒澤　清によって紹介されている。行と列とであらわす形式のものを日本ではじめて紹介したのは岡田誠一である。岡田誠一の紹介した将棋盤式簿記法は行列簿記と呼んで支障がないのだろうか。ロジスモグラフィア，スタトモグラフィア，その他の多欄式帳簿はどうか。一方で同時記入的簿記法は中国にも存在した。

　日本で行列簿記を広めたのは越村信三郎であるといって異論はないであろう。越村は行列簿記表においてさまざまな型を考案した。また財務諸表を行列形式で表現するだけでなく経営予測や将来予測にまで用途の拡張を図った。越村のアイディアには先見性があり評価できる点は多いが，実現するうえで問題点を包含していた。

　帳票が大きくなりすぎることや処理量が多すぎることなどから歴史の舞台から降りることになってしまったが，数学と融合しはじめてからが本当の意味での行列簿記といえる。しかし集積回路などの技術革新を経てコンピュータが安価で高性能になり一般の人たちが利用可能となった現代において，ダウンサイジングの方法も模索されるなどしてその考え方も一変することとなる。

第1章

行列簿記の萌芽と生成

1-1 業務短縮のための帳票

1-1-1 行列簿記の萌芽

　マトリックスの形をした帳票，換言すると将棋盤の形をした帳票を1917年に日本に紹介したのは岡田誠一である。岡田誠一によると「將棊盤式簿記法は何時の頃何人の創案せるものなるやは今日の所明かならざるものゝごとし。然れども伊太利においてはきわめて古くよりこの方法を實際に利用し來り，また普通の複式簿記法の補助としてこれを用い來れるものもありと謂ふ[1]」とされる。詳細は 1-2-1 において論ずる。

　将棋盤式簿記の歴史については，高寺貞男によれば，1804年にエドマン・ドグランジェ（Edmond Degrange）が行列簿記の原型である将棋盤式簿記あるいは碁盤式簿記の表式を発表している[2]とされるが，岡田誠一によれば，はじめて学術的に研究してその価値を世間に紹介したのはイタリアの簿記会計研究者として有名なジオヴァンニ・ロッシの『アングロ・ノルマン式将棋盤と将棋盤式複式簿記（Giovanni Rossi, *Lo Scacchiere Anglo-Normanno e La Scrittura in Partita Doppia a Forma di Scacchiera,* Tipogr, Eredi Botta, 1889.）』であって，その後カリアルヂ，ブルネリ，ヂオニジ，ザルチ（Carlo Salti）たちもまた将棋盤式簿記法に関して論述を試み，その程度は違えども皆この簿記法を推奨したとされる[3]。このことからもロッシの紹介したベリニ（Clitofonte Bellini）の将棋盤式簿記はアングロ・ノルマン人によってすでに利用され，しかも一定の評価を与えられていたことがわかる[4]。

　一方で行列簿記は1957年に産業連関表に着想をえて，マテシッチによって

考案されたとされている。産業連関表とはレオンチェフ（Wassily Leontief）によって考案され，アメリカ産業における経済予測を可能にしようとしたもので，彼はこの表をもちいた経済予測をおこなうことで1973年にノーベル経済学賞を受賞している。

　本書の目的は，行列簿記の萌芽から生成過程を考察することによって行列簿記システムの理解ならびに行列簿記の構造理解をすることである。産業連関表とは何かを端的に述べれば，経済学と数学の融合である。将棋盤式簿記と行列簿記の相違点は数学との融合ではないかという視点に立ち，どの時点でどのような数学的利用があったのかに着目しながら論をすすめていく。

1-1-2　アメリカ式簿記

　複式簿記を利用する勘定簿記においては日常の取引を記帳するために借方と貸方に勘定科目と数値をそれぞれ記入する。この作業を仕訳という。この手数を何とかして減らすことで業務短縮を図ろうと先人たちは考えた。そこで頻繁にもちいられる勘定科目を事前に記入しておき，そこに数値を記入することで手数を減らすことにした。それがアメリカ式簿記である。

　アメリカ式簿記は仕訳帳と元帳を合体した表式仕訳帳または表式元帳を作りだしたが，それは従来の勘定簿記の勘定口座を帳簿の各ページに分散させることなく一覧表にしたにすぎない（**図表1-1**）。

　それをさらに発展させたのがボストン式元帳および多桁式仕訳帳であろう。ボストン式元帳はアメリカ式元帳の応用形態であり，アメリカの銀行業者が好んで使用した簿記である。ボストン式元帳を示すと**図表1-2**のようになる[5]。

図表1-1　アメリカ式簿記法

丁類	日附	摘要	仕訳金額	現金 借	現金 貸	商品 借	商品 貸	人名勘定 借	人名勘定 貸
		諸口／資本金	5,000 00						
		現金…3,800		3,800 00					
		什器造作…1,200							
		資本金／支払手形	2,000 00						
		商品／橋本肉店	3,000 00			3,000 00			3,000 00
		佐藤肉店／商品	2,000 00				2,000 00	2,000 00	
		現金／商品	400 00	400 00			400 00		
		商品／現金	1,000 00			1,000 00			
		橋本肉店／現金	3,000 00					3,000 00	
		現金／佐藤肉店	2,000 00	2,000 00					2,000 00
		現金／第一銀行	2,500 00	2,500 00					2,500 00
		商品／小柳商店	900 00			900 00			900 00
		佐藤商店／肉品	1,600 00				1,500 00	1,500 00	
		商品／諸口	2,400 00			2,400 00			
		橋本肉店…1,200							1,200 00
		現金…1,200							
		木村商店／商品	800 00				800 00	800 00	
		家賃／現金	100 00						
		営業費／現金	200 00						
		合計	26,900 00	8,700 00		7,300 00	4,800 00	7,400 00	9,600 00
		残高／現金	3,200 00						
		〃　／什器造作	1,200 00						
		〃　／商品	3,570 00				3,570 00		
		〃　／得意先	2,400 00						2,400 00
		支払手形／残高	2,000 00						
		仕入先／〃	2,100 00					2,100 00	
		借入金／〃	2,500 00					2,500 00	
		資本金／〃	3,770 00						
		損益／家　賃…100							
		営業費…200	300 00						
		商品／損益	1,070 00			1,070 00			
		損益／資本金	770 00						
			49,780 00	8,700 00					12,000 00

（出典）黒澤　清『改定簿記原理』森山書店，1951年，312頁。

第 1 章 行列簿記の萌芽と生成 11

其他		経費		資本金		残高勘定損益勘定	
借	貸	借	貸	借	貸	借	貸
					5,000 00		
1,200 00							
	2,000 00			2,000 00			
		100 00					
		200 00					
1,200 00	2,000 00	300 00		2,000 00	5,000 00	残高勘定	
	00					3,200 00	
			1,200 00			1,200 00	
						3,570 00	
						2,400 00	
2,000 00							2,000 00
							2,100 00
							2,500 00
				3,770 00			3,770 00
						10,370 00	10,370 00
						損益勘定	
		100 00				100 00	
		200 00				200 00	
							1,070 00
					770 00	770 00	
3,200 00	3,200 00	300 00		5,770 00	5,770 00	1,070 00	1,070 00

図表 1-2 ボストン式元帳

木曜日						金曜日					土曜日			
	手形	預金	残高	名前			手形	預金	残高			手形	預金	残高
				先渡取引										
				Goodwin, Jeanett										
				Goodwin, Laura S										
				Gordon, Mary Alsop Mrs.										
				Gordon, ElizabethA.										
				Gross, Ellen C Mrs.										
				Grover Ann E.										
				Guett Hortense J.										
				Gundlach Emma E.										

(出典) 黒澤 清『改定簿記原理』森山書店, 1951 年, 330 頁。

1-1-3 一帳簿制と行列簿記

　ひとつの帳簿で会計記録を完結させようとするものを一帳簿制と呼ぶ。それにたいして仕訳帳と元帳というふたつの帳簿をもちいるものを二帳簿制と呼ぶ。二帳簿制では仕訳帳から元帳へと転記するが，一帳簿制では仕訳帳と元帳をひとつの帳簿で作成する。黒澤　清によると「一帳簿制では1葉の仕訳元帳にすべての取引を一覧表に記入するから全然転記の必要がない。つまり非転記簿記法である。この非転記簿記法の一帳簿からのちに複写簿記法や機械簿記法が生まれてくるのである[6]」とされる。この一帳簿制簿記は過去の遺物というわけでもなく，「得意先数の少ない商店の売上仕訳日記帳兼元帳として，利用することができ，機械使用による表式会計の基礎をなす[7]」ものであることから現代においても企業によっては十分に有用かつ利用可能である。

　黒澤　清の興味深い試みは，「たとえば仕訳帳と元帳を1枚の表に合体し

て[8)]」，**図表 1-3** のような仕訳元帳を作成していることである。発表年が 1953 年であることからマテシッチの発表よりも先になる。どちらが先ということにあまり意味はないかもしれないが，一帳簿制を歴史的にみていくとマテシッチの考案した行列簿記表と同様のものができると論じることには意義がある。そして，「将棋盤型の表は，仕訳帳としてではなく，それ以外の用途につかわれるようになった[9)]」とされる。それはゴンベルグ (Leon Gomberg) の幾何学的表示に代表されるように会計学研究の補助手段としてもちいられるようになったのである。この内容についての詳細は **1-4-1** において論ずる。

図表 1-3　黒澤　清の仕訳元帳

	現　金	商　品	信　用	手　形	合　計
現　金		(b) 650	(e) 500		1,150
商　品			(c) 700	(a) 500	1,200
信　用	(f) 350	(d) 950			1,300
手　形					
合　計	350	1,600	1,200	500	3,650

(出典) 黒澤　清『企業経営と複式簿記原理』同文舘出版，1953 年，50 頁。

1-2　マトリックス形式の帳票

1-2-1　岡田誠一の紹介した将棋盤式簿記

　岡田誠一によれば「此簿記法に於て必要なる主要簿は日記帳 Gioruale 並に前記將棊盤式主要簿の二者にして日記帳は單純なる取引日誌のみ別段何等の説明を加ふるの必要を認めず。將棊盤式主要簿は即ち此簿記法の特色を爲すものにして將棊盤の目の如く縦横の線を有すること前述のごとし。いま先ず此兩者の形式を示すべし[10)]」として二表が紹介されている。優位性としては第 1 に「手數と時間と帳簿の紙數とを節的しうるの利益あると謂ふべし[11)]」とある。第 2 に「如何に初心の者と雖も，不當仕譯。重複・脱漏等の誤りに陥るの虞

図表1-4 日記帳

番號	日附		摘要	金額		
1	大正6年1月	1	當日資産有高			
			現金	218	20	3
			動産その他	4,260	—	4
			有價證券	10,860	—	5
			預金帳	500	—	6
			取引債權	12,350	—	7
				28,188	20	
2	同	〃	当日負債有高			
			取引債務	408	90	57
3	12月	31	壹箇年分報酬現金ニテ受取ル	4,000	—	11
4	同	〃	細田氏貸金利子累積高	600	—	15
5	同	〃	同上現金ニテ受取ル	600	—	51
6	同	〃	六箇月受取手形滿期分現金ニテ支拂ヲ受ク	420	—	11
7	同	〃	預金帳ヲ決算シ利子ヲ元金ニ組入ル	15	—	14
8	同	〃	志田氏ヨリ債務ノ辨濟トシテ現金ヲ受取ル	350	—	51
9	同	〃	什器買懸金四百八圓九拾錢ノ内參百七拾五圓ヲ支拂フ	375	—	24
10	同	〃	同上殘高參拾參圓九拾錢ノ免除ヲ受ク	33	90	8
11	同	〃	細田氏貸金ニ對スル税金納付	92	29	18
12	同	〃	家事費壹箇年豫算額	4,480	—	58
13	同	〃	同上實際支拂高	4,120	—	24
14	同	〃	動産取得代金	160	—	20
15	同	〃	動産其減價	426	—	26
				44,209	25	
16	同	〃	繰越資産有高			
			現金	840	95	
			動産其他	3,994	—	
			有價証券	10,860	—	
			預金帳	515	—	
			取引債權	12,000	—	
17	同	〃	繰越負債及純財産有高			
			取引債務	360	—	
			收支勘定	36	75	
			資産負債勘定	27,813	20	
				100,689	15	

(出典) 岡田誠一「將棊盤式簿記法」『會計』第2巻第1号, 1917年10月, 23頁。

図表1-5 将棊盤式主要簿

	資産負債状況	収支	現金	動産其他	有価証券	預金帳	取引債権	取引債務	試算合計	終局残高	総計
資産負債状況	[1] 320 / 110	[9] —	[17] —	[25] —	[33] —	[41] —	[49] —	[57] —	408 / 90	27,813 / 20	28,221 / 110
収 支	[2] 218 / 20	[10] —	[18] 92 / 25	[26] 426 / —	[34] —	[42] —	[50] —	[58] 4,480 / —	4,998 / 25	36 / 75	5,034 / —
現 金	[3] —	[11] 4,000 / 420	[19] 160 / —	[27] —	[35] —	[43] —	[51] 600 / 350	[59] —	5,588 / 20	—	5,588 / 20
動産其他	[4] 4,260 / —	[12] —	[20] —	[28] —	[36] —	[44] —	[52] —	[60] —	4,420 / —	—	4,420 / —
有価証券	[5] 10,860 / —	[13] —	[21] —	[29] —	[37] —	[45] —	[53] —	[61] —	10,860 / —	—	10,860 / —
預金帳	[6] 500 / —	[14] 15 / —	[22] —	[30] —	[38] —	[46] —	[54] —	[62] —	515 / —	—	515 / —
取引債権	[7] 12,350 / —	[15] 600 / —	[23] —	[31] —	[39] —	[47] —	[55] —	[63] —	12,950 / —	360 / —	12,950 / —
取引債務	[8] 33 / 90	[16] —	[24] 375 / 4,120	[32] —	[40] —	[48] —	[56] —	[64] 4,888 / 90	4,528 / 90	—	4,888 / 90
試算合計	28,221 / 110	5,035 / —	4,747 / 25	426 / —	10,860 / —	515 / —	950 / —	4,888 / 90	44,267 / 225	28,209 / 95	72,476 / 320
終局残高	—	—	840 / 95	3,994 / —	10,860 / —	515 / —	12,000 / —	—	—	—	—
総 計	28,221 / 110	5,035 / —	5,587 / 120	4,420 / —	10,860 / —	515 / —	12,950 / —	4,888 / 90	—	—	—

（出典）岡田誠一「将棊盤式簿記法」『會計』第2巻第1号，1917年10月，23頁。

甚だ少きの利益あり[12]」とある。この将棋盤式主要簿は行列形式をとっているが，われわれが行列論を論じるときにもちいられる a_{ij}，すなわち $a(i,j)$ のように番号が振られているわけではない。しかし何らかの意図をもったうえで，会計帳簿のそれぞれのマス目に番号を振ってあることは厳然たる事実である。これは会計帳簿のそれぞれのマス目に記入された数字の二次利用を意図した数学と会計学の融合の萌芽であると推察される。

1-2-2　コーラーの展開表

公認会計士であり辞書の編纂者としても有名なコーラー（Eric L. Kohler）は，1952 年に展開表（Spread Sheet）を自身の著した辞書に掲載した。そこでコーラーは展開表の優位性として展開表並びに試算表において源泉までさかのぼる

図表 1-6　コーラーの展開表（勘定連関表）

M Company 19XX 年　勘定分析　　単位：100 ドル（端数省略）

借方＼貸方		現金	有価証券	売掛金	棚卸資産	買掛金	資本金	売上	仕入	費用	借方合計
現　金	(a)		1.0	21.5			20.0			0.3	42.8
有価証券	(b)	5.1									5.1
売掛金	(c)							32.4			32.4
棚卸資産	(d)								5.6		5.6
買掛金	(e)	28.8									28.8
資本金											－
売　上	(f)			0.8							0.8
仕　入	(g)					28.7					28.7
費　用	(h)			0.2		6.3					
貸方合計		33.9	1.0	0.22	－	35.0	20.0	32.4	5.6	0.3	150.7

※行・列の交点にある数値はそれぞれの勘定科目の意味をもつ
(a) 有価証券の売却，売掛金の回収，現金元入れによる開業，過払費用の払い戻し
(b) 有価証券の購入，(c) 商品の売上，(d) 売れ残り品の回収，(e) 負債の支払，
(f) 売上の返品，(g) 商品の仕入 (h) 不良債権の費用化，営業費の計上
(出典) Eric L. Kohler, *A Dictionary for Accountants first edition*, Prentice-Hall, Inc., 1952, p.389.

(Traced Back to their Sources) ことが可能であることを指摘している[13]。展開表はマトリックス形式に勘定科目を配列したもので，岡田誠一の紹介した将棋盤式簿記とみた目はほぼ同じである。マテシッチは行列簿記を著述したときに，レオンチェフの産業連関表，ゴンベルグの正方行列およびコーラーの展開表についても言及していることから，自身の論において参考にしていることがうかがえる[14]。

1-2-3 マテシッチの取引行列

　行列形式で帳簿記入する場合には，まず取引を仕訳したものを勘定科目ごとに行と列に並べることになるが，マテシッチの設例[15]をもとに考察してみたい。

　(1)　現　　金　500　／　資本金　500　……　出　　資
　(2)　債　　権　400　／　現　　金　400　……　現金貸付
　(3)　債　　権　 40　／　損　　益　 40　……　受取利息の請求
　(4)　現　　金　250　／　債　　権　250　……　債権回収（第1回割賦金）
　(5)　損　　益　 10　／　現　　金　 10　……　経費支払
　(6)　現　　金　100　／　債　　権　100　……　債権回収（第2回割賦金）

　この仕訳を取引行列（Transaction Matrix）の表にあてはめてみると以下のようになる。

18　第Ⅰ部　行列簿記の起源

図表1-7　マテシッチの取引行列

		1	2	3	4	5
		資　本 （借方）	現　金 （借方）	債　権 （借方）	損　益 （借方）	閉鎖残高 （借方）
1	資　本（貸方）		(1) 500			
2	現　金（貸方）			(2) 400	(5) 10	
3	債　権（貸方）		(4) 250 (6) 100			
4	損　益（貸方）			(3) 40		
5	閉鎖残高（貸方）					

（出典）Richard Mattessich, "Towards a General and Axiomatic Foundation of Accountancy: With an Introduction to the Matrix Formulation of Accounting Systems," *Journal of Accounting Research,* Vol.8, No.4, October 1957, p.333, Table1. を若干の修正のうえ引用。
（注意）マテシッチは貸行借列方式をもちい，高寺貞男は借行貸列方式をもちいている。
（注意）マテシッチはこの論文では行列簿記（Matrix Bookkeeping）ということばではなく取引行列（Transaction Matrix）ということばを使用している。
（注意）原典では "balance sheet" と記してあるが，他の勘定科目を考慮に入れたうえで敢えて「閉鎖残高」と訳してある。

　マテシッチは簡単な仕訳をもちいて行列簿記のモデルについて表現した。彼はその著書のなかで行列論と集合論をもちいて会計学を体系化しようとした。数学と会計学の融合がまたひとつ進んだことになる[16]。

第1章 行列簿記の萌芽と生成 19

図表 1-8 マテシッチの行列表示

		売上高	受取勘定	現金	支払勘定	固定資産	原材料	労務費	工場固定費	仕掛品	製品棚卸資産	営業費	損益	純資産	期首残高	期末残高
		S	R	C	P	A	M	L	F	W	G	O	I	N	B	E
売上高	S		¹SR													
受取勘定	R			¹RC												¹RE
現　金	C				¹CP	¹CA		¹CL								¹CE
支払勘定	P						¹PM	¹PL	¹PF		¹PO				¹RE	
固定資産	A							¹AF			¹AO					¹AE
原材料	M									¹MW						¹ME
労務費	L									¹LW						
工場固定費	F									¹FW						
仕掛品	W										¹WG					¹WE
製品棚卸資産	G											¹GI				¹GE
営業費	O											¹OI				
損益	I															
純資産	N												¹NI	¹PB		
期首残高	B		¹BR	¹BC		¹BA	¹BM			¹BW	¹BG					
期末残高	E				¹EP									¹EN		

（出典）Richard Mattessich, *Accounting and Analytical Methods: Measurement of Projection of Income and Wealth in the Micro and Macro Economy*, Richard D. Irwin, 1964, p.336, Table 9-1（R.マテシッチ著，越村信三郎監訳『会計と分析的方法・下巻』同文舘出版，1972年，241頁，表9-1）を若干の加筆修正のうえ引用。

（注意）マテシッチはこの著書では行列簿記（Matrix Bookkeeping）ということばではなく行列表示（Matrix Presentation）ということばを使用している。

その一方で，たとえば「付録A　集合論と会計の公準化」を参照すると，**図表 1-9** のような記述がある。

図表 1-9 関数をもちいた行列簿記表の理論的説明

> Ⅸ.〈関数 function〉Fとは，定義域Xのそれぞれの元にたいして，値域Yのひとつの元が正しく対応するようなXとYの関係である

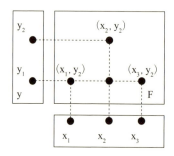 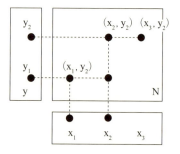

集合FはXからYへの関数である。なぜなら x∈X のそれぞれにたいして，Yのひとつの元 y∈Y が正しく対応しているから。

集合Nは関数ではない。なぜなら x∈X にたいして，〈ふたつの〉元 $y_1, y_2 \in Y$ が対応しているから。

（出典）Richard Mattessich, *Accounting and Analytical Methods: Measurement of Projection of Income and Wealth in the Micro and Macro Economy,* Richard D. Irwin, 1964, p.442.

図表 1-10 集合をもちいた勘定科目体系の構築

> 16. 集合 L_n と L_n の部分集合とから構成される位相空間 C_n は，つぎの場合に限り，実体 e_n の〈勘定表 chart of accounts〉とよばれる。
> （ⅰ）L_n は〈最下位の序列〉にある勘定のリスト（集合）；
> （ⅱ）集合 C_n は，実体 e_n と関連する取引要素の集合と，1対1で対応する（同型である）
> （ⅲ）$L_n \in C_n$, $\varphi \in C_n$（ファイは空集合にたいする記号）
> （ⅳ）L_n の部分集合の和集合は，C_n の元である；
> （ⅴ）C_n のどのふたつの元（集合）をとってもその共通部分は C_n に属する

（出典）Richard Mattessich, *Accounting and Analytical Methods: Measurement of Projection of Income and Wealth in the Micro and Macro Economy,* Richard D. Irwin, 1964, p.442.

第 1 章 行列簿記の萌芽と生成 21

とても会計学の書籍とは思えない記述が 63 頁にわたって展開されている。会計学に数学を取り入れようという並々ならぬ決意と愛情が伝わってくる。

1-2-4 行列簿記の優位性

各人が述べている行列簿記の優位性を列挙してみる。コーコラン (A. Wayne Corcoran) によれば第 1 に時間の節約であり，第 2 によくおかしがちな記帳の誤りをなくすことである[17]。そしてリニア・プログラミングにも関連があるとも述べている[18]。一方で越村信三郎は，第 1 に能率が数倍に高まること，第 2 に資産，負債の増減や損益発生のプロセスが一目にわかること，第 3 に企業診断に必要な係数がこのチャートから容易にえられることと述べている[19]。若干の相違点はあるものの両者はほぼ同様のことを述べている。

マテシッチの著述からは同様の記述をみつけることはできなかった。おそらくマテシッチは「会計学と経済学の統合」，「集合論をもちいた公理の構築」のようにマクロ的な意見を語ることが重要であったために，行列簿記表のみの優位性をわざわざ列挙するなどという「教育的な配慮」をしなかっただけであろう。その代わりマテシッチはオペレーションズ・リサーチについて言及し，巻末付録として，集合論と会計の公準化，行列代数の手引き，リニア・プログラミング[20]入門，にたいする膨大な記述をおこなっている[21]。マテシッチが会計に数学を融合させようと尽力したことは疑いようがない。

1-3 数学利用を意識した帳票

1-3-1 コーコランと高寺貞男の行列簿記表

マテシッチがマクロ的に論を進めている一方で，ミクロ的に行列簿記表の作成を試みたのが，コーコラン (A. Wayne Corcoran) である。彼の行列簿記表には前期繰越や次期繰越もあり，従来の帳票に近づけ理解を助けようとした工夫がみられる。越村によれば，コーコランの"Matrix Bookkeeping"という論文名は「マテシッチその他の人びとによって開発された新しい記帳法に『行列簿記』という名称をあたえた最初のモノグラフ」であるとされる。高寺貞男の行

22　第Ⅰ部　行列簿記の起源

図表1-11　コーコランの行列簿記表

借　方

		1	2	3	4	5	6	7	8	9	10	11	12	13
	1			800				18,600 73,500	2,500					
	2	120,000												4,000
	3													
	4							1,500						
	5													
	6													
	7													
	8			80,000										
	9													
貸	10	280												
方	11													
	12		130,000											
	13													
	14													
	15													
	16													
	17													
	18													
	19													
	20													
	21													
	22	560												
前期繰越		25,000	38,000		52,000	60,000		2,781						
借方合計		145,840	168,000		132,800	60,000		2,781	93,600	2,500				4,000
次期繰越		14,440	44,000		48,000	60,000		1,545						4,000
		1	2	3	4	5	6	7	8	9	10	11	12	13

貸借対照表

（出典）A. Wayne Corcoran, "Matrix Bookkeeping," *Journal of Accountancy,* Vol.117, No.3, March
（注意）原典では仕訳に対応した記号が表内に記されているが，ここでは省略してある。

第 1 章　行列簿記の萌芽と生成　23

（単位：ドル）

マトリックスカンパニー

14	15	16	17	18	19	20	21	22	前期繰越	貸方合計	次期繰越	
25,000	3,000	8,000								131,400		1
										124,000		2
				200					2,000	2,200	2,200	3
			83,300							84,800		4
												5
			7,680			1,600			20,000	29,280	29,280	6
					1,236					1,236		7
									48,781	128,781	35,181	8
									2,500	2,500	0	9
										280	280	10
									104,500	104,500	104,500	11
										130,000	130,000	12
												13
												14
												15
												16
												17
												18
												19
											$ 130,560	20
												21
										560	560	22
									177,781			
25,000	3,000	8,000	83,300	7,680	200	1,236	1,600			739,537		
25,000	3,000	8,000	83,300	7,680	200	1,236	1,600				302,001	
14	15	16	17	18	19	20	21	22				

貸借対照表（行 1〜11）　損益計算書（行 12〜22）

損益計算書 $ 134,016

損失　$\sum_{i=12}^{22} (c_i - d_i) = (\$ 3,456)$

1964, p.65.

図表 1-12 高寺貞男の行列簿記表

貸方／借方		1 現金	2 売掛金	3 貸倒引当金	4 商品	5 建物・什器	6 減価償却引当金	7 未経過保険料	8 買掛金	9 前受賃借料	10 資本金	11 利益剰余金	12 純損益	13 売上
					貸借対照表									
1	現金		120,000							840				
2	売掛金													130,000
3	貸倒引当金		200									800		
4	商品	800							80,000					
5	建物・什器													
6	減価償却引当金													
7	未経過保険料													
8	買掛金	92,100			1,500									
9	前受賃借料													
10	資本金													
11	利益剰余金													
12	純損益											2,968		
13	売上													
14	売上割引		4,000											
15	労務費	25,000												
16	広告費	3,000												
17	賃借料	8,000												
18	売上原価				83,300									
19	減価償却費						2,000							
20	貸倒見込損			438										
21	保険料							1,854						
22	賃借料													
	前期繰越				1,000		20,000				48,781	106,000		
	合　計	128,900	124,200	1,438	84,800	0	22,000	1,854	128,781	840	106,000	3,768	0	130,000
	後期繰越	14,440	44,000		48,000	60,000		1,545						4,000

(出典) 高寺貞男『簿記の一般理論——勘定簿記から行列簿記へ——』ミネルヴァ書房，1967年，212頁。

第1章　行列簿記の萌芽と生成　25

	14	15	16	17	18	19	20	21	22	前期繰越	合　計	後期繰越	
損益計算書	売上割引	労務費	広告費	賃借料	売上原価	減価償却費	貸倒損見込損	保険料	賃借料				
										22,500	143,340	14,440	1
										38,000	168,000	43,800	2
											1,000		3
										52,000	132,800	48,000	4
										60,000	60,000	60,000	5
											0		6
										2,781	2,781	927	7
											93,600		8
								560			560		9
											0		10
								500			500		11
											2,968		12
											0		13
											4,000		14
											25,000		15
											3,000		16
											8,000		17
											83,300		18
											2,000		19
											438		20
											1,854		21
											0		22
										175,781			
	0	0	0	0	0	0	0	0	560		733,141		
	25,000	3,000	8,000	83,300	7,680	200	1,236	1,600				167,167	
	14	15	16	17	18	19	20	21	22				

127,592（第12行を含めると130,560）

130,560

130,560 − 127,592 = 2,968

列簿記表はコーコランとほぼ同じである。**図表 1-11** および **図表 1-12** の右下をみると明らかなように，損益額の計算をチャートの欄外でおこなっている。越村が「これでは Extrauterine Pregnancy で行列簿記が行列外簿記になってしまう[22]」と表現した損益計算の方法までも同様である。

1-3-2 越村式行列簿記表

越村信三郎はもともと経済学者であったため「一國の全産業を生産財産業，勞賃用消費財産業，收益用消費財産業に分類し，それらを第Ⅰ，第Ⅱ，第Ⅲと呼ぶ。(中略) これらの三部門の供給する諸材は，つぎのごとき行列 Matrix の形をとる[23]」のようにすでに持論のなかに Matrix の用語をもちい，国民経済循環について論じていた。そのような越村がマテシッチの論文を読んで行列簿記に興味をもったことは容易に推察可能である。

マテシッチは**図表 1-7** では抽象的な説明であったが**図表 1-8** では詳細に理論展開している。マテシッチは，ケメニー＝シュライファー＝スネル＝トンプソンが期首残高，期末残高，合計欄を設けていることにたいして「これは単に教育的な手段であり補助的な改善にすぎない[24]」と述べている。しかし抽象的なモデルで説明するだけではなく，詳細な行列簿記表による説明が普及のために必要だと考えたと推察される。ルカ・パチョーリをはじめとして，ケメニー＝シュライファー＝スネル＝トンプソン，アーサー・ケイリー（Arthur Cayley）など数学者にとって簿記というものは興味をそそられるようである[25]。数学者の興味をもつ簿記が行列簿記なのかもしれない。

越村式行列簿記表[26] はマテシッチ，コーコラン，ケメニー＝シュライファー＝スネル＝トンプソンの行列簿記表を吟味し，よく考えられている。通常の財務諸表を見慣れている人に理解しやすいように前期繰越欄を上部（もしくは左部）に次期繰越欄を下部（もしくは右部）に配置しているうえ，コーコランや高寺貞男の説明時にも触れた損益計算を図表内でおこなう工夫も施されている。多くの可能性を考え，「能率型，古典型，流線型，混合型[27]」という 4 種類もの行列簿記表を提示したことも，行列簿記を理解してもらうために行列簿記の構造を詳細に説明していることも評価できる点である[28]。

図表 1-13　行列簿記表概略図

		0 前期繰越	1 貨幣 +	2 財貨 +	3 債権 +	4 負債 −	5 資本 −	6 利益 −	7 損失 +	8 損益 ∓	貸方合計	次期繰越
	0 前期繰越	T	V_1	V_2	V_3							
	1 貨幣 −		W_{11}	W_{12}	W_{13}	W_{14}	W_{15}	W_{16}	W_{17}	W_{18}	X_1	
	2 財貨 −		W_{21}	W_{22}	W_{23}	W_{24}	W_{25}	W_{26}	W_{27}	W_{28}	X_2	
	3 債権 −		W_{31}	W_{32}	W_{33}	W_{34}	W_{35}	W_{36}	W_{37}	W_{38}	X_3	
第 t 期	4 負債 +	U_4	W_{41}	W_{42}	W_{43}	W_{44}	W_{45}	W_{46}	W_{47}	W_{48}	X_4	U_4
	5 資本 +	U_5	W_{51}	W_{52}	W_{53}	W_{54}	W_{55}	W_{56}	W_{57}	W_{58}	X_5	U_5
	6 利益 +		W_{61}	W_{62}	W_{63}	W_{64}	W_{65}	W_{66}	W_{67}	W_{68}	X_6	
	7 損失 −		W_{71}	W_{72}	W_{73}	W_{74}	W_{75}	W_{76}	W_{77}	W_{78}	X_7	
	8 損益 ±		W_{81}	W_{82}	W_{83}	W_{84}	W_{85}	W_{86}	W_{87}	W_{88}	X_8	
	借方合計		Y_1	Y_2	Y_3	Y_4	Y_5	Y_6	Y_7	Y_8	S	
第 $t+1$ 期	次期繰越		V_1	V_2	V_3							T

(出典)　越村信三郎「行列簿記の展開 (1)──そのしくみと原理──」『産業經理』第 27 巻 11 号，1967 年 11 月，111 頁。

(注意)　つぎの論文では勘定科目番号 1 貨幣と 2 財貨の順序が逆になっているが，越村が「変えた」と記している。越村信三郎「行列簿記の展開 (4・完)──そのしくみと原理──」『産業經理』第 28 巻 2 号，1968 年，124 頁。

　行列簿記を「従来の複式簿記のように取引を借方と貸方の左右に仕訳する方式にかえて，それを縦と横との行列に配列し，一枚のチャートで仕訳帳，元帳，試算表そして損益計算書，貸借対照表を同時にあらわし，企業活動におけるストックとフローの演算を数学上の行列（マトリックス）と行列式（デターミナント）とでおこなうことのできる仕組みをもった簿記[29]」と明確に定義したのも越村である。また行列簿記表（MB チャート：Matrix Bookkeeping Chart）における従来の帳簿・財務諸表との関係も提示するなど，平易な文章でわかりやすくし普及させようとつとめていることが理解できる。

図表 1-14　行列簿記表と従来の帳簿・財務諸表との関係

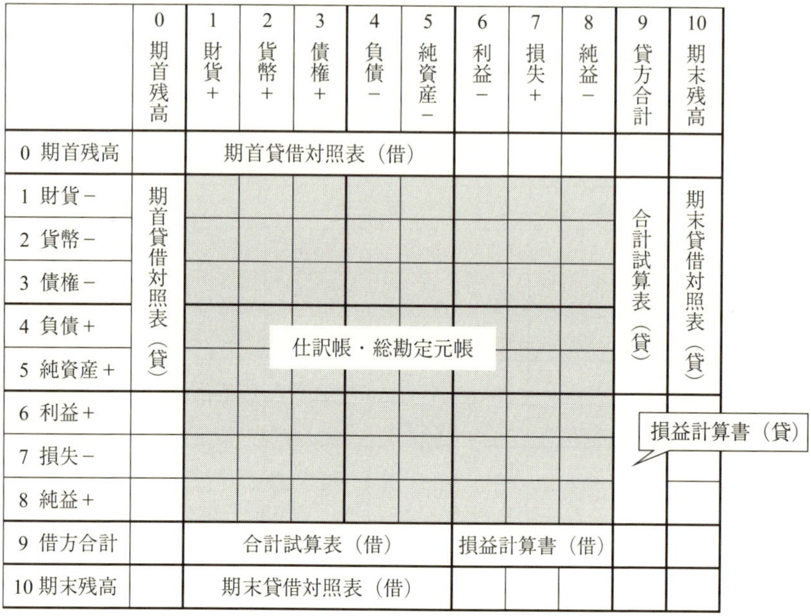

	0 期首残高	1 財貨 +	2 貨幣 +	3 債権 +	4 負債 −	5 純資産 −	6 利益 −	7 損失 +	8 純益 −	9 貸方合計	10 期末残高
0 期首残高		期首貸借対照表（借）									
1 財貨 −	期首貸借対照表（貸）									合計試算表（貸）	期末貸借対照表（貸）
2 貨幣 −											
3 債権 −			仕訳帳・総勘定元帳								
4 負債 +											
5 純資産 +											
6 利益 +											損益計算書（貸）
7 損失 −											
8 純益 +											
9 借方合計		合計試算表（借）				損益計算書（借）					
10 期末残高		期末貸借対照表（借）									

（出典）越村信三郎『詳解　行列簿記――原理と応用――』第三出版，1968年，81頁，表22を一部加筆修正のうえ引用。

　ただし，マテシッチが発表していた内容のうちでは集合論については論じていない。あまりにも壮大すぎてまわりの理解をえられないと判断したのであろう。

第 1 章　行列簿記の萌芽と生成　29

図表 1-15　越村式行列簿記の一例

	0 前期繰越	1 現金+	2 商品+	3 固定資産+	4 当座+	5 売掛金+	6 買掛金-	7 借入金-	8 店主個人-	9 資本金-	10 売買益-	11 棚卸損+	12 減価償却+	13 給料+	14 利子+	15 地代+	16 雑費+	17 損益+	貸方合計	次期繰越
0 前期繰越	1,100	900	100		100															
1 現金-			850	600	600		200							50	10		30		2,340	
2 商品-		1,300			300							10							1,610	
3 固定資産-													10						10	
4 当座-		750													20				770	
5 売掛金-		250				100													350	
6 買掛金+		900																	900	800
7 借入金+	100			500															600	400
8 店主個人+																	40		40	40
9 資本金+	1,000																	200	1,200	1,200
10 売買益+		120			250														370	
11 棚卸損-																		10	10	
12 減価償却-																		10	10	
13 給料-																		50	50	
14 利子-																		10	10	
15 地代-																		20	20	
16 雑費-																		30	30	
17 損益-											370								370	
貸方合計		2,570	2,600	600	1,100	650	100	200	0	0	370	10	10	50	10	20	30	370	8,690	
次期繰越		230	990	590	330	300														2,440

（出典）越村信三郎『行列簿記のすすめ——電算機時代の會計——』日本経済新聞社（日経文庫），1967 年，72-73 頁。

1-3-3　リニア・プログラミングとの結合

「ひとつの列からなる行列もある。このような行列は列ベクトルという特別な名前がある[30]」という説明からもわかるようにベクトルとは行列の一部である。ベクトルが行列の一部だとわかれば，行列簿記から線型計画法[31] [32] へと移行していくことに何の問題もないことがわかるであろう。さらに進めてい

けば，ベクトルは2次元にとどまるものではなく，3次元にも適用可能である。そこから3式簿記の考え方に発展していくことも理解できるであろう。

　一方で，いくつかのベクトル（1次不等式，1次等式）を満たす変数の値のなかで，ある1次式を最大化または最小化する値を求める方法をリニア・プログラミング（Linear Programming：線型計画法）という。リニア・プログラミングは空軍が戦闘や兵站の計算に利用していたものを経済学的に転用しようとしたものであり，この研究にたいして米国空軍省から研究費が出されたことをチャーンズ（A. Charnes）やクーパー（W. W. Cooper）が述べている[33]。そして彼らがカーネギー工科大学（現カーネギーメロン大学）で講義し，利用したものが民間利用の先駆けであるといわれている。線型計画法は数学的計画法（Mathematical Programming）ともよばれるように数学的意味合いの濃い分析方法である。

　クーパーによれば「レオンチェフ型の分析はリニア・プログラミングとの関係を通じて，もっと広範囲の研究開発のいろいろの分野に結びつけられるだろう[34]」とされ，実際にマテシッチ，河部守弘[35]をはじめとして多くの研究者が会計学への応用を検討した。最適化を求めるという観点からまずは管理会計への導入が試みられ，その後，将来予測や利益予測の観点から財務会計への導入が試みられた。

　産業連関表における投入係数の転用として，行列簿記では借方係数がもちいられる。リチャーズ（Allen B. Richards）が1951年から1957年までのスウィフト社（Swift and Company）のデータを産業連関表にあてはめた実証研究において借方係数は安定していると結論づけた。この結果について異論を唱えたのが藤田芳夫[36]，井尻雄士[37]（Yuji Ijiri）そしてファラグ[38]（Shawki M. Farag）である。そして彼らがその実証研究にたいする検証にもちいたのがリニア・プログラミングである。その後，リニア・プログラミングは経済をはじめとしてさまざまな分野に取り入れられてきた。

　後に借方係数の安定性をもたせるための工夫として清水　浩はマルコフ連鎖等によりいくらかの揺らぎをもった数値を作成する方法を提唱した[39]。会計学に数学的思考法が取り入れられ，コンピュータの民間利用が進むことによって，会計学におけるコンピュータの利用が促進されることになった。線型計画

法の利用も手計算でおこなうと大変であるが，これを行列式で解けるようにしたものがクラメルの公式である。この公式をもちいるだけでも容易であるが，現在では Ms-Excel のソルバー機能[40]を利用すればより容易におこなうことが可能である。

1-4　複式簿記の数学的表現

1-4-1　ゴンベルグの同時記入的一覧表

　ゴンベルグは勘定相互間の関係を認識し，経済活動の全成果をその相互関係にしたがって二面的に分類し，それらを勘定間の取引関係として正方形に表示しうる簿記方法のみが完全なものであることを主張し，それを立証する手段として会計行列を工夫したのである。この会計行列で興味のある点は，それが会計の統計的，制度的および経済的成果にもとづいて作成されることであり，またそれがために行および列は個別的な勘定科目ではなく全体の領域やセクターを示すことである。また各欄は白い部分と斜線の部分とに分けられているが，それは記録される各数値の二重性をあらわすためである[41]。

　高寺貞男によると図表 1-16 および図表 1-17 において説明されるゴンベルグの会計方法の幾何学的な表現（Eine Geometrische Darstellung der Buchhaltungsmethoden）は，「ふたつの（A, B）勘定間またはより多くの（x）勘定間に成立しうる相互関係 Die Wechselseitigen Beziehungen　をつぎの［ページ］のように限定すると，当該ふたつの勘定への取引の前記帳は，たとえ勘定の広がりがどれほど大きくなっても，ひとつの正方形 Ein Geschlossenes Quadrat となる[42]」とされる。その結果として「われわれは，2 系統勘定または x 系統勘定を，ふたつの合同 3 角形に分けられた正方形によって，つぎのように，合目的的に図示することができる[43]」こととなる。

32 第Ⅰ部 行列簿記の起源

図表 1-16 二重性概念の抽象的表現 (1)

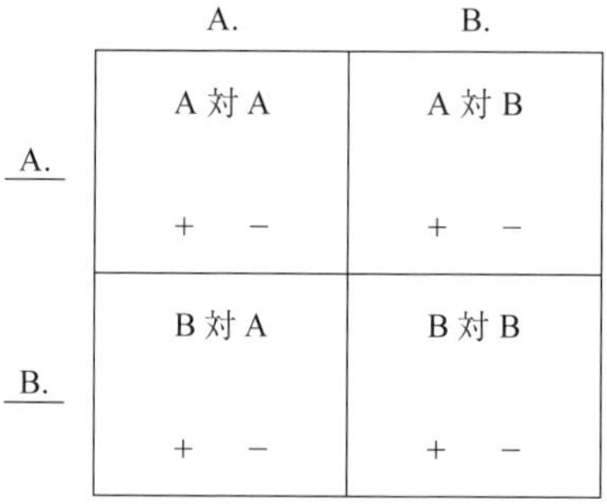

	A.	B.
A.	A 対 A ＋　－	A 対 B ＋　－
B.	B 対 A ＋　－	B 対 B ＋　－

（出典）高寺貞男『簿記の一般理論――勘定簿記から行列簿記へ――』ミネルヴァ書房，1967 年，180 頁。

図表 1-17 二重性概念の抽象的表現 (2)

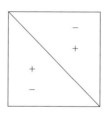

（出典）高寺貞男『簿記の一般理論――勘定簿記から行列簿記へ――』ミネルヴァ書房，1967 年，180 頁。

　高寺貞男によると，「図表 1-17 に示したように，x 系統勘定間の相互関係はひとつの正方形によって図示しうるから，われわれは，図表 1-18 において，3 種の効果［積極・消極財産物件の増減としての統計的効果，債権・債務の増減としての法律的効果ならびに損益・資本の増減としての経済的効果］の計算のための勘定間の取引関係を完全な正方形に総括した[44]」とされる。**図表 1-18** はゴンベルグの会計行列 Accounting Matrix であるが，そこでは「記入される各取引の二重性 Duality Aspect をあらわす試みとして，各四角形が無地の領域と陰影をつけた領域とに分離されている[45]」ことに注意しなければならない。

第1章　行列簿記の萌芽と生成　33

　ゴンベルグは,「経済活動の全成果をその相互関係にしたがい二面的に分類し,それを勘定間の取引関係として正方形に表示しうる簿記方法のみが完全であることを立証する手段として,行列形式を利用した[46]」が,理論的な説明に終始するのみで,行列形式を簿記実務にまで浸透させることはなかった。

図表1-18　ゴンベルグの同時記入的一覧表

			1	2	3	4	5	6	7
	借方		統計的成果		法律的成果		経済的成果		
			借方	貸方	債権	負債	損失	利益	資本
貸方			減少	増加	減少	増加	減少	増加	増加
1	統計的成果	借方 現象	a b		I		II		III
2		借方 現象							
3	法律的成果	債権 減少			IV		V		VI
4		負債 増加							
5	経済的成果	損失 減少			VII		VIII		IX
6		利益 増加							
7		資本 増加							

（出典）Leon Gomberg, *Eine geometrische Darstellung der Buchhaltungsmsthoden,* Vol. 1. L. Weiss, 1927, S.9; Richard Mattessich, *Accounting and Analytical Methods: Measurement of Projection of Income and Wealth in the Micro and Macro Economy,* Richard D. Irwin, 1964, p.90.

その一方で，ゴンベルグは行列表示とともにダイヤグラムについても言及している。図らずもこれはケメニー＝シュライファー＝スネル＝トンプソンが論じたものとほぼ一致している。ゴンベルグもまた数学的な感性をもちながら抽象的な論を進めていたのかもしれない[47]。

1-4-2　取引と勘定との非可逆性

　取引の仕訳をおこなうにあたって「各勘定の金額は取引を原因として生じたものであるが，勘定の残高あるいは合計から逆にその原因となった取引を導き出すことはできない[48]」ことが一般的である。この取引と勘定との間の非可逆性[49]は複式簿記に本質的なものではなく，現在の企業会計が貸借対照表と損益計算書の作成を最終目的とし，帳簿組織がその目的に沿うように構成されていることによるものである。現在巷間でおこなわれている複式簿記による仕訳では「取引が借方の勘定と貸方の勘定とに分解された後は，各勘定の発生の原因となった取引は姿を消して，結果としての各勘定の金額が相手勘定とは独立に存在することとなる[50]」が「この取引と勘定との間の非可逆性は，しかしながら，複式〔二重分類〕簿記に本質的性格ではない[51]」のである。二重分類簿記の一形態たる行列簿記ではあたりまえのように可逆性をもつのである。

　帳簿作成においておこなわれている「複式簿記（die doppelte Buchhaltung; Double Entry Bookkeeping）をして複式簿記たらしめる根本的な特徴は何か。それは一言にして答えるならば，借方（Soll）と貸方（Haben）とのふたつの要素から成る価値増減の二重記録の手段であるところの勘定（Konto）という特殊な計算の方式である[52]」とされる。その根本的特徴である二重記録の意味をなくした財務諸表で問題がないのであろうか。有価証券報告書における財務諸表からふたたび仕訳にもリバースエンジニアリングできる"源泉"や"使途"をもった勘定科目が並ぶことがのぞましい。

1-4-3　二重分類簿記

　ケメニー＝シュライファー＝スネル＝トンプソン（John G. Kemeny, Arthur Shleifer

Jr., J. Laurie Snell and Gerald L. Thompson）は簿記書ではなく『新しい数学とその応用[53]』という数学書のなかで二重分類簿記（Double Classification Bookkeeping）という項目をあげて行列形式をもちいた複式簿記の記帳方法について論じている[54]。

図表 1-19　行列形式をもちいた複式簿記の記帳法（二重分類簿記）

		貸借対照表の勘定					損益計算書の勘定							
		1	2	3	4	5	6	7	8	9	10	11	12	13	14
		現金	売掛金	棚卸資産	買掛金	出資者持分	損益	売上高	売上原価	賃借料	営業費	引出	前期繰越	借方合計	次期繰越
貸方勘定	1 現金			80	100					150	50	500		880	
	2 売掛金	450												450	
	3 棚卸資産								150					150	
	4 買掛金			40									100	140	40
	5 出資者持分						150						2,900	3,050	3,050
	6 損益														
	7 売上高	400	600											1,000	
	8 売上原価														
	9 賃借料														
	10 営業費														
	11 引出														
	12 前期繰越	600	1,500	900											
	13 借方合計	1,450	2,100	1,020	100		150		150	150	50	500			
	14 次期繰越	570	1,650	870											

（出典）John G. Kemeny, Arthur Shleifer Jr., J. Laurie Snell and Gerald L. Thompson, *Finite Mathematics with Business Applications,* Prentice-Hall, Inc., 1962, p.355, Figure 14.
（注意）理解を容易にするために本書筆者が勘定科目を加筆している。

ここで「二重」分類簿記とケメニー＝シュライファー＝スネル＝トンプソンは述べているが，複式簿記における二重性の概念とは通常，つぎのような説明になる。「第1は元帳と仕訳帳のような『帳簿の二重性』であり，第2は借方ページとその反対側にある貸方ページのような『勘定形式の二重性』であり，第3は『記入の二重性あるいは転記の二重性』[55]」とされる。ケメニー＝シュ

ライファー＝スネル＝トンプソンのいう二重性は「複式簿記に関して重要な点は，各取引が2回記録されている（recorded twice）ということよりもむしろ各取引が——1度は借方として，もう1度は貸方として——2回分類されている（classified twice）ことであるのがわかる[56]」と述べていることからも第2について言及していることがわかる。

複式簿記というものを彼らの専門である数学的な方法で表現すると「ひとつの数を二重に分類するもうひとつの方法は，それを行列のなかに記録することである[57]」となる。複式簿記を表現する方法として行列形式を利用することが，数学者にとってもっとも理にかなった方法だと考えたのである。

ここでみなさんがパソコンを起動させ，仕訳をMs-Excelなどのスプレッドシートに入力してみると**図表1-20**のようになる。この表のなかには貸借対照表等式も何も定義されてはいない。結果として誤記入さえなければ貸借対照表を作成可能なことは容易に想像しうる。

貸借対照表はさまざまな要素（たとえば，流動資産，固定資産，繰延資産など）を

図表1-20　損益計算の展開表

取引	（資産）					（負債）				（資本）	
	現金預金	売掛金	商品	建物・備品	減価償却累計額	買掛金	未払給与	引当金	借入金	資本金	累積利益
#2		125	-60								65
3	-15										-15
4	-10										-10
9					-10						-10
10							-6	-4			-6
11											-4
#1			70			-70					0
5	90	-90									0
6	-50					50					0
7	100								-100		0
8	-125			125							0
財産法	-10	35	10	125	-10	-20	-6	-4	-100	0	20

（右側に「損益法」の縦書き表記）

（出典）石川純治『複式簿記のサイエンス』税務経理協会，2011年，26頁。

単純に統合しただけの表であるので，理解は容易である。一方で損益計算書はこれらの諸要素を単純に統合しただけの表ではない。最初に売上から売上原価と販売費および一般管理費を差し引いて営業利益を算出し，営業外収益・費用を加味して経常利益を算出する。さらに特別利益・損失を加味して税引前純利益を算出し，最後に法人税等充当額を加味して最終的に当期純利益を算出することになる。このことから営業利益から当期純利益を計算する過程は，損益計算に算入する収益・費用項目の範囲が狭いものから広いものへと拡大していっていることがわかる。

仕訳形式をコンピュータになじみやすい形で導入しようと思えばスプレッドシートをもちいることが最善であり，またさらにデータ保持の面からいえばマトリックス形式がこのましいことは容易に理解できるであろう。

ケメニー＝シュライファー＝スネル＝トンプソンは行列形式をもちいた複式簿記の記帳法（二重分類簿記）として記述している。彼らは「（財務報告を作成する）計算を実行するためにわたしたちは前期からの貸借対照表を必要と[58]」し，「（期首の金額である）これらの数字を前節でえた（今期の取引から作成した）取引行列と結合するために，そして行と列の和を計算するための場所をえるために，わたしたちは取引行列にさらに3つの行とさらに3つの列をくわえ[59]」ている。このように前期繰越，次期繰越について言及することによって期の連続性も保持されることとなった。また損益欄を図表のなかにもうけて，図表のなかで損益計算をおこなっていることも特筆される点である。減価償却，支払利子，または賃借料，不良債権処理，訂正仕訳などによって生じる調整取引についても反対仕訳ならぬ逆取引行列[60]（Reversing Matrix）をもちいて処理することに言及している。

さらにコンピュータ利用を念頭におきながら，期の連続性を保ちながら損益計算書と貸借対照表を作成するフローチャート（Flow Chart：流れ図）についても言及している[61]。簡単に説明するとテーブル上の収入の総和 x，経費の総和 y，取り消しの総和 w を順次求める。そして"x-y-w → p"の結果をもとに純利益か純損失のどちらが生じるかを求めるフローチャートである。紙面の都合上載せていないが，各行の総和と列和を求めることにより貸借対照表および損益

図表1-21　純利益または純損失を求めるフローチャート

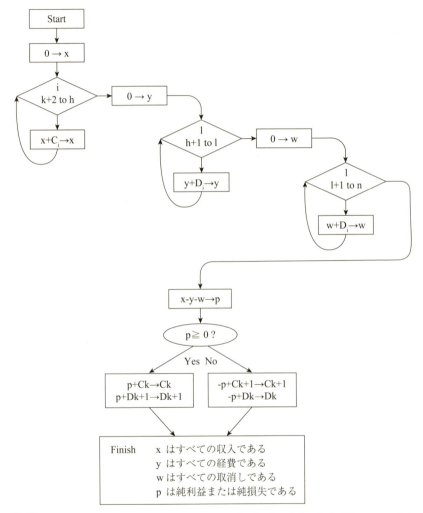

（出典）John G. Kemeny, Arthur Shleifer Jr., J. Laurie Snell and Gerald L. Thompson, *Finite Mathematics with Business Applications,* Prentice-Hall, Inc., 1962, p.360, Figure 17.

計算書のほとんどが作成できることから，このフローチャートにより完成することとなる。

1-4-4　会計学と数学

　複式簿記の体系的組織を確立した「パチオリはフランチェスコ派の僧侶で，元来数学者[62]」である。この書物は初の複式簿記の解説書であるとしばしば紹介されるが，「その表題の示す如く数学書であって，簿記の説明はその第11章『計算及び記録詳論』において取り扱われている[63]」のみである。黒澤清によると「もちろんパチオリはヴェニス式簿記法をそのままに正しく紹介することを任務としたのであって，簿記の理論化を目的としたのではない[64]」とされる。

　二勘定説で有名なシェアー（Johann Friedrich Schär）は「組織的簿記学は経済学・数学および法律学にたいして隣接科学の立場にある[65]」とした。そして「複式簿記は応用数学の一部門であって価値および数量尺度の補助によって上述の各過程を明らかにするものであって，そのためには数学的方法を応用する[66]」と述べ，方程式をもちいて簿記を抽象的に論じることを試みた。

　マテシッチ（Richard Mattessich）によると「経済学の起源は哲学にみいだされるが，会計学は，算数技術である簿記からおこったものである。やがて，両部門はともに，現代の現実主義的な科学時代に適応しようとつとめてきた[67]」とされる。経済学は，公理的な枠組みを作り上げ，統計的事実を重視し，営利的実務にまで手を伸ばそうと試みた。一方で会計学は，手続き，慣習，基準，定義，概念，原理を寄せ集めるだけでなく，次第に企業の分析用具としての力をつけてきている。そこで「マテシッチはレオンチェフ（Wassily Leontief）の産業連関論あるいは投入・産出分析にヒントをえて，古い将棋盤式簿記[68]を近代的な行列形式に組みかえた[69]」のである。

　数学との親和性が高い複式簿記であるが「19世紀のドイツの高名な数学者ガウス（K. F. Gauss）は，『およそ学問のなかにどれだけ数学が含まれるかでその学問の科学性が決まる』といった[70]」。イギリスの数学者であるアーサー・ケイリーは1894年に「複式による簿記の原則は数学的に決して面白くないとはいえない理論がふくまれている。それはユークリッドの比率の理論とおなじように絶対に完全な（Absolutely Perfect）もので，それが極端に単純化されたものになっているから，それほど興味をもてるようにみえないのである[71]」と述

べ，井尻雄士はそれを2006年に「比率行列と複式簿記行列との同型写像」をもちいてアーサー・ケイリーの絶対的完全性を論証してみせた。複式簿記の世界にコンピュータがそして数学理論が導入され，完璧であるとされてきた複式簿記の世界も若干の修正を余儀なくされている[72]。

ルカ・パチョーリ，アーサー・ケイリーなど数学者にとって簿記というものは興味をそそられるようである[73]。数学者の興味をもつ簿記が複式簿記であり，それを具現化したものが行列簿記なのかもしれない。

1-C 本章における結論

行列簿記は業務短縮のための帳票に数学を利用してさまざまな分析ができるように工夫したものである。日本では越村信三郎による行列簿記理論が印象に強いため，行列簿記＝行列簿記表というイメージが強い。しかしマテシッチの行列簿記理論においては，集合論によって公理の構築を試みるなどかなり抽象性が高いものとなっている[74]。不完全で批判も多いようである[75]が会計学に行列論や集合論など数学の考え方を色濃く導入しようとしたことは評価できるのではないかと考えている。

行列簿記を過去の古典的意義だけで論ずるならば，表現方法として行列形式をもっていれば，行列簿記と呼んでさしつかえないであろう。しかし，発展性を考えていくならば，数式利用が可能でコンピュータ利用性の高いものでなければならない。その結果として行列簿記の定義は越村によると「従来の複式簿記のように取引を借方と貸方の左右に仕訳する方式にかえて，それを縦と横との行列に配列し，一枚のチャートで仕訳帳，元帳，試算表そして損益計算書，貸借対照表を同時にあらわし，企業活動におけるストックとフローの演算を数学上の行列（マトリックス）と行列式（デターミナント）とでおこなうことのできる仕組みをもった簿記[76]」となる。この定義については**第2章**および**第3章**において詳細に論ずることにする。

一方コンピュータの世界では，1970年にコッド（Edgar Frank Codd）がリレーショナルモデルについての論文を発表している[77]。コッドによれば「リレー

ショナルデータモデルは，数学の集合論（Set Theory）に立脚し，データもデータ間の関連も，すべてリレーションのタップル（Tuple，組）で表現しようということを基本において[78]」いるのである。従来の複式簿記システムは「いずれも数学的には既知項過剰である。しかしながら，複式簿記のメカニズムによって，この既知項過剰が都合のよいチェックとして作用している[79]」とされる。この既知項過剰を解消しようとするのが集合論でありRDBMS（Relational Database Management System：リレーショナルデータベース管理システム）である。本書筆者がRDBMSのしくみを会計研究者に理解してもらうべく**第6章**で論じたが，この理解不足が行列簿記の理解されない理由の傍証であると考える。

また**第4章**で有価証券報告書から行列簿記表の作成を試みたが完全なものを作成することはできなかった。その理由は行列簿記表の作成をするためには仕訳形式に直す必要があり，有価証券報告書の情報だけでは不足しているからである。これをつきつめていくと現状のルールでは完全な仕訳をおこなわなくても有価証券報告書を作成していれば問題ないということにつながるのではないだろうか。

コンピュータで会計処理することを考えると，「ある企業の全勘定科目を，行の見出しと列の見出しとに書き込み，各ボックスの残高をゼロにした，1枚の正方形の表を頭のなかにえがいてみるといい。この表をコンピュータの記憶装置に入れれば，それがその企業の総勘定元帳になる[80]」ことは容易に想像できるであろう。そして「電子計算機簿記では仕訳帳および転記の正確性を検査する手段としての試算表は複式簿記の構造のなかから存在理由を失うことになる[81]」であろう[82]。その結果として「複式簿記のいわゆる主要簿は元帳だけとなり，電子計算機複式簿記は二帳簿制ではなく，一帳簿制となる[83]」そう考えるとふたたび一帳簿制の一形態である行列簿記が脚光を浴びる可能性がある。

数学の利用はさまざまな可能性を秘めている。「アカウンタントは数学の世界で生活し，仕事をしているのだから，自分の仕事に関連して生じる経済事象を適切に測定するためには，数学をきちんと理解していなければならない[84]」。マテシッチをはじめ線型計画法の利用について論じた研究者が多い

が，現在ではMs-Excelのソルバー機能を利用すれば容易におこなうことができる[85]。会計学に数学の入り込む余地は際限なく存在する。数学理論と会計学がさらに融合したときに会計理論はどのように変貌しているだろうか。

【註】

1）岡田誠一「將棊盤式簿記法」『會計』第2巻第1号，1917年10月，21頁。文意を損ねない範囲で表現を一部変更している。
2）高寺貞男「行列簿記小史」『経済論叢』（京都大學經濟學會）第100巻第2号，1967年8月，51-52頁。
　　岡田誠一が「将棋盤式簿記」と表現して以来，「碁盤式簿記」と表現したのはこの論文および以下の論文しかない。
　　越村信三郎「行列簿記の展開（4・完）——数式化の試み——」『産業経理』第28巻第2号，1968。
　　越村もこの論文以外では「碁盤式簿記」ではなく「将棋盤式簿記」という表現をもちいている。表現は違えども同じ意味である。
3）岡田誠一，前掲論文，21-22頁。
4）同様の内容が以下の文献でも記述されている。
　　Leon. Gomberg, *Verrechnungswissenschaft,* Verlag von Duncker & Humblot, 1908, S.10（レオン・ゴンベルグ著，伊藤正一訳『会計学方法論』巖松堂書店，1944年，193頁）。
5）黒澤　清『改定簿記原理』森山書店，1951年，330頁。
6）黒澤　清『企業経営と複式簿記原理』同文舘出版，1967年，49頁。
7）河部守弘「機械簿記の意味するもの」『産業経理』第14巻第1号，1954年1月，108頁。
8）黒澤　清，前掲書，49頁。
9）高寺貞男『簿記の一般理論——勘定簿記から行列簿記へ——』ミネルヴァ書房，1967年，179頁。
10）岡田誠一，前掲論文，22頁。文意を損ねない範囲で表現を一部変更している。
11）同上論文，24頁。文意を損ねない範囲で表現を一部変更している
12）同上論文，24-25頁。文意を損ねない範囲で表現を一部変更している。
13）Eric L. Kohler, *A Dictionary for Accountants first edition,* Prentice-Hall, Inc., 1952, p.388.
14）Richard Mattessich, *Accounting and Analytical Methods: Measurement of Projection of Income and Wealth in the Micro and Macro Economy,* Richard D. Irwin, 1964, pp.88-92.（R. マテシッチ著，越村信三郎監訳『会計と分析的方法　上巻』同文舘出版，1972年，119-124頁）。

15）Richard Mattessich, "Towards a General and Axiomatic Foundation of Accountancy: With an Introduction to the Matrix Formulation of Accounting Systems," *Journal of Accounting Research*, Vol.8, No.4, October 1957, p.332.
16）黒澤　清が一帳簿制の発展形として考案した帳簿も，偶然の一致であろうがこの図表とほぼ同様の形式である。
　　　黒澤　清，前掲書，50 頁。
17）A. Wayne Corcoran, "Matrix Bookkeeping," *Journal of Accountancy*, Vol.117, No.3, March 1964, p.61.
18）Ibid, p.63.
19）越村信三郎「行列簿記の展開（1）――そのしくみと原理――」『産業經理』第 27 巻第 11 号，1967 年 11 月，106 頁。
20）線型計画理論は「相互に関連のある行動の裁量の行動水準を求める」方法を，数学理論のたすけをかりて一般的に追求しようとするものである。
　　　河部守弘「リニヤー・プログラミングの日本企業への応用――資金繰りを考慮した最大利益経営計画――」『産業經理』第 14 巻第 7 号，1954 年 7 月，49-55 頁。
21）Richard Mattessich, *Accounting and Analytical Methods: Measurement of Projection of Income and Wealth in the Micro and Macro Economy*, Richard D. Irwin, 1964.
22）Extrauterine Pregnancy とは子宮外妊娠のことである。Matrix とは「行列」や「格子状にならんでいるもの」という意味だけでなく，「母体」という意味もあわせもっている。母体のなかで処理すべきことを表の外でおこなっていることを揶揄した，越村なりの表現である。
　　　越村信三郎，前掲論文，113 頁。
23）越村信三郎「經濟循環と資本收益率の體系」『一橋論叢』第 10 巻第 5 号，1942 年 11 月，37-38 頁。
24）Richard Mattessich, *op.cit.*, p.92.（R. マテシッチ著，越村信三郎監訳『会計と分析的方法　上巻』同文舘出版，1972 年，122 頁）。
25）電子工学を研究している岡部洋一も簿記に興味をもち，簿記書を執筆している。
　　　岡部洋一『素人が書いた複式簿記』オーム社，2004 年。
26）越村は自らの論ずる行列簿記表を MB チャート（Matrix Bookkeeping Chart）と称しているが他の誰もその呼称を使用していないため，本書では行列簿記表に統一することとする。
27）越村信三郎『詳解行列簿記――原理と応用――』第三出版，1968 年，80-90 頁。
28）越村信三郎「行列簿記の展開（4・完）――数式化の試み――」『産業經理』第 28 巻第 2 号，1968 年 2 月，118-124 頁。
29）同上論文，113 頁。文意を損ねない範囲で表現を一部変更している。

30）Alpha C. Chiang, *Fundamental Methods of Mathematical Economics Second Edition,* McGraw-Hill Inc., 1974, p.62.
31）以前は「線型」と表記されていたものが教科書等を中心に「線形」と表記されるようになったのは，文部省（現文部科学省）による難読語の書き換え作業が始まり，公用文における漢字使用等の整理がおこなわれたことに起因する。
　　『法令用語改善の実施要領』昭和29年11月25日法制局総発89号。
　　『公用文における漢字使用等について』昭和56年10月1日内閣閣第138号。
32）永田によれば「線型代数は linear Algebra の訳である。このごろ線形代数と書く人が見られるが，形が直線的でないのだから，線形は妥当ではない」とされる。本来的な意味にかんがみ，本書においては表記を「線型」に統一することとする。
　　永田雅宣「線型ということばについて」『理系への数学』現代数学社，1999年7月号，10頁。
33）A. Charnes, W.W. Cooper, A. Henderson and J. Wiley, *An Introduction to Linear Programming,* Chapman & Hall, 1953.
34）*Ibid.,* p.38.
35）河部守弘「勘定連関論の構想」『産業經理』第16巻第3号，1956年3月，53頁。
　　文意を損ねない範囲で表現を一部変更している。
36）藤田芳夫「行列簿記とその展開（1）——行列簿記と投入産出分析・線形計画法の結合——」『會計』第106巻第3号，1974年9月，69-90頁。
37）Yuji Ijiri, "An Application of Input-Output Analysis to Some Problems in Cost Accounting," *Management Accounting,* Vol.49, No.8, April 1968, pp.49-61.
38）Shawki M. Farag, "A Planning Model for the Divisionalized Enterprise," *The Accounting Review,* Vol. 43, No. 2, April 1968, p. 318.
39）清水　浩「行列簿記における予測についての考察」『北海道産業短期大学紀要』第8号，1974年12月，1-14頁。
40）ソルバー（solver）とは，Ms-Excelをはじめとする表計算ソフトの機能の一種で，複数の変数を含む数式にたいして，目標とする値を取得するための，最適な変数の値を求めることが可能となる機能のことである。ソルバーでは，複数の変数の値を変化させながら変数の相互関係を判断し，最適な値を算出可能である。ある変数に特定の制約条件を設定したり，あるいは特定の変数が最大値・最小値をえるために他の変数の値を変化させたりすることも可能である。ソルバーをもちいれば，連立方程式の解や，複数の項目が連動する事業計画の試算といった複雑な演算も容易に求めることが可能となる。ちなみに変数が1つだけの場合は，一般的にゴールシークと呼ばれる機能がもちいられる。
　　IT用語辞典 BAINARY，http://www.sophia-it.com/content/%E3%82%BD%E3%83%AB%E3%83%90%E3%83%BC，［2017年6月15日閲覧］。

第 1 章　行列簿記の萌芽と生成　45

41) 黒澤　清，前掲書，50 頁。
　　Leon Gomberg, *Eine geometrische Darstellung der Buchhaltungsmsthoden*, Vol. 1. L. Weiss, 1927, S.9
42) 高寺貞男『簿記の一般理論――勘定簿記から行列簿記へ――』ミネルヴァ書房，1967 年，179-180 頁（Leon Gomberg, *Eine geometrische Darstellung der Buchhaltungsmsthoden*, Vol. 1. L. Weiss, 1927, S.9）。
43) 同上書，179-180 頁（*Ibid.*, S.9）。
44) 同上書，180-181 頁（*Ibid.*, S.9）。
45) 同上書，180-181 頁（*Ibid.*, S.9）。
46) 同上書，180-181 頁（*Ibid.*, S.9）。
47) 複式簿記に関する数学的理論は，スイスの会計学者ゴンベルグにしたがえばロシアのポポフ，イタリアのロッシおよびマゼッチ等により提唱されていたが，かれらの理論はきわめて単純なものであるがために精密なシェアーの数学的二勘定説にたいする前ぶれ以上の意味をもっていない。
　　黒澤　清『簿記原理』森山書店，1949 年，101-102 頁。
48) 河部守弘，前掲論文，53 頁。文意を損ねない範囲で表現を一部変更している。
49) 物理学や生物学などでは「不可逆」と表現されるが，情報学や会計学などでは通常「非可逆」と表現される。どちらも同様の意味をもつことばであるが，研究分野の慣例にならい本書では「非可逆」と表現することとする。
50) 河部守弘，前掲論文，53 頁。文意を損ねない範囲で表現を一部変更している。
51) 同上論文，53 頁。文意を損ねない範囲で表現を一部変更している。
52) 黒澤　清『改定簿記原理』森山書店，1951 年，9 頁
53) John G. Kemeny, Arthur Shleifer Jr., J. Laurie Snell, Gerald L. Thompson, *Finite Mathematics with Business Applications,* Prince-Hall, Inc., 1962.
54) ゴンベルグも二重分類簿記について論じているが，詳細については本書では触れない。
　　Leon Gomberg, op.cit.
55) A. C. Littleton, *Accounting Evolution to 1900,* Russell & Russell, 1933, p.24.
　　文中のカッコは本書筆者による。
56) John G. Kemeny, Arthur Shleifer Jr., J. Laurie Snell and Gerald L. Thompson, *op.cit.,* p.347. カッコ内は本書筆者による。
57) *Ibid,* p.347.　カッコ内は本書筆者による。
58) *Ibid,* p.353.　カッコ内は本書筆者による。
59) *Ibid,* p.353.　カッコ内は本書筆者による。
60)「逆行列」を表現する時には通常 "Inverse matrix" をもちいる。本書では "Reversing matrix" という用語がもちいられているため敢えて「逆取引行列」と表記した。ケメニー

46　第Ⅰ部　行列簿記の起源

　＝シュライファー＝スネル＝トンプソンは逆行列を表現したかったのではなく，行列の裏返したものを表現したかったと推察される。

61）原文では Flow Diagram（フローダイヤグラム）となっている。DFD（Data Flow Diagram：データフローダイアグラム）は 1970 年代に始まったといわれているうえ，本書筆者がみてデータフローダイアグラムよりもフローチャートに似ていると判断したため，このように訳した。

　　John G. Kemeny, Arthur Shleifer Jr., J. Laurie Snell and Gerald L. Thompson, *op.cit.*, pp.358-362.

62）黒澤　清『改定簿記原理』森山書店，1951 年，34 頁。

63）同上書，34 頁。

64）同上書，56 頁。

65）ヨハン・フリードリッヒ・シェアー著，林　良治訳『シェアー簿記会計学　上巻』新東洋出版社，1976 年，10 頁（Johann Friedrich Schär, *Buchhaltung und Bilanz*, Julius Springer, 1922）。

66）同上書，10 頁。

67）Richard Mattessich, "The Constellation of Accountancy and Economics," *The Accounting Review*, Vol. 31, No. 4, October 1956, p.552.

68）将棋盤式簿記とは将棋盤型表式簿記（La Scrittura Doppia a Scacchiera ; Chessboard-Type Table Bookkeeping）の訳語を意識したことばだと推察される。

　　岡田誠一「將棊盤式簿記法」『會計』第 2 巻第 1 号，1917 年 10 月，2-21 頁。

69）越村信三郎監訳『行列会計学入門――システムズ・アナリシスへのアプローチ――』第三出版，1969 年，5 頁。文意を損ねない範囲で表現を一部変更している。

70）ピーター・フランクル『数学の愛しかた（NHK 人間講座）』日本放送協会，2004 年，95 頁。

71）Arthur Cayley, *The Principles of Book-keeping by Double Entry*, Cambridge University Press Warehouse, 1894, Preface.　カッコ内は本書筆者の加筆による。

72）礒本光広「DBMS の複式簿記システムに与える影響――データベースの発展を中心にして――」『産業經理』第 75 巻第 2 号，2015 年 7 月，137-150 頁。

73）電子工学を研究している岡部洋一も簿記に興味をもち，簿記書を執筆している。

　　岡部洋一『素人が書いた複式簿記』オーム社，2004 年。

74）Richard Mattessich, "Towards a General and Axiomatic Foundation of Accountancy: With an Introduction to the Matrix Formulation of Accounting System," *Journal of Accounting Research*, Vol.8, No.4, October 1957, pp.328-355.

75）Raymond John Chambers, *Accounting, Evaluation and Economic Behavior*, Prentice-Hall, Inc., 1966.

　　「予測計算を含めていること，機能を無視していること――を理由に，マテシッチの定義はあまりにも広すぎる領域を対象としていて不明確であると結論づけている」

原田富士雄「会計の公理的構造と測定論的固有性」『會計』第94巻第5号，1968年11月，73頁。
76) 越村信三郎，前掲論文，113頁。文意を損ねない範囲で表現を一部変更している。
77) Edgar Frank Codd, "A Relational Model of Data for Large Shared Data Banks," *Communications of the ACM,* Vol.13, No.6, June 1970, pp.377-387.
78) 増永良文『リレーショナルデータベース入門・新訂版──データモデル・SQL・管理システム──』サイエンス社，2003年，25-26頁。
79) Richard Mattessich, "Mathematical Models in Business Accounting," *The Accounting Review,* Vol.33, No.3, July 1958, p.477.
80) Billy E. Goetz, "Debit, Credit, and Input-Output Tables," *The Accounting Review,* Vol.42, No.3, July 1967, p.589.
81) 藤田芳夫「伝統的複式簿記とコンピューター──電子計算機複式簿記における仕訳帳の廃止──」『商学討究』（小樽商科大学）第19巻第1号，1968年8月，52頁。
82) ちなみに試算表で発見可能な誤りを列挙すると「①貸借いずれか一方の転記をしていない場合，②ある勘定の借り方に記入すべき金額を貸方に，またはその逆に記入した場合，③貸借いずれか一方の金額の計算違いやけた違いをした場合」の3点となる。
　　醍醐　聰ほか『簿記　教科書』東京法令出版，2016年，43頁。
83) 藤田芳夫，前掲論文，52頁。
84) Kenneth W. Perry, "Statistical Relationship of Accounting and Economics," *The Accounting Review,* July 1955, p.502.
85) Ms-Excelにソルバー機能が追加されたのは1995年にExcel95が発売されたときである。

第2章
行列簿記の構造と種類

2-1 諸外国における簿記法

2-1-1 岡田誠一による欧米諸国簿記法の紹介

　財務諸表を行と列とであらわす形式のものを日本ではじめて紹介したのは岡田誠一である。「東洋諸國の簿記法に就てはしばらく論ぜざる事とし，唯歐米諸國會計學者の間に知らるゝもの而已に就てみるも，其種類は決して尠からざるものゝ如く，予輩の記憶を漁り來るも猶左の十六種の名を擧ぐることを得べし[1)]」としてさまざまな簿記法をあげた。それがつぎの16種類の簿記法[2)]である。

　　單式簿記
　　複式簿記また伊太利式簿記
　　タピュラー式又米国式簿記（The tabular system; die Amerikanische Buchhaltung）
　　ジョンス式又英國式簿記（The Jones Method or English Seystem［ママ］）
　　ロジスモグラフィア（La Logismografia）
　　スタトモグラフィア（La Statomografia）
　　將棊盤式簿記（La Scrittura Doppia a Scacchiera）
　　カメラル式簿記（Die Kameralistische Buchhaltung）
　　エゼルスキー式又露國式簿記（La Method）
　　シルログラフィア（La Sillografia）
　　ブゼトグラフィア（La Budgetografia）
　　バタイユ式簿記（La Method Bataille）

クインネー式簿記（La Method Quiney）
マイスネル式簿記（La Methodo Maissuer）
ビアンカルヂ式簿記（La Method Biancardi）
ベスソン・ラスパイ式簿記（La Method Besson a Ras）

聞いたことのあるものもあれば，聞き慣れないものもある。世界にはさまざまな簿記方法があることに驚かされる。紹介されたもののひとつが将棋盤式簿記（La Scrittura Dippia a Sccacchiera）である。将棋盤式簿記法とは財務諸表を行と列とであらわす形式のもののことである。岡田誠一による普通複式簿記と将棋盤式複式簿記との対比はつぎのとおりである。

図表2-1　普通複式簿記と將棊盤式簿記との対比

————普通複式簿記————
當初財産金額及當期増加財産金額　　當初債務金額及當期増加債務金額
當期減少債務金額　　　　　　　　　當期減少債權金額
當期支出金額　　　　　　　　　　　當期收入金額
　　　　　　　　　　　　　　　　　資本金額

————將棊盤式簿記————
當初財産金額及當期増加財産金額　　當初債務金額及當期増加債務金額
當当期減少債務金額　　　　　　　　當期減少債權金額
當期支出金額　　　　　　　　　　　當期收入金額
當初債務金額　　　　　　　　　　　當初財産金額

（出典）岡田誠一「將棊盤式簿記法」『會計』第2巻第1号，1917年10月，26頁。

若干の相違があるようであるが，実務上はまったく同じものである。また若干の相違点については岡田誠一によると「資産合計と称する数字の配列中にことごとく資本金額の現わるるものなくして最初の資産ならびに負債の金額が別に算入せらるるものは將棊盤の形式上當然の結果にして同一の数字が横と縦とに一回ずつ合計せらるるがゆえにほかならず。普通の複式簿記法にあっては最初の財産金額と最初の債務金額とは互いに対立せる金額にして，前者の後者に

超過せる金額を資本金額とし，その各個については各一個の記帳あるのみなれば自ら貸借いずれの側においても二重に算入せらるることなきまでのことにして，あえて両者の間に計算上の基礎概念を異にするものがあるがためにはあらざるなり[3]」とされる。ここに将棋盤式簿記の二重性についての言及をみることができる。

2-1-2　ロジスモグラフィア

　ロジスモグラフィアについて岡田誠一および黒澤　清の論を中心に考察する。イタリア王国の国家会計制度改革の運動の所産として，ジュセッペ・チェルボーニ（Giuseppe Cerboni）がこの簿記法を考案したといわれる。この簿記法はいわゆる「同時記入的簿記形態（Synchronistische Buchhaltungsform）のひとつであり同時記入的表式仕訳帳（Synchronistische Tabellen-journal）をアメリカ簿記と共有する[4]」とされる。元帳はひとつではなく多くに分割されていることに最大の特徴をもち，それらのすべてが多欄式帳簿の体裁をとる。

　ロジスモグラフィアは，「企業のうちに所有主，管理者，代理人，および取引先という4種の人格者の存在を認める。勘定は管理者以外の三者に対して開かれる[5]」ことから三記式簿記[6]と呼ばれることもあり，人的勘定学説ひいては擬人勘定学説に属する簿記法である。すべての勘定を人格に関係づけており，すべての取引を厳密なルールによって処理している。多くの帳簿を縦横無尽に配置しそれを記帳一覧表で統制する仕組み，さらにその控えまで準備する周到さと精緻さは感嘆にあたいする。岡田誠一の「ロ式簿記法に於ける日記帳は一面に於て逐次的の記録であると同時に，他面に於てはまた或程度の分解的記録である[7]」とのことばからもデータベースシステム的な発想をもつものであると推測される。また「ロ式簿記法に於ては其帳簿組織に於て秩序整然，符號の上に於て各帳簿間の連絡狀態は明瞭に看取し得らゝの便宜を有するのである。此一時は必ずしも從來のヴェニス式複式簿記法に利用し得ない事ではないが，未だ一般に利用せられていない事は事實である[8]」ということばを待つまでもなく人間の力で運用するにはあまりにも精緻すぎるシステムであり，階層型データモデルによって設計された現在のプログラミングモデルとしても十

図表 2-2　ロジスモグラフィアにおける内訳帳（元帳）体系概略図

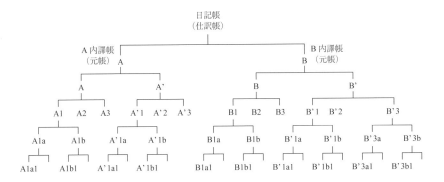

（出典）岡田誠一「三記式簿記法梗概（2）」『會計』第 15 巻第 1 号，1924 年 7 月，32 頁に加筆をして引用。
（注意）図表内の記号は以下のものをあらわす。
　A：所有主　財産構成要素別財産有高，A1：商品種類別商品有高
　A'：所有主　純財産，B 代理人　代理人についての財産有高

分に通用する態様である。

　一般的に図示すれば**図表 2-2** のようにあらわすことができる。

　戸田博之によれば「ロジスモグラフィアの利点は記帳作業の配分が容易であること，その欠点は記帳控えの作成が厄介で時間がかかることにある[9]」とされる。コンピュータも使用せずにこれだけのシステムを管理しようとすれば，システムの理解に乏しい人は混乱してしまうこともまた想定される。ヒュックリ（F. Hügli）によれば「ロジスモグラフィアはその本質的な基礎，その目的，およびその確認領域について複式簿記と完全に一致するものであり，そのためにそれが非常に異なった外形をもつにもかかわらず，この簿記は複式簿記体系の一形態とみなされなければならない[10]」とされる。行列簿記同様に異形ではあっても本質は同じということである。

　黒澤　清によればロジスモグラフィアは「すべての勘定（いわゆる物の勘定たると人の勘定たるとに論なく）は完全に人格化され，ここに人的勘定理論は完成せられた[11]」。しかし「資本勘定の変質とともに企業内における人と人との関

係，すなわち事務および作業の組織もまたこれまでの人格的家族関係から機会と書類で結ばれた物的関係へと推移したのである。こうした経済生活の営まれる時代に入るとともに，人的勘定理論はその理論としての力を失った[12]」とされる。時代の変遷により終焉を迎えたのである。

2-1-3　中国式増減記帳法

　中国固有[13]の簿記法である増減記帳法について高寺貞男の論を中心に考察する[14]。中国では西洋式の貸借簿記法に代わる簡便で大衆に理解しやすい簿記法として1964年に中国式の増減記帳法が編み出された。表面的には増減記帳法[15]は借方と貸方を［増加と減少］といいかえ，貸借を左右逆に配置[16]しただけにすぎないようにみえる。

　貸借簿記法と増減記帳法はともに二重分類簿記体系に属する簿記法である。相違点は前者が加算的減算をとるのにたいし，後者では加算も減算もそのままおこなう「加算減算」をとることである。さらに前者は仕訳をかならず左側と右側に記帳するが，後者は増加ばかりの仕訳では左側ばかりに記帳することもある。換言すると増減記帳法における取引は3つの様式のどれかによって仕訳される。ひとつめはふたつの左側（増加）要素，ふたつめはふたつの右側（減少）要素，3つめは左側（増加）要素と右側（減少）要素である。そのため左右均衡しない場合もあり，上下均衡という独特の形式で点検をする必要があるものが混入する。特に複合取引の仕訳記録については，均衡資産等式という余計な手間を必要とする点検法をもちいなければならない[17]。

　増減記帳法では「増加・減少・残高の3欄からなるπ字形式を配列＝期間損益集計記録形式としているが，それは**図表2-3**のようにあらわすことができる。

第 2 章　行列簿記の構造と種類　53

図表 2-3　増減記帳法における取引要素の組み合わせ一覧

$$<貸借簿記法> \qquad\qquad <増減記帳法>$$

$$a = b + x \Rightarrow \quad \begin{array}{c|c} a & b \\ \hline & x \end{array} \qquad a - b = x \Rightarrow \quad \begin{array}{c|c|c} a & b & x \end{array}$$

（出典）高寺貞男「中国の新しい増減簿記法の構成分析」『經濟論叢』（京都大學經濟學會）第 102 巻第 3 号，1968 年 9 月，19 頁の文章をもとに一部加筆修正のうえ本書筆者作成。

増減記帳法をほかの二重分類簿記と比較してみると**図表 2-4**のようになる。

図表 2-4　二重分類簿記体系図

簿記「体系」	計算原理（算法）	簿記「形態」	簿記＝集計記入法
二重分類簿記	増減記帳法（加算減算簿記法）	Π式簿記	非統一的二重（複式）記入簿記
	貸借簿記法（加算的減算簿記法）	勘定簿記（T式簿記）	左右均衡的二重（複式）記入簿記
		行列簿記（将棋盤式簿記）	縦横交叉的単一記入簿記

（出典）高寺貞男「中国の新しい増減簿記法の構成分析」『經濟論叢』（京都大學經濟學會）第 102 巻第 3 号，1968 年 9 月，21 頁を一部加筆修正のうえ引用。

二重分類簿記と呼ばれるものにも多くのものがあることがわかる。こうして図表にしてみると行列簿記が通常の勘定簿記とほとんど相違点がないこともまた理解できる。

2-2 越村式行列簿記のさまざまな型

2-2-1 能率型

越村式行列簿記表は4つに大別することができる。それは能率型，古典型，流線型，混合型である[18]。能率型（図表2-5，図表2-6）の特徴は，営業上の純損益を算出する際にいちばん簡便なモデルであり，「期首残高の行と列とは複式簿記の前期末（あるいは今期首）における貸借対照表の借方と貸方とであり，1から8までの項目の行と列とは，仕訳・元帳における貸借対照表の借方と貸方とであり，合計欄の行と列とは合計試算表の役割を演じ，そのうちの6，7，8の行と列とは損益計算書の借方と貸方とをあらわし，そしてさいごに期末残

図表2-5 越村式行列簿記表（能率型）

貸↔行／借↔列	0 期首残高	1 財貨 +	2 貨幣 +	3 債権 +	4 負債 −	5 資本 −	6 利益 −	7 損失 +	8 純益 −	9 貸方合計	10 期末残高
0 期首残高		100	50	70						220	
1 財貨 −			800	200				15		1,015	
2 貨幣 −		1,000			20		5	70		1,095	
3 債権 −			100		50					150	
4 負債 +	120		200							320	250
5 資本 +	100								20	120	120
6 利益 +			80	20						100	
7 損失 −			10							10	
8 純益 +										0	
9 借方合計	220	1,100	1,240	290	70	0	5	85	20	3,030	370
10 期末残高			85	145	140					370	

（出典）越村信三郎『詳解行列簿記——原理と応用——』第三出版，1968年，80-81頁，表21を本書筆者が若干の修正のうえ引用。

高欄の行と列とは今期末の貸借対照表の借方と貸方とを表現[19]」しているとされる。

図表 2-6　行列簿記表（能率型）と旧来の帳簿・財務諸表との関係

借⇅列 貸⇔行	0 前期繰越	1 財貨＋	2 貨幣＋	3 債権＋	4 負債－	5 資本－	6 利益－	7 損失＋	8 純益∓	9 次期繰越	10 合計
0 前期繰越		期首貸借対照表（借）									
1 財貨－	期首貸借対照表（貸）								合計試算表（貸）	期末貸借対照表（貸）	
2 貨幣－											
3 債権－											
4 負債＋											
5 資本＋											
6 利益＋									損益計算書（貸）		
7 損失－											
8 純益±		合計試算表（借）				損益計算書（借）					
9 次期繰越		期末貸借対照表（借）									
10 合　計											

（出典）越村信三郎『詳解行列簿記──原理と応用──』第三出版，1968年，81頁，表22を本書筆者が若干の修正のうえ引用。

2-2-2　古典型

古典型（**図表 2-7，図表 2-8**）の特徴は，複式簿記の伝統を受け継いで純益欄のかわりに利益と損失を統括する損益欄を設け，その行に利益増と利益減との差額ならびに損失減を，また列に利益減ならびに損失増との差額を記録し，両者の差額から純利益または純損失を求める点にある。したがって損益欄の行と列とがそれぞれ損益計算書の貸方と借方とを代表することとなる[20]。

56　第Ⅰ部　行列簿記の起源

図表 2-7　行列簿記表（古典型）

貸↔行 \ 借↕列	0 前期繰越	1 財貨+	2 貨幣+	3 債権+	4 負債−	5 資本−	6 利益−	7 損失+	8 損益∓	9 次期繰越	10 合計
0 前期繰越		100	50	70							220
1 財貨−			800	200				15		85	1,100
2 貨幣−		1,000			20		5	70		145	1,240
3 債権−			100		50					140	290
4 負債+	120		200								320
5 資本+	100								20		120
6 利益+			80	20							100
7 損失−			10						75		85
8 損益±							95				95
9 次期繰越					250	120					370
10 合計	220	1,100	1,240	290	320	120	100	85	95	370	3,570

(出典) 越村信三郎『詳解行列簿記――原理と応用――』第三出版, 1968年, 81頁, 表23を本書筆者が若干の修正のうえ引用。

　能率型と古典型の相違点は，前者では損益計算書は合計欄のなかに併設されているが，後者では損益欄に独立して表示されていることである。また期末貸借対照表は前者では合計欄の外側にあるが，後者では合計欄の内側にあることである。そして，損益計算書も貸借対照表も両者の表記は逆になっていることに注意しなければならない。また前者では合計試算表の表示がなされているが，後者では各項目の合計欄は人為的にバランスさせられているので，合計試算表の役割を果たしていないことにも留意する必要がある[21]。

　簡潔に述べると，能率型は財務諸表由来の行列簿記表であり，古典型は産業連関表由来の行列簿記表である。越村は理論を展開するにあたり，最初は財務諸表由来の能率型を展開していたが，中途より論理的な説明もなく古典型による説明を展開しはじめた。このあたりに問題点が隠されていると推測される。

図表 2-8　行列簿記表（古典型）と旧来の帳簿・財務諸表との関係

貸↔行 \ 借↔列	0 前期繰越	1 財貨＋	2 貨幣＋	3 債権＋	4 負債－	5 資本－	6 利益－	7 損失＋	8 損益∓	9 次期繰越	10 合計
0 前期繰越		期首貸借対照表（借）									
1 財貨－	期首貸借対照表（貸）									期末貸借対照表（借）	
2 貨幣－											
3 債権－											
4 負債＋											
5 資本＋											
6 利益＋											
7 損失－									損益計算書（貸）		
8 損益±						損益計算書（貸）					
9 次期繰越		期末貸借対照表（貸）									
10 合計											

（出典）越村信三郎『詳解行列簿記――原理と応用――』第三出版，1968年，85頁，表24を本書筆者が若干の修正のうえ引用。

2-2-3　流線型

　古典型において次期繰越欄を貸方合計と借方合計の人為的にバランスさせる手段としてもちいるならば，むしろ次期繰越を前期繰越の反対勘定とみなし，前期繰越を前期から今期への入力，次期繰越を今期から次期への出力と想定することも可能である。

　このような考えから，前期繰越を前期のストックからの流入と考え，次期繰越を今期のストックへの流出とみなせば，各項目の流入と流出との合流点であ

図表2-9　行列簿記表（流線型）

貸↔行 \ 借↕列	0 前期繰越	1 財貨+	2 貨幣+	3 債権+	4 負債-	5 資本-	6 利益-	7 損失+	8 損益∓	9 次期繰越
0 前期繰越	220	100	50	70						
1 財貨-		1,100	800	200				15		85
2 貨幣-		1,000	1,240		20		5	70		145
3 債権-			100	290	50					140
4 負債+	120		200		320					
5 資本+	100					120			20	
6 利益+			80	20			100			
7 損失-			10					85	75	
8 損益±							95		95	
9 次期繰越				250	120					370

（出典）越村信三郎『詳解行列簿記——原理と応用——』第三出版，1968年，86頁，表25を本書筆者が若干の修正のうえ引用。

る対角ボックスに合計欄を設けた方が合理的かもしれない。この方法によるものが流線型である（**図表2-9**）。

2-2-4　混合型

上記の他に，能率型と古典型の混合型（**図表2-10**）が考えられる。これは8 純益欄を古典型のように損益欄に変え，期末残高を能率型のように合計欄の外に出したものである。

前述のように能率型は貸方合計の外側に期末残高を有し期首残高をもっている一方，古典型は合計欄の内側に次期繰越を有し，前期繰越をもっている。越村式行列簿記表を俯瞰してみると，「初期における越村式行列簿記表[22]」は能率型を中心に論じているにもかかわらず期末残高が次期繰越欄になっているも

第2章 行列簿記の構造と種類 59

図表 2-10 行列簿記表（混合型）

借↕列 貸↔行	0 期首残高	1 財貨＋	2 貨幣＋	3 債権＋	4 負債－	5 資本－	6 利益－	7 損失＋	8 損益±	9 貸方合計	10 期末残高
0 期首残高		100	50	70						220	
1 財貨－			800	200				15		1,015	
2 貨幣－		1,000			20		5	70		1,095	
3 債権－			100		50					150	
4 負債＋	120		200							320	250
5 資本＋	100								20	120	120
6 利益＋			80	20						100	
7 損失－			10						75	85	
8 損益±							95			95	
9 借方合計	220	1,100	1,240	290	70	0	100	85	95	3,200	370
10 期末残高		85	145	140						370	

（出典）越村信三郎『詳解行列簿記——原理と応用——』第三出版，1968年，89頁，表27を本書筆者が若干の修正のうえ引用。

の（**図表 1-13，図表 1-15**）もある。そのうえ「勘定口座番号1，2の順序を変えた[23]」との記述のある論文や，両者が混在している論文[24]も存在していることから，構想がまとまっていなかったことがうかがえる。その一方で，商品勘定の三分法，商品勘定の四分法，分記法による商品売買損益の算定，総記法による売買損益の算定，工業用，連結行列簿記表など多岐にわたる利用例をあげている[25]。このことからも越村が多岐にわたる可能性を探っていることがうかがえる。「後期における越村式行列簿記表[26]」においては古典型のみで展開し，期首残高，期末残高を付加しているのみならず，**図表 2-11**のように一番右側に合計欄を配している。この形がもっとも分析に適していると判断したのであろう。

2-3 越村式行列簿記の検証

越村信三郎は「従来のイタリア式複式簿記はシステムが複雑であるため，数式化はきわめて困難であった[27]」と述べている。彼のいうイタリア式複式簿記とは仕訳帳，元帳，試算表，損益計算書，貸借対照表というわれわれがよく知っている一連の流れのなかで作成する簿記法のことである。また「もしそれが数式化されないならば，たんなる表式簿記であり，碁盤式簿記であって，文字の本来的意味での行列簿記ではない[28]」とも述べている。これらのことから，越村はケメニー＝シュライファー＝スネル＝トンプソンが『新しい数学とその応用』という数学書のなかで二重分類簿記（Double Classification Bookkeeping）という項目をあげて論じた，「行列形式をもちいた複式簿記の記帳方法」を念頭に置きながらマテシッチその他の行列簿記について研究し論じていることが推察される。

次節において日本で行列簿記理論をけん引してきた越村の理論について検討してみたい。

2-3-1 越村式行列簿記表の数式化

行と列に行列形式で帳簿記入する場合には，まず取引を仕訳したものを勘定科目ごとに行と列に並べることになる。越村信三郎の図表[29]において，配列は0からはじまる2次元配列となっている[30]。越村は行列簿記表を数式化して説明するにあたり，最初は能率型をもちいていたが途中から古典型をもちいるようになった。それぞれの型を利用した意図および変更した理由について説明した箇所はどの文献においてもみあたらない。

つぎに古典型である**図表2-11**をもとに越村の説明する行列簿記の数式化を検証してみる。この図表をテーブルに見立ててTとおく。今回の場合は行和も列和も0のものはないため借方方程式と貸方方程式の使用の制約はない。とりあえず貸方方程式をもちいることにする。

① 各セル内のデータを T_{ji}, すなわち $T(j, i)$ とおくと，列0の前期繰越欄はつぎの式であらわすことができる。

$$T(24, 0) = \sum_{i=0}^{23} \sum T_{ji}$$

② この式をすべての列に一般化すると以下のようになり，すべての列に総和が求められる。

$$T(24, i) = \sum_{i=0}^{23} \sum T_{ji}$$

③ この総和をもちいて各列にたいして貸方方程式をもちいて借方係数を求める（**図表2-12**）。貸方方程式とは各要素を総和で按分したものである。
④ 計算にもちいるために単位行列 I を準備する（**図表2-13**）。
⑤ つぎに**図表2-12**より，必要な借方係数行列 a をとりだす（**図表2-14**）。
⑥ つぎに I − a を計算によって求める（**図表2-15**）。
⑦ 逆行列係数 $[I-a]^{-1}$：[単位行列−借方係数行列]の逆行列を求める（**図表2-16**）。エクセルの MINVERSE 関数をもちいれば容易に求めることができる。ここまでが意思決定などをおこなう際の準備となる。
⑧ 前期繰越高を U とすると以下の式で1期前の貸方合計額を求めることができる（**図表2-17**）。

$$U = (I - a)^{-1}$$

⑨ これを変形させる（**図表2-18**）。
⑩ そして乗算することによって2期の財務諸表を求めることが可能となる（**図表2-19**）。

図表 2-11 越村式行列簿記表（基本データ）

社名　金港商事 KK　　　　　　　　　　　　　　　　　　　（会計期間　年　月　日から）

		借 ↕ 列　　　貸 ↔ 行	0 前期繰越	財貨+ 1 耐久財+	財貨+ 2 商品+	財貨+ 3 其他財貨+	貨幣+ 4 現金+	貨幣+ 5 当座+	貨幣+ 6 其他貨幣+	債権+ 7 受取手形+	債権+ 8 売掛金+	債権+ 9 其他債権+
	0	前期繰越		400	350	50	100	490	10	300	200	100
財貨−	1	耐久財−										
財貨−	2	商品−					1,400	500		200	150	
財貨−	3	其他財貨−										
貨幣−	4	現金−			40	500	50		990	10		50
貨幣−	5	当座−			60	400	50	92		8		100
貨幣−	6	其他貨幣−										
債権−	7	受取手形−				40		60	235			
債権−	8	売掛金−				10		150	100		10	
債権−	9	其他債権−						20	30			
負債+	10	支払手形+		100		500						
負債+	11	買掛金+		100		1,000						
負債+	12	其他負債+		600				100	500			
資本+	13	資本金+		1,000								
資本+	14	資本剰余金+		100								
資本+	15	利益剰余金+		100								
利益+	16	売買益+						350	100		50	100
利益+	17	手数料+						50				
利益+	18	其他利益+						55				
損失−	19	評価損−										
損失−	20	営業費−						10				
損失−	21	其他損失−										
	22	損益±										
	23	次期繰越										
	24	合計		2,000	500	2,800	150	2,387	2,945	28	560	450	250

（出典）越村信三郎『詳解行列簿記――原理と応用――』第三出版，1968 年，巻末 2.
（注意）会社名，会計期間，取引単位，1 耐久財から 21 其他損失までの勘定科目は本書

年　月　日まで）　　　　　　　　　　　　　　　　　　　　　　　　（取引単位：万円）

	負債 -			資本 -			利益 -			損失 +				
10 支払手形 -	11 買掛金 -	12 其他負債 -	13 資本金 -	14 資本剰余金 -	15 利益剰余金 -	16 売買益 -	17 手数料 -	18 其他利益 -	19 評価損 +	20 営業費 +	21 其他損失 +	22 損益 ∓	23 次期繰越	24 合計
														2,000
									5				495	500
	5								5				540	2,800
										50			100	150
	35	120				10				185	13		384	2,387
300	440	450								121	18		906	2,945
										6	2		20	28
										15	10		200	560
	10										5		165	450
									2				198	250
	7													607
														1,100
														1,200
														1,000
														100
												268		368
														600
														50
														55
												12		12
												367		377
												48		48
					600	40	55							695
307	603	630	1,000	100	368									3,008
607	1,100	1,200	1,000	100	368	600	50	55	12	377	48	695	3,008	21,290

表29に若干の修正をくわえたうえで引用。
筆者が補足したものである。

図表 2-12 借方係数行列の導出

社名　金港商事 KK　　　　　　　　　　　　　　　　　　　　　　（会計期間　年　月　日から

			0	1	2	3	4	5	6	7	8	9
		借↑↓列 貸 ↔ 行	前期繰越	財貨+ 耐久財+	商品+	其他財貨+	貨幣+ 現金+	当座+	其他貨幣+	債権+ 受取手形+	売掛金+	其他債権+
	0	前期繰越		0.8	0.1250	0.3333	0.0419	0.1664	0.3571	0.5357	0.4444	0.4
財貨−	1	耐久財−										
	2	商品−					0.5865	0.1698		0.3571	0.3333	
	3	其他財貨−										
貨幣−	4	現金−		0.08	0.1786	0.3333		0.3362	0.3571			0.2
	5	当座−		0.12	0.1429	0.3333	0.0385	0	0.2857			0.4
	6	其他貨幣−										
債権−	7	受取手形−			0.0143		0.0251	0.0798				
	8	売掛金−			0.0036		0.0628	0.0340		0.0179		
	9	其他債権−			0		0.0084	0.0102				
負債+	10	支払手形+	0.05		0.1786							
	11	買掛金+	0.05		0.3571							
	12	其他負債+	0.30				0.0419	0.1698				
資本+	13	資本金+	0.50									
	14	資本剰余金+	0.05									
	15	利益剰余金+	0.05									
利益+	16	売買益+					0.1466	0.0340		0.0893	0.2222	
	17	手数料+					0.0209					
	18	其他利益+					0.0230					
損失−	19	評価損−										
	20	営業費−					0.0042					
	21	其他損失−										
	22	損益±										
	23	次期繰越										
	24	合　計	1	1	1	1	1	1	1	1	1	1

（出典）本書筆者作成。

第 2 章 行列簿記の構造と種類　65

年　月　日まで)

	負債 −			資本 −			利益 −			損失 +				
10 支払手形 −	11 買掛金 −	12 其他負債 −	13 資本金 −	14 資本剰余金 −	15 利益剰余金 −	16 売買益 −	17 手数料 −	18 其他利益 −	19 評価損 +	20 営業費 +	21 其他損失 +	22 損益 ∓	23 次期繰越	24 合計
														0.0939
									0.4167				0.1646	0.0235
	0.0045								0.4167				0.1795	0.1315
									0	0.1326			0.0332	0.0070
	0.0318	0.1					0.2			0.4907	0.2708		0.1277	0.1121
0.4942	0.4	0.375								0.3210	0.3750		0.3012	0.1383
										0.0159	0.0417		0.0066	0.0013
										0.0398	0.2083		0.0665	0.0263
	0.0091										0.1042		0.0549	0.0211
										0.1667			0.0658	0.0117
	0.0064													0.0285
														0.0517
														0.0564
														0.0470
														0.0047
												0.3856		0.0173
														0.0282
														0.0023
														0.0026
												0.0173		0.0006
												0.5281		0.0177
												0.0691		0.0023
						1	0.8	1						0.0326
0.5058	0.5482	0.5250	1.0000	1.0000	1.0000									0.1413
1	1	1	1	1	1	1	1	1	1	1	1	1	1	

66　第Ⅰ部　行列簿記の起源

図表 2-13　単位行列 I

$$I = \begin{bmatrix} 0 & 0 & 0 & 0 & 0 & 0 & 0 & 0 & 0 & 0 & 0 & 0 & 0 & 0 & 0 & 0 & 0 & 0 & 0 & 1 \\ 0 & 0 & 0 & 0 & 0 & 0 & 0 & 0 & 0 & 0 & 0 & 0 & 0 & 0 & 0 & 0 & 0 & 0 & 1 & 0 \\ 0 & 0 & 0 & 0 & 0 & 0 & 0 & 0 & 0 & 0 & 0 & 0 & 0 & 0 & 0 & 0 & 0 & 1 & 0 & 0 \\ 0 & 0 & 0 & 0 & 0 & 0 & 0 & 0 & 0 & 0 & 0 & 0 & 0 & 0 & 0 & 0 & 1 & 0 & 0 & 0 \\ 0 & 0 & 0 & 0 & 0 & 0 & 0 & 0 & 0 & 0 & 0 & 0 & 0 & 0 & 0 & 1 & 0 & 0 & 0 & 0 \\ 0 & 0 & 0 & 0 & 0 & 0 & 0 & 0 & 0 & 0 & 0 & 0 & 0 & 0 & 1 & 0 & 0 & 0 & 0 & 0 \\ 0 & 0 & 0 & 0 & 0 & 0 & 0 & 0 & 0 & 0 & 0 & 0 & 0 & 1 & 0 & 0 & 0 & 0 & 0 & 0 \\ 0 & 0 & 0 & 0 & 0 & 0 & 0 & 0 & 0 & 0 & 0 & 0 & 1 & 0 & 0 & 0 & 0 & 0 & 0 & 0 \\ 0 & 0 & 0 & 0 & 0 & 0 & 0 & 0 & 0 & 0 & 0 & 1 & 0 & 0 & 0 & 0 & 0 & 0 & 0 & 0 \\ 0 & 0 & 0 & 0 & 0 & 0 & 0 & 0 & 0 & 0 & 1 & 0 & 0 & 0 & 0 & 0 & 0 & 0 & 0 & 0 \\ 0 & 0 & 0 & 0 & 0 & 0 & 0 & 0 & 0 & 1 & 0 & 0 & 0 & 0 & 0 & 0 & 0 & 0 & 0 & 0 \\ 0 & 0 & 0 & 0 & 0 & 0 & 0 & 0 & 1 & 0 & 0 & 0 & 0 & 0 & 0 & 0 & 0 & 0 & 0 & 0 \\ 0 & 0 & 0 & 0 & 0 & 0 & 0 & 1 & 0 & 0 & 0 & 0 & 0 & 0 & 0 & 0 & 0 & 0 & 0 & 0 \\ 0 & 0 & 0 & 0 & 0 & 0 & 1 & 0 & 0 & 0 & 0 & 0 & 0 & 0 & 0 & 0 & 0 & 0 & 0 & 0 \\ 0 & 0 & 0 & 0 & 0 & 1 & 0 & 0 & 0 & 0 & 0 & 0 & 0 & 0 & 0 & 0 & 0 & 0 & 0 & 0 \\ 0 & 0 & 0 & 0 & 1 & 0 & 0 & 0 & 0 & 0 & 0 & 0 & 0 & 0 & 0 & 0 & 0 & 0 & 0 & 0 \\ 0 & 0 & 0 & 1 & 0 & 0 & 0 & 0 & 0 & 0 & 0 & 0 & 0 & 0 & 0 & 0 & 0 & 0 & 0 & 0 \\ 0 & 0 & 1 & 0 & 0 & 0 & 0 & 0 & 0 & 0 & 0 & 0 & 0 & 0 & 0 & 0 & 0 & 0 & 0 & 0 \\ 0 & 1 & 0 & 0 & 0 & 0 & 0 & 0 & 0 & 0 & 0 & 0 & 0 & 0 & 0 & 0 & 0 & 0 & 0 & 0 \\ 1 & 0 & 0 & 0 & 0 & 0 & 0 & 0 & 0 & 0 & 0 & 0 & 0 & 0 & 0 & 0 & 0 & 0 & 0 & 0 \end{bmatrix}$$

(単位行列)

(出典) 本書筆者作成。

第 2 章 行列簿記の構造と種類 67

図表 2-14 借方係数行列 a

$$
(借方係数行列) a = \begin{bmatrix}
0 & 0 & 0 & 0 & 0 & 0 & 0 & 0 & 0 & 0 & 0 & 0 & 0 & 0 & 0 & 0 & 0 & 0 & 0.4167 & 0 & 0 & 0 & 0.1646 \\
0 & 0 & 0 & 0 & 0 & 0 & 0 & 0 & 0 & 0 & 0 & 0 & 0 & 0 & 0 & 0 & 0 & 0 & 0.4167 & 0 & 0 & 0 & 0.1795 \\
0 & 0 & 0.5865 & 0.1698 & 0 & 0 & 0.0 & 0 & 0 & 0 & 0 & 0 & 0 & 0 & 0 & 0 & 0 & 0 & 0 & 0 & 0 & 0 & 0.0332 \\
0.08 & 0.1786 & 0.3333 & 0 & 0.3571 & 0.3333 & 0.0 & 0.0045 & 0 & 0 & 0 & 0 & 0 & 0 & 0 & 0 & 0 & 0 & 0 & 0.1326 & 0 & 0 & 0.1277 \\
0.12 & 0.1429 & 0.3333 & 0.0385 & 0 & 0.3571 & 0.0 & 0 & 0 & 0 & 0 & 0 & 0 & 0 & 0 & 0 & 0 & 0 & 0 & 0.4907 & 0.2708 & 0 & 0.3012 \\
0 & 0 & 0 & 0 & 0 & 0.2857 & 0.2 & 0.0318 & 0.1 & 0 & 0 & 0 & 0 & 0 & 0 & 0 & 0 & 0 & 0 & 0.3210 & 0.3750 & 0 & 0.0066 \\
0 & 0.0143 & 0 & 0.0251 & 0.0798 & 0 & 0.4 & 0.4942 & 0.4 & 0.375 & 0 & 0 & 0 & 0 & 0 & 0 & 0 & 0 & 0 & 0.0159 & 0.0417 & 0 & 0.0665 \\
0 & 0.0036 & 0 & 0.0628 & 0.0340 & 0 & 0 & 0 & 0 & 0 & 0 & 0 & 0 & 0 & 0 & 0 & 0 & 0 & 0 & 0.0398 & 0.2083 & 0 & 0.0549 \\
0 & 0 & 0 & 0.0084 & 0.0102 & 0 & 0 & 0.0091 & 0 & 0 & 0 & 0 & 0 & 0 & 0 & 0 & 0 & 0 & 0 & 0 & 0.1042 & 0 & 0.0658 \\
0 & 0.1786 & 0 & 0 & 0 & 0.0179 & 0 & 0 & 0 & 0 & 0 & 0 & 0 & 0 & 0 & 0 & 0 & 0 & 0.1667 & 0 & 0 & 0 & 0 \\
0 & 0.3571 & 0 & 0 & 0 & 0 & 0 & 0.0064 & 0 & 0 & 0 & 0 & 0 & 0 & 0 & 0 & 0 & 0 & 0 & 0 & 0 & 0 & 0 \\
0 & 0 & 0 & 0.0419 & 0.1698 & 0 & 0 & 0 & 0 & 0 & 0 & 0 & 0 & 0 & 0 & 0 & 0 & 0 & 0 & 0 & 0 & 0 & 0 \\
0 & 0 & 0 & 0 & 0 & 0 & 0 & 0 & 0 & 0 & 0 & 0 & 0 & 0 & 0 & 0 & 0 & 0 & 0 & 0 & 0 & 0 & 0 \\
0 & 0 & 0 & 0 & 0 & 0 & 0 & 0 & 0 & 0 & 0 & 0 & 0 & 0 & 0 & 0 & 0 & 0 & 0 & 0 & 0 & 0.3856 & 0 \\
0 & 0 & 0 & 0.1466 & 0.0340 & 0 & 0 & 0 & 0 & 0 & 0 & 0 & 0 & 0 & 0 & 0 & 0 & 0 & 0 & 0 & 0 & 0 & 0 \\
0 & 0 & 0 & 0.0209 & 0 & 0.0893 & 0.2222 & 0 & 0 & 0 & 0 & 0 & 0 & 0 & 0.2 & 0 & 0 & 0 & 0 & 0 & 0 & 0 & 0 \\
0 & 0 & 0 & 0.0230 & 0 & 0 & 0 & 0 & 0 & 0 & 0 & 0 & 0 & 0 & 0 & 0 & 0 & 0 & 0 & 0 & 0 & 0 & 0 \\
0 & 0 & 0 & 0 & 0 & 0 & 0 & 0 & 0 & 0 & 0 & 0 & 0 & 0 & 0 & 0 & 0 & 0 & 0 & 0 & 0 & 0.0173 & 0 \\
0 & 0 & 0 & 0.0042 & 0 & 0 & 0 & 0 & 0 & 0 & 0 & 0 & 0 & 0 & 0 & 0 & 0 & 0 & 0 & 0 & 0 & 0.5281 & 0 \\
0 & 0 & 0 & 0 & 0 & 0 & 0 & 0 & 0 & 0 & 0 & 0 & 0 & 0 & 0 & 0 & 0 & 0 & 0 & 0 & 0 & 0.0691 & 0 \\
0 & 0 & 0 & 0 & 0 & 0 & 0 & 0 & 0 & 0 & 0 & 0 & 0 & 0 & 0 & 1 & 0 & 0 & 1 & 0 & 0 & 0 & 0 \\
0 & 0 & 0 & 0 & 0 & 0 & 0 & 0 & 0 & 0 & 0 & 0 & 0 & 0 & 0.8 & 0 & 0 & 0 & 0 & 0 & 0 & 0 & 0 \\
0 & 0 & 0 & 0 & 0 & 0 & 0 & 0.5482 & 0.5250 & 1.0000 & 1.0000 & 1.0000 & 0 & 0 & 0 & 0 & 0 & 0 & 0 & 0 & 0 & 0 & 0 \\
\end{bmatrix}
$$

(出典) 本書筆者作成。

図表 2-15　単位行列－借方係数行列：I-a

$$
I-a = \begin{bmatrix}
1.0000 & 0.0000 & 0.0000 & 0.0000 & 0.0000 & 0.0000 & 0.0000 & 0.0000 & 0.0000 & 0.0000 & 0.000 \\
0.0000 & 1.0000 & 0.0000 & -0.5865 & -0.1698 & 0.0000 & -0.3571 & -0.3333 & 0.0000 & 0.0000 & -0.004 \\
0.0000 & 0.0000 & 1.0000 & 0.0000 & 0.0000 & 0.0000 & 0.0000 & 0.0000 & 0.0000 & 0.0000 & 0.000 \\
-0.0800 & -0.1786 & -0.3333 & 1.0000 & -0.3362 & -0.3571 & 0.0000 & 0.0000 & -0.2000 & 0.0000 & -0.03 \\
-0.1200 & -0.1429 & -0.3333 & -0.0385 & 1.0000 & -0.2857 & 0.0000 & 0.0000 & -0.4000 & -0.4942 & -0.400 \\
0.0000 & 0.0000 & 0.0000 & 0.0000 & 0.0000 & 1.0000 & 0.0000 & 0.0000 & 0.0000 & 0.0000 & 0.000 \\
0.0000 & -0.0143 & 0.0000 & -0.0251 & -0.0798 & 0.0000 & 1.0000 & 0.0000 & 0.0000 & 0.0000 & 0.000 \\
0.0000 & -0.0036 & 0.0000 & -0.0628 & -0.0340 & 0.0000 & -0.0179 & 1.0000 & 0.0000 & 0.0000 & -0.009 \\
0.0000 & 0.0000 & 0.0000 & -0.0084 & -0.0102 & 0.0000 & 0.0000 & 0.0000 & 1.0000 & 0.0000 & 0.000 \\
0.0000 & -0.1786 & 0.0000 & 0.0000 & 0.0000 & 0.0000 & 0.0000 & 0.0000 & 0.0000 & 1.0000 & -0.006 \\
0.0000 & -0.3571 & 0.0000 & 0.0000 & 0.0000 & 0.0000 & 0.0000 & 0.0000 & 0.0000 & 0.0000 & 1.000 \\
0.0000 & 0.0000 & 0.0000 & -0.0419 & -0.1698 & 0.0000 & 0.0000 & 0.0000 & 0.0000 & 0.0000 & 0.000 \\
0.0000 & 0.0000 & 0.0000 & 0.0000 & 0.0000 & 0.0000 & 0.0000 & 0.0000 & 0.0000 & 0.0000 & 0.000 \\
0.0000 & 0.0000 & 0.0000 & 0.0000 & 0.0000 & 0.0000 & 0.0000 & 0.0000 & 0.0000 & 0.0000 & 0.000 \\
0.0000 & 0.0000 & 0.0000 & 0.0000 & 0.0000 & 0.0000 & 0.0000 & 0.0000 & 0.0000 & 0.0000 & 0.000 \\
0.0000 & 0.0000 & 0.0000 & -0.1466 & -0.0340 & 0.0000 & -0.0893 & -0.2222 & 0.0000 & 0.0000 & 0.000 \\
0.0000 & 0.0000 & 0.0000 & -0.0209 & 0.0000 & 0.0000 & 0.0000 & 0.0000 & 0.0000 & 0.0000 & 0.000 \\
0.0000 & 0.0000 & 0.0000 & -0.0230 & 0.0000 & 0.0000 & 0.0000 & 0.0000 & 0.0000 & 0.0000 & 0.000 \\
0.0000 & 0.0000 & 0.0000 & 0.0000 & 0.0000 & 0.0000 & 0.0000 & 0.0000 & 0.0000 & 0.0000 & 0.000 \\
0.0000 & 0.0000 & 0.0000 & -0.0042 & 0.0000 & 0.0000 & 0.0000 & 0.0000 & 0.0000 & 0.0000 & 0.000 \\
0.0000 & 0.0000 & 0.0000 & 0.0000 & 0.0000 & 0.0000 & 0.0000 & 0.0000 & 0.0000 & 0.0000 & 0.000 \\
0.0000 & 0.0000 & 0.0000 & 0.0000 & 0.0000 & 0.0000 & 0.0000 & 0.0000 & 0.0000 & 0.0000 & 0.000 \\
0.0000 & 0.0000 & 0.0000 & 0.0000 & 0.0000 & 0.0000 & 0.0000 & 0.0000 & 0.0000 & -0.5058 & -0.548
\end{bmatrix}
$$

（出典）本書筆者作成。

第2章 行列簿記の構造と種類 69

0.0000	0.0000	0.0000	0.0000	0.0000	0.0000	0.0000	-0.4167	0.0000	0.0000	0.0000	-0.1646
0.0000	0.0000	0.0000	0.0000	0.0000	0.0000	0.0000	-0.4167	0.0000	0.0000	0.0000	-0.1795
0.0000	0.0000	0.0000	0.0000	0.0000	0.0000	0.0000	0.0000	-0.1326	0.0000	0.0000	-0.0332
-0.1000	0.0000	0.0000	0.0000	0.0000	-0.2000	0.0000	0.0000	-0.4907	-0.2708	0.0000	-0.1277
-0.3750	0.0000	0.0000	0.0000	0.0000	0.0000	0.0000	0.0000	-0.3210	-0.3750	0.0000	-0.3012
0.0000	0.0000	0.0000	0.0000	0.0000	0.0000	0.0000	0.0000	-0.0159	-0.0417	0.0000	-0.0066
0.0000	0.0000	0.0000	0.0000	0.0000	0.0000	0.0000	0.0000	-0.0398	-0.2083	0.0000	-0.0665
0.0000	0.0000	0.0000	0.0000	0.0000	0.0000	0.0000	0.0000	0.0000	-0.1042	0.0000	-0.0549
0.0000	0.0000	0.0000	0.0000	0.0000	0.0000	0.0000	-0.1667	0.0000	0.0000	0.0000	-0.0658
0.0000	0.0000	0.0000	0.0000	0.0000	0.0000	0.0000	0.0000	0.0000	0.0000	0.0000	0.0000
0.0000	0.0000	0.0000	0.0000	0.0000	0.0000	0.0000	0.0000	0.0000	0.0000	0.0000	0.0000
1.0000	0.0000	0.0000	0.0000	0.0000	0.0000	0.0000	0.0000	0.0000	0.0000	0.0000	0.0000
0.0000	1.0000	0.0000	0.0000	0.0000	0.0000	0.0000	0.0000	0.0000	0.0000	0.0000	0.0000
0.0000	0.0000	1.0000	0.0000	0.0000	0.0000	0.0000	0.0000	0.0000	0.0000	0.0000	0.0000
0.0000	0.0000	0.0000	1.0000	0.0000	0.0000	0.0000	0.0000	0.0000	0.0000	-0.3856	0.0000
0.0000	0.0000	0.0000	0.0000	1.0000	0.0000	0.0000	0.0000	0.0000	0.0000	0.0000	0.0000
0.0000	0.0000	0.0000	0.0000	0.0000	1.0000	0.0000	0.0000	0.0000	0.0000	0.0000	0.0000
0.0000	0.0000	0.0000	0.0000	0.0000	0.0000	1.0000	0.0000	0.0000	0.0000	0.0000	0.0000
0.0000	0.0000	0.0000	0.0000	0.0000	0.0000	0.0000	1.0000	0.0000	0.0000	-0.0173	0.0000
0.0000	0.0000	0.0000	0.0000	0.0000	0.0000	0.0000	0.0000	1.0000	0.0000	-0.5281	0.0000
0.0000	0.0000	0.0000	0.0000	0.0000	0.0000	0.0000	0.0000	0.0000	1.0000	-0.0691	0.0000
0.0000	0.0000	0.0000	0.0000	-1.0000	-0.8000	-1.0000	0.0000	0.0000	0.0000	1.0000	0.0000
-0.5250	-1.0000	-1.0000	-1.0000	0.0000	0.0000	0.0000	0.0000	0.0000	0.0000	0.0000	1.0000

70 第Ⅰ部 行列簿記の起源

図表 2-16 ［単位行列－借方係数行列］の逆行列：[I-a]⁻¹

$$[\text{I-a}]^{-1}=\begin{bmatrix}
1.0281 & 0.1601 & 0.0952 & 0.1541 & 0.1315 & 0.0926 & 0.0763 & 0.0967 & 0.0834 & 0.2050 & 0.2122 \\
0.3225 & 2.3154 & 1.1032 & 1.8672 & 1.4424 & 1.0790 & 0.9791 & 1.1016 & 0.9504 & 1.4075 & 1.4188 \\
0.0120 & 0.0570 & 1.0410 & 0.0690 & 0.0539 & 0.0400 & 0.0334 & 0.0492 & 0.0353 & 0.0668 & 0.0684 \\
0.3304 & 1.2427 & 1.1606 & 2.1853 & 1.2963 & 1.1509 & 0.5848 & 0.7326 & 0.9556 & 1.2148 & 1.2304 \\
0.3654 & 1.4646 & 1.1673 & 1.3712 & 2.1306 & 1.0985 & 0.6677 & 0.8121 & 1.1265 & 1.7353 & 1.6605 \\
0.0021 & 0.0104 & 0.0073 & 0.0123 & 0.0097 & 1.0071 & 0.0059 & 0.0086 & 0.0063 & 0.0123 & 0.0126 \\
0.0564 & 0.2574 & 0.1867 & 0.2710 & 0.2891 & 0.1794 & 1.1213 & 0.1520 & 0.1699 & 0.2838 & 0.2814 \\
0.0462 & 0.2033 & 0.1566 & 0.2554 & 0.2145 & 0.1525 & 0.1128 & 1.1181 & 0.1369 & 0.2200 & 0.2300 \\
0.0177 & 0.0894 & 0.0597 & 0.0939 & 0.0852 & 0.0579 & 0.0422 & 0.0531 & 1.0528 & 0.1099 & 0.1121 \\
0.0583 & 0.4187 & 0.1995 & 0.3377 & 0.2608 & 0.1951 & 0.1771 & 0.1992 & 0.1719 & 1.2545 & 0.2629 \\
0.1152 & 0.8269 & 0.3940 & 0.6669 & 0.5151 & 0.3853 & 0.3497 & 0.3934 & 0.3394 & 0.5027 & 1.5061 \\
0.0759 & 0.3007 & 0.2468 & 0.3244 & 0.4160 & 0.2347 & 0.1379 & 0.1686 & 0.2313 & 0.3455 & 0.3335 \\
0.0000 & 0.0000 & 0.0000 & 0.0000 & 0.0000 & 0.0000 & 0.0000 & 0.0000 & 0.0000 & 0.0000 & 0.0000 \\
0.0000 & 0.0000 & 0.0000 & 0.0000 & 0.0000 & 0.0000 & 0.0000 & 0.0000 & 0.0000 & 0.0000 & 0.0000 \\
0.0344 & 0.1348 & 0.1186 & 0.2063 & 0.1494 & 0.1164 & 0.0991 & 0.1643 & 0.1010 & 0.1387 & 0.1394 \\
0.0761 & 0.3001 & 0.2613 & 0.4479 & 0.3359 & 0.2560 & 0.2336 & 0.3970 & 0.2240 & 0.3113 & 0.3130 \\
0.0069 & 0.0260 & 0.0243 & 0.0458 & 0.0272 & 0.0241 & 0.0123 & 0.0153 & 0.0200 & 0.0254 & 0.0258 \\
0.0076 & 0.0286 & 0.0267 & 0.0504 & 0.0299 & 0.0265 & 0.0135 & 0.0169 & 0.0220 & 0.0280 & 0.0281 \\
0.0015 & 0.0060 & 0.0053 & 0.0092 & 0.0067 & 0.0052 & 0.0044 & 0.0074 & 0.0045 & 0.0062 & 0.0062 \\
0.0485 & 0.1898 & 0.1672 & 0.2916 & 0.2101 & 0.1642 & 0.1381 & 0.2281 & 0.1423 & 0.1950 & 0.1963 \\
0.0062 & 0.0241 & 0.0212 & 0.0369 & 0.0268 & 0.0208 & 0.0177 & 0.0294 & 0.0181 & 0.0248 & 0.0250 \\
0.0893 & 0.3496 & 0.3075 & 0.5349 & 0.3875 & 0.3018 & 0.2569 & 0.4262 & 0.2620 & 0.3596 & 0.3620 \\
0.1669 & 0.9578 & 0.5650 & 0.9129 & 0.7822 & 0.5495 & 0.4527 & 0.5693 & 0.4954 & 1.2301 & 1.2730
\end{bmatrix}$$

（出典）本書筆者作成。

$$\begin{bmatrix}
0.2101 & 0.2769 & 0.2769 & 0.2769 & 0.1952 & 0.1869 & 0.1952 & 0.5090 & 0.1349 & 0.1209 & 0.1952 & 0.2769 \\
1.4487 & 1.3735 & 1.3735 & 1.3735 & 1.4839 & 1.5606 & 1.4839 & 1.2575 & 1.5816 & 1.4103 & 1.4839 & 1.3735 \\
0.0688 & 0.0794 & 0.0794 & 0.0794 & 0.1358 & 0.1224 & 0.1358 & 0.0346 & 0.1912 & 0.0526 & 0.1358 & 0.0794 \\
1.3006 & 1.1351 & 1.1351 & 1.1351 & 1.4324 & 1.5830 & 1.4324 & 0.8147 & 1.6840 & 1.3241 & 1.4324 & 1.1351 \\
1.6443 & 1.3490 & 1.3490 & 1.3490 & 1.4575 & 1.4402 & 1.4575 & 0.9502 & 1.5556 & 1.4398 & 1.4575 & 1.3490 \\
0.0127 & 0.0149 & 0.0149 & 0.0149 & 0.0233 & 0.0211 & 0.0233 & 0.0063 & 0.0263 & 0.0510 & 0.0233 & 0.0149 \\
0.2818 & 0.2787 & 0.2787 & 0.2787 & 0.2979 & 0.2925 & 0.2979 & 0.1591 & 0.2980 & 0.4387 & 0.2979 & 0.2787 \\
0.2243 & 0.2254 & 0.2254 & 0.2254 & 0.2267 & 0.2324 & 0.2267 & 0.1267 & 0.2219 & 0.2959 & 0.2267 & 0.2254 \\
0.1117 & 0.1340 & 0.1340 & 0.1340 & 0.1049 & 0.1027 & 0.1049 & 0.2201 & 0.0839 & 0.0741 & 0.1049 & 0.1340 \\
0.2620 & 0.2484 & 0.2484 & 0.2484 & 0.2684 & 0.2822 & 0.2684 & 0.2274 & 0.2860 & 0.2550 & 0.2684 & 0.2484 \\
0.5174 & 0.4905 & 0.4905 & 0.4905 & 0.5300 & 0.5574 & 0.5300 & 0.4491 & 0.5649 & 0.5037 & 0.5300 & 0.4905 \\
1.3337 & 0.2766 & 0.2766 & 0.2766 & 0.3075 & 0.3108 & 0.3075 & 0.1955 & 0.3346 & 0.2999 & 0.3075 & 0.2766 \\
0.0000 & 1.0000 & 0.0000 & 0.0000 & 0.0000 & 0.0000 & 0.0000 & 0.0000 & 0.0000 & 0.0000 & 0.0000 & 0.0000 \\
0.0000 & 0.0000 & 1.0000 & 0.0000 & 0.0000 & 0.0000 & 0.0000 & 0.0000 & 0.0000 & 0.0000 & 0.0000 & 0.0000 \\
0.1440 & 0.1282 & 0.1282 & 1.1282 & 0.5374 & 0.4711 & 0.5374 & 0.0873 & 0.1707 & 0.1545 & 0.5374 & 0.1282 \\
0.3215 & 0.2872 & 0.2872 & 0.2872 & 1.3365 & 0.3588 & 0.3365 & 0.1941 & 0.3756 & 0.3480 & 0.3365 & 0.2872 \\
0.0272 & 0.0238 & 0.0238 & 0.0238 & 0.0300 & 1.0332 & 0.0300 & 0.0171 & 0.0353 & 0.0277 & 0.0300 & 0.0238 \\
0.0300 & 0.0262 & 0.0262 & 0.0262 & 0.0330 & 0.0365 & 1.0330 & 0.0188 & 0.0388 & 0.0305 & 0.0330 & 0.0262 \\
0.0064 & 0.0057 & 0.0057 & 0.0057 & 0.0241 & 0.0211 & 0.0241 & 1.0039 & 0.0076 & 0.0069 & 0.0241 & 0.0057 \\
0.2026 & 0.1803 & 0.1803 & 0.1803 & 0.7419 & 0.6518 & 0.7419 & 0.1230 & 1.2408 & 0.2171 & 0.7419 & 0.1803 \\
0.0258 & 0.0230 & 0.0230 & 0.0230 & 0.0962 & 0.0844 & 0.0962 & 0.0156 & 0.0306 & 1.0277 & 0.0962 & 0.0230 \\
0.3733 & 0.3324 & 0.3324 & 0.3324 & 1.3935 & 1.2218 & 1.3935 & 0.2265 & 0.4427 & 0.4007 & 1.3935 & 0.3324 \\
1.2602 & 1.6679 & 1.6679 & 1.6679 & 1.1250 & 1.0826 & 1.1250 & 0.5512 & 0.8007 & 0.7171 & 1.1250 & 1.6679
\end{bmatrix}$$

図表 2-17 基本データ（図表 2-11）の前期繰越額：U および第 1 期貸方合計額の検算，第 2 期前期繰越額：U_2 および第 2 期貸方合計額の導出

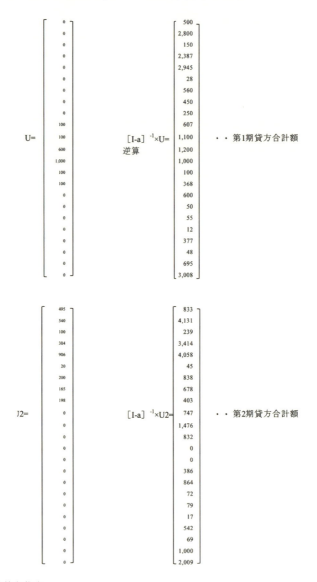

（出典）本書筆者作成。

図表 2-18　第 2 期貸方合計額の変形

833	0	0	0	0	0	0	0	0	0	0	0	0	0	0	0	0	0	0	0	0
0	4,131	0	0	0	0	0	0	0	0	0	0	0	0	0	0	0	0	0	0	0
0	0	239	0	0	0	0	0	0	0	0	0	0	0	0	0	0	0	0	0	0
0	0	0	3,414	0	0	0	0	0	0	0	0	0	0	0	0	0	0	0	0	0
0	0	0	0	4,058	0	0	0	0	0	0	0	0	0	0	0	0	0	0	0	0
0	0	0	0	0	45	0	0	0	0	0	0	0	0	0	0	0	0	0	0	0
0	0	0	0	0	0	838	0	0	0	0	0	0	0	0	0	0	0	0	0	0
0	0	0	0	0	0	0	678	0	0	0	0	0	0	0	0	0	0	0	0	0
0	0	0	0	0	0	0	0	403	0	0	0	0	0	0	0	0	0	0	0	0
0	0	0	0	0	0	0	0	0	747	0	0	0	0	0	0	0	0	0	0	0
0	0	0	0	0	0	0	0	0	0	1,476	0	0	0	0	0	0	0	0	0	0
0	0	0	0	0	0	0	0	0	0	0	832	0	0	0	0	0	0	0	0	0
0	0	0	0	0	0	0	0	0	0	0	0	386	0	0	0	0	0	0	0	0
0	0	0	0	0	0	0	0	0	0	0	0	0	864	0	0	0	0	0	0	0
0	0	0	0	0	0	0	0	0	0	0	0	0	0	72	0	0	0	0	0	0
0	0	0	0	0	0	0	0	0	0	0	0	0	0	0	79	0	0	0	0	0
0	0	0	0	0	0	0	0	0	0	0	0	0	0	0	0	17	0	0	0	0
0	0	0	0	0	0	0	0	0	0	0	0	0	0	0	0	0	542	0	0	0
0	0	0	0	0	0	0	0	0	0	0	0	0	0	0	0	0	0	69	0	0
0	0	0	0	0	0	0	0	0	0	0	0	0	0	0	0	0	0	0	1,000	0
0	0	0	0	0	0	0	0	0	0	0	0	0	0	0	0	0	0	0	0	2,009

（出典）本書筆者作成。

図表2-19　第2期の行列簿記表（古典型）の導出

社名　金港商事KK　　　　　　　　　　　　　　　（会計期間　　年　　月　　日から）

貸↔行／借↔列		0 前期繰越	1 耐久財+	2 商品+	3 其他財貨+	4 現金+	5 当座+	6 其他貨幣+	7 受取手形+	8 売掛金+	9 其他債権+	10 支払手形−
			財貨+			貨幣+			債権+			
	0 前期繰越		495	540	100	384	906	20	200	165	198	
財貨−	1 耐久財−											
	2 商品−					2,106	752		301	226		
	3 其他財貨−											
貨幣−	4 現金−		60	752	75		1,489	15		75		
	5 当座−		90	602	75	138		12		150		451
	6 其他貨幣−											
債権−	7 受取手形−			60		90	353					
	8 売掛金−			15		226	150		15			
	9 其他債権−					30	45					
負債+	10 支払手形+	307		752								
	11 買掛金+	603		1,504								
	12 其他負債+	630				150	752					
資本+	13 資本金+	1,000										
	14 資本剰余金+	100										
	15 利益剰余金+	368										
利益+	16 売買益+					526	150		75	150		
	17 手数料+					75						
	18 其他利益+					83						
損失−	19 評価損−											
	20 営業費−					15						
	21 其他損失−											
	22 損益±											
	23 次期繰越											462
	23 合計	3,008	645	4,225	250	3,824	4,598	47	591	541	424	913

（出典）本書筆者作成。

第2章 行列簿記の構造と種類 75

年　月　日まで）　　　　　　　　　　　　　　　　　（取引単位：万円）

負債−　　　　資本−　　　　　利益−　　　　損失＋

11 買掛金 -	12 其他負債 −	13 資本金 -	14 資本剰余金 −	15 利益剰余金 −	16 売買益 -	17 手数料 −	18 其他利益 −	19 評価損 ＋	20 営業費 ＋	21 其他損失 ＋	22 損益 ∓	23 次期繰越	23 合計
													3,008
												744	744
8								8				812	4,211
									75			150	226
53	180					15			278	20		578	3,590
662	677								182	27		1,363	4,429
									9	3		30	42
									23	15		301	842
15										8		248	677
										3		298	376
11													1,070
													2,107
													1,532
													1,000
													100
											403		771
													902
													75
													83
											18		18
											552		567
											72		72
					902	60	83						1,045
907	948	1,504	150	553									4,524
1,654	1,805	1,504	150	553	902	75	83	11	567	72	1,045	4,524	32,013

76　第Ⅰ部　行列簿記の起源

2-3-2　越村式行列簿記表の問題点

　産業連関表における投入係数は，当期における要素だけによって計算される。マテシッチやコーラーなどが前期繰越などをもちいていなかったのはそれを理由とする。しかし，越村は行列簿記を財務諸表の表現形式として採用した。この表はいくらかの劣位性は有してはいるが，表現形式としてはある意味完成されていると思われる。

図表 2-20　行列簿記表と旧来の帳簿・財務諸表との関係

借↕列 貸↔行	0 期首残高	1 財貨 +	2 貨幣 +	3 債権 +	4 負債 −	5 資本 −	6 利益 −	7 損失 +	8 純益 ±	9 貸方合計	10 期末残高
0 期首残高		期首貸借対照表（借）									
1 財貨 −	期首貸借対照表（貸）	仕訳帳・総勘定元帳								合計試算表（貸）	期末貸借対照表（貸）
2 貨幣 −											
3 債権 −											
4 負債 +											
5 資本 +											
6 利益 +										損益計算書（貸）	
7 損失 −											
8 純益 ±											
9 借方合計		合計試算表（借）					損益計算書（借）				
10 期末残高		期末貸借対照表（借）									

（出典）越村信三郎『詳解行列簿記——原理と応用——』第三出版，1968 年，81 頁，表 22 を一部加筆修正のうえ引用。

　問題点が生じたのは越村が将来予測をおこなおうとしたことである。越村の将来予測の計算式は前期繰越の数値と投入係数により財務諸表のすべての数値を決定するというものであり，数学的には問題があるといわざるをえない。
　数学的問題点にたいして 3 つの対処策が考えられた。まずひとつめは貸方計

数の過去10年間の平均値をとることにより景気変動の影響を除去する方法[31]。ふたつめは回帰分析によって異常値を除去する方法[32]。3つめはマルコフ連鎖等によりいくらかの揺らぎをもった数値を作成する方法である[33]。しかしどれも効果的なものとはいえなかった。

越村式行列簿記表は表現形式としてはよく考えられており，単年度における分析であれば問題なく利用できる。将来予測には対応しているとはいえないが，その功績は間違いなく評価できる。

2-4　行列簿記のダウンサイジング

2-4-1　原型財務諸表行列簿記

行列簿記にたいする最大の批判は大企業が利用すると表が大きくなりすぎることであり，そのために利用が難しいとされてきた面がある。そこで考え出されたのが原型財務諸表行列簿記である。原型財務諸表行列簿記とは簡単にいえば，行列簿記表が巨大化することを防ぐことを主目的としている。そこで作成される表は，「列に貸借対照表を配置し，行に損益計算書勘定を配置したものとなる[34]」とされる。「簿記上，資産・負債・資本にどのような変化を及ぼすかにより，取引の種類を交換取引，損益取引および混合取引の3つに区別するやり方が一般的におこなわれている[35]」。そのうちの交換取引，混合取引と呼ばれるものについて分解しなければ，原型財務諸表行列簿記は作成できない。そこで田中茂次は「伝統的に受け継がれてきた実務での仕訳を通常仕訳と呼び，これを便益をあらわす仕訳と犠牲をあらわす仕訳に分解したものを分解仕訳と呼ぶ[36]」ことにして論を進めた。

伝統的行列簿記を構成する伝統的複式簿記と原型財務諸表行列簿記の仕訳方法の違いについて田中茂次の論[37]を中心に論じてみる。

(1)　現金40円を借り入れた。
＜通常仕訳＞
現　　金　40　／　借　入　金　40

＜分解仕訳＞
① 　　　　現　　金　　40 ／ ［現 金 増］ 40
　　　　［借入金増］　40 ／ 借　入　金 40

　田中茂次によれば，上記仕訳において記号［ ］で囲まれた項目は損益計算書勘定をあらわすものとなる。通常仕訳では，このような勘定も存在せず，また勘定科目名も与えられていない。そこで，田中茂次は，分解された仕訳で損益計算書勘定に相当するものを，差し当たり，貸借対照表勘定との関連を明らかにするために，貸借対照表勘定名に『増』または『減』という語を付け加えていいあらわすこととした。たとえば，現金の増加に対応する損益計算書勘定は［現金増］といった具合である。ただし，通常の仕訳で当初から損益計算書勘定として処理されているものはそれに括弧（ ）をつけている。たとえば［現金減（支払利息）］といった具合である[38]。

(2) 　商品65円を現金支払いで購入した。
＜通常仕訳＞
　　　　　　　商　　品　　65 ／ 現　　金　　65
＜分解仕訳＞
② 　　　　商　　品　　65 ／ ［商 品 増］ 65
　　　　［現 金 減］　65 ／ 現　　金　　65

(3) 　商品を80円で現金販売した。売上原価は50円である。
＜通常仕訳＞
　　　　　　　現　　金　　80 ／ 商　　品　　50
　　　　　　　　　　　　　　　　　商品販売益　30
＜分解仕訳＞
③ 　　　　現　　金　　80 ／ ［現金増（売上）］ 80
　　　　［商品減（売上原価）］[39] 50 ／ 商　　品　　50

(4) 現金で支払利息5円を支払った。
＜通常仕訳＞
　　　　　支　払　利　息　　5　／　現　　　　金　　5
＜分解仕訳＞
　④　　　現金減（支払利息）　5　／　現　　　　金　　5

田中茂次によれば「損益計算書勘定の貸方記入は収益をあらわすので便益関連取引と呼び，プラス記号（+）であらわすこととした。そして損益計算書勘

図表 2-21　原型財務諸表行列簿記

貸借対照表分類\損益計算書分類	資産		負債資本			原型損益計算書	通常損益計算書
	現金	商品	借入金	資本金	繰越利益		
期首残高貸借対照表	+ 30	+ 40	− 20	− 50	0		
―交換取引―							
借入金取引:							
①現金増	+ 40					* + 40	
借入金増			− 40			* − 40	
商品仕入取引:							
②商品増		+ 65				* + 65	
現金減	− 65					* − 65	
―損益取引―							
③現金増（売上）	+ 80					+ 80	+ 80
商品減（売上原価）		− 50				− 50	− 50
④現金減（支払利息）	− 5					− 5	− 5
純利益					− 25	− 25	− 25
（小計）						− 185　+ 185	− 80　+ 80
運動差額貸借対照表	+ 50	+ 15	− 40	0	− 25		
期末残高貸借対照表	+ 80	+ 55	− 60	− 50	− 25		

(出典) 田中茂次「原型財務諸表行列簿記のすすめ（その1）」『商学論纂』（中央大学）第37巻第5・6号，1996年5月，59頁，図表3。

定の借方記入は費用をあらわすので犠牲関連取引と呼び，マイナス記号（－）であらわすこととした。このことにより，すべての会計取引は便益関連取引（＋）と犠牲関連取引（－）の集合に分解される」[40]とした。ピカソが平面的な絵画のなかで立体を表現しようとしたように，ひとつの表のなかで多くのものを表現できるように考案したのである。

　本書筆者の分類法によれば，田中茂次は財務諸表由来の表現形式を重んじた行列簿記を展開しようとしている。確かにいままで劣位性とされていた表が大きくなりすぎることを解消でき，有効だと思われる。田中茂次は原型財務諸表行列簿記を説明するためにいままでの行列簿記について伝統的行列簿記と名づけ比較検討している。

図表2-22　原型財務諸表行列簿記［簡略型］

損益計算書分類＼貸借対照表分類	資産		負債資本			原型損益計算書	通常損益計算書
	現金	商品	借入金	資本金	繰越利益		
期首残高貸借対照表	＋30	＋40	－20	－50	0		
―交換取引―							
①借入金取引	＋40		－40			＊－40	＊＋40
②商品仕入取引：	－65	＋65				＊－65	＊＋65
―損益取引―							
③現金増（売上）	＋80						＋80	＋80
商品減（売上原価）		－50				－50	－50
④現金減（支払利息）	－5					－5	－5
純利益					－25	－25	－25
（小計）						－80 ＋80	0
運動差額貸借対照表	＋50	＋15	－40	0	－25		

（出典）田中茂次「原型財務諸表行列簿記のすすめ（その1）」『商学論纂』（中央大学）第37巻第5・6号，1996年5月，69頁，図表5。

2-4-2 伝統的行列簿記と原型財務諸表行列簿記の比較

チャートへの記入の点からみると，伝統的行列簿記は「貸借対照表勘定は列と行の両方にわたって合計して二度も配置され，損益計算書勘定も同様に列と行の両方にわたって二度も配置され[41]」るという無駄がある。一方で，原型財務諸表行列簿記では，「貸借対照表勘定は列に一度だけ配置されており，損益計算書勘定は行に一度だけ配置されている[42]」だけなので無駄がない。紙面を大きく取り一覧性の優位性をもなくすといわれた行列簿記への最大の批判にたいする改善点でもある。

仕訳の点からみると，伝統的行列簿記は通常仕訳であり，「交換取引については一度の記入だけ[43]」で済む。一方で，「原型財務諸表行列簿記では，交換取引については分解仕訳をおこなうため，記帳単位の数が増加する[44]」。

図表 2-23 伝統的行列簿記

列=借方 / 行=貸方		期首残高	資産		負債・資本			費用・収益			期末残高	貸方合計
			現金	商品	借入金	資本金	繰越利益	販売益	支払利息	純利益		
			便益関連取引					犠牲関連取引				
期首残高			+30	+40	+	+	+	−	−	−		
現金	犠牲関連取引	−		±65					−5		80	150
商品		−	±50								55	105
借入金		−20	±40									60
資本金		−50										50
繰越利益		−					[A]	[D]		−25		25
販売益	便益関連取引	+	+30					[B]	[C]			30
支払利息		+										
純利益		+										
期末残高					60	50	25				135	
借方合計			150	105	60	50	25		5	25		420

（出典）田中茂次「原型財務諸表行列簿記のすすめ（その1）」『商学論纂』（中央大学）第37巻第5・6号，1996年5月，70頁，図表6。

図表 2-24　分解仕訳による行列簿記

列＝借方＼行＝貸方		期首残高	資産		負債・資本			費用・収益			期末残高	貸方合計
			現金	商品	借入金	資本金	繰越利益	借入金増*	現金減*	売上原価*	支払利息	純利益		
					便益関連取引				犠牲関連取引					
期首残高			＋30	＋40	＋	＋	＋			－	－	－		
現　金	犠牲関連取引	－							－65	－5		80	150
商　品		－								－50		55	105
借入金		－20						－40					60
資本金		－50											50
繰越利益		－					[A]	[D]			－25		25
現金増*	便益関連取引	＋	＋40				[B]	[C]					40
商品増*		＋		＋65									65
売　上*		＋	＋80										80
支払利息		＋											
純利益		＋											
期末残高					60	50	25					135	
借方合計			150	105	60	50	25	40	65	50	5	25	575

(出典) 田中茂次「原型財務諸表行列簿記のすすめ（その1）」『商学論纂』（中央大学）第37巻第5・6号，1996年5月，74頁，図表7．

チャートへの記入面での無駄を省こうとするものが原型財務諸表行列簿記［簡略型］**(図表2-22)** である。

田中茂次によれば，「伝統的行列簿記は複式簿記の表層構造をその出発点に置いたもので，基本的には複式簿記の合算試算表をそのモデルとして構成されたものである[45]」とされ，「原型財務諸表行列簿記は，複式簿記の深層構造から出発し，貸借対照表勘定と損益計算書勘定との間に存在する複式性の原理を基礎にしたものである[46]」とされる。勘定理論的な分類も展開しているがその点については触れないこととする。

原型財務諸表行列簿記の優位性は数点あげることができる。ひとつめに「貸借対照表勘定は列に一度だけ配置されており，損益計算書勘定は行に一度だけ配置されている[47]」だけなので無駄がない。ふたつめに「記帳自体を取引活

第 2 章　行列簿記の構造と種類　83

・動・関連的な分類（本書筆者注：勘定科目そのものではないもの）のもとでおこなうことができる[48]」とされる。これは「工夫次第では，時系列の仕訳記入をも可能にする[49]」。3つめに，「運動差額貸借対照表（残高差額貸借対照表にも等しい）を自動的に作成することができる[50]」とされる。通常の財務諸表や行列簿記では不可能ではないまでも作成されることはない。4つめに，「期首貸借対照表，運動差額貸借対照表，期末貸借対照表，原型損益計算書，通常損益計算書など，さまざまの計算書相互間の理論的関連性，ないしその複合関係（articulation）を一覧のもとに明確に表現している点で優れている[51]」とされる。5つめに，総括的にもっとも優れた点は「通常仕訳だけをおこなっている与えられた伝統的な複式記帳体系よりもはるかに広範囲にわたる種々の財務諸表の誘導的作成を可能にするという点にある[52]」とされる。

　この形式の行列簿記をもちいることで，田中茂次はキャッシュ・フロー計算書，総原価法の損益計算書，付加価値計算書，非営利事業会計における正味財産増減計算書，社会会計における国民所得計算書などを導出し，詳細に説明している。

　原型財務諸表行列簿記においては，マトリックスのなかのセル（Cell：細胞）に格納しやすいようにそしてさまざまな形式に変換しやすいように「実務の通常仕訳と異なってすべての取引をこれ以上には分解できないような最小の記帳単位に分解している[53]」からこそこのようなことが可能になるのである。可逆的な発想をもった行列簿記を発展させた「原型財務諸表行列簿記は，伝統的行列簿記を超え，さらに実務の伝統的な複式簿記システムを超えるものである[54]」といえるかもしれない。

2-4-3　複式行列簿記

　伝統的複式簿記の問題点は上野清貴によると，「伝統的複式簿記における仕訳帳や総勘定元帳の各帳簿，および合計試算表，残高試算表，財務諸表の各計算書をそれぞれ独立してみると，企業の経済活動ないし資金運動を統一的・全体的に把握できない。そこでは，仕訳帳から転記された総勘定元帳だけをみると，企業がどのような取引をおこなったかが把握できないし，合計残高試算表

をみても企業にどのような資金運動があったのかが明らかではない。ここに，伝統的複式簿記の問題点がある[55]」とされる。そして「このような伝統的複式簿記のもつ問題点を超克するものとして，行列簿記が考案されてきた[56]」のであると展開する。従来の行列簿記にたいする考え方は，ケメニー＝シュライファー＝スネル＝トンプソンのように複式簿記の数学的表現形式であるとしたものがほとんどであった。上野清貴は複式簿記システムの劣位性を行列簿記が是正すると論じたのである。

　上野清貴によれば行列簿記はふたつに分類される。ひとつめは伝統的複式簿記と同じ原理によるものであり，列に借方科目を配置して行に貸方科目を配置し，両者の交差点に取引金額を記入するものである。この行列簿記には，各取引にたいしてひとつの金額を記入するだけでよく，伝統的複式簿記のように各取引を借方と貸方に二重に記入する必要がないという優位性を有している。「この行列簿記は原理的に伝統的複式簿記の延長線上にあり，またこれまで一般的にもちいられてきたものであるので，この行列簿記を『伝統的行列簿記』と呼ぶこと[57]」によって自身の論と対比している。

　ふたつめは自身の展開した論であるが「列に貸借対照表項目および計算目的項目を配置し，行に取引項目を配置するものであり，各取引は二面的に記入される行列簿記である。この行列簿記は行にさまざまな取引種類を配置することによってさまざまな財務諸表を導出できるという利点を有している[58]」とされる。この行列簿記は各取引を複式記入するので，これを「複式行列簿記」と上野清貴は名づけた[59]。複式行列簿記は「列に貸借対照表項目および計算目的項目を配置し，行に取引項目を配置して，各取引を二面的に記入する行列簿記である[60]」とされ，田中茂次同様にいままでの伝統的行列簿記の劣位性を解消しようとした。

　伝統的行列簿記の問題点は前項でもふれた。それに加えて「簿記の最終的成果である財務諸表（キャッシュ・フロー計算書，損益計算書および貸借対照表）の把握が困難である[61]」ことがあげられる。各財務諸表の構成要素が違っているわけではないのであるが明確であるとはいえない。その原因は伝統的行列簿記では「各財務諸表の構成要素の数値が分離されているところにその根本的原因が

ある」とされる。いくら一覧性があるといっても理解が容易でなければ利用価値が高いとはいえない。

2-4-4 伝統的行列簿記と複式行列簿記との比較

チャートへの記入の点からみると，伝統的行列簿記は「貸借対照表勘定は列と行の両方にわたって合計して二度も配置され，損益計算書勘定も同様に列と行の両方にわたって二度も配置され[62]」るという無駄がある。一方で，原型

図表 2-25 伝統的会計の複式行列簿記

貸借対照表 取引項目 計算 目的項目	資　産						負債・資本					損益計算書	
	現金	売掛金	有価証券	棚卸資産	固定資産	買掛金	借入金	未払法人税	未払利息	資本金	利益剰余金	費用	収益
期首貸借対照表	25	40	60	20	85	25	50	15	5	100	35		
売　上		+300											300
棚卸資産仕入				+150		+150							
営業費支出	-80											80	
売掛金収入	+290	-290											
買掛金支出	-145					-145							
有価証券売却収入	+15		-10										5
有価証券取得支出	-20		+20										
固定資産売却収入	+10				-30								20
固定資産取得支出	-35				+35								
借入金返済支出	-15						-15						
借入金収入	+20						+20						
法人税支出	-15							-15					
利息支出	-5								-5				
売上原価				-145								145	
減価償却費					-10							10	
有価証券評価損			-5									5	
支払利息									+5			5	
法人税								+20				20	
当期純利益											+20	20	
期末貸借対照表	45	50	65	25	80	30	55	20	5	100	55	305	305

(出典)　上野清貴「キャッシュ・フロー会計と行列簿記」『経営と経済』（長崎大学）第80巻第2号，2000年9月，28頁，表8。

財務諸表行列簿記では,「貸借対照表勘定は列に一度だけ配置されており,損益計算書勘定は行に一度だけ配置されている[63]」だけなので無駄がない。紙面を大きく取り一覧性の優位性をもなくすといわれた行列簿記への最大の批判にたいする改善点でもある。本書ではこれ以上は触れないことにする。

2-C 本章における結論

　行列簿記の理解を深めるために諸外国における同時記入的簿記法のうちロジスモグラフィアと増減記帳法について考察した。

　ロジスモグラフィアは緻密に構成された表形式の帳簿であるが人的勘定理論の終焉とともに時代に幕を下ろした。増減記帳法は中国固有の複式簿記の最終形として終焉を迎えた。ロジスモグラフィアも増減記帳法も勘定学説的にさまざまな議論がなされてきたが新しい簿記とは考えられずに複式簿記の一形態という位置づけとなっている。ロジスモグラフィアは同時記入的簿記という面で,増減記帳法は二重分類簿記という面で行列簿記と同じ性質をもつ。類似の性質をもつほかの簿記法についてまなぶことは行列簿記法を理解するうえで必ず役に立つことだろう。

　田中茂次の原型財務諸表行列簿記は,現行のままでは行列簿記が補助簿としてしか認識されないであろうことから現在作成されている財務諸表と互換性をもたせ利用を促そうとしたものである。上野清貴の複式行列簿記は,伝統的複式簿記のもつ資金移動が容易に把握できないという劣位性を超越するものとして考え出されたものである。両者とも仕訳を細かく分解することによってどのような形にでも変更できることを目指している。これはコンピュータにおけるデータベースの発想法に酷似している。

　従来の複式簿記システムは「いずれも数学的には既知項過剰である。しかしながら,複式簿記のメカニズムによって,この既知項過剰が都合のよいチェックとして作用している[64]」ことは間違いない。しかしこの既知項過剰を解消しようとするのが集合論でありRDBMS（Relational Database Management System：リレーショナルデータベース管理システム）である。詳細は**第6章**で論ずることとす

る。

　さらに有価証券報告書から行列簿記表の作成を試みたが完全なものを作成することはできなかった。その理由は行列簿記表の作成をするためには仕訳形式に直す必要があり，有価証券報告書の情報だけでは不足していることに起因する。これをつきつめていくと現状のルールでは完全な仕訳をおこなわなくても有価証券報告書を作成していれば問題ないということにつながるのではないだろうか。詳細は**第4章**で論ずることとする。

　行列簿記はコンピュータで利用されることを前提に論じられることが多いが，「手計算の方法におけるここ数十年間なかった意義ある進歩[65]」というコーコランのことばを待つまでもなく電卓や珠算の利用でも効果を発揮するだろう。また一覧表が大きくなりすぎるため中小企業においてしか利用できないと喧伝されているが，コンピュータ利用をすればいうにおよばず，コンピュータを利用しなくても得意先元帳に限定することなどで行列簿記などの一帳簿制は効果を発揮する可能性を秘めている。

【註】

1）岡田誠一「將棊盤式簿記法」『會計』第2巻第1号，1917年10月，19頁。文意を損ねない範囲で表現を一部変更している。
2）同上論文，19頁。
3）同上論文，26-27頁。文意を損ねない範囲で表現を一部変更している。
4）戸田博之「ロジスモグラフィアに関する研究」『神戸学院経済学論集』第23巻第3号，1991年12月，73頁。
5）黒澤　清『改定簿記原理』森山書店，1951年，73頁。
6）岡田誠一は異論を唱えている。
　「從來の簿記法を複記式と稱するのに對して其重複なるロ式簿記法（本書筆者注：ロジスモグラフィアのこと）は寧ろ之を四記式簿記法と稱するのを至當とするかの觀がないでもない。然るに此簿記法が特に三記式簿記法と稱せらるゝのは甚だ奇異の感に堪えない」。
　岡田誠一「三記式簿記法梗概（1）」『會計』第14巻第5号，1924年5月，12頁。
7）岡田誠一「三記式簿記法梗概（2）」『會計』第15巻第1号，1924年7月，31頁。
8）同上論文，32頁。

9）戸田博之，前掲論文，113頁。
10）F. Hügli, *Die Buchhaltungs-Systeme und Buchhaltungs-Formen: Ein Lehrbuch der Buchhaltung,* K. J. Wyss, 1887 (Neugedruckt durch Nihon Shoseki, 1977), S.389.
　　戸田　博之「ロジスモグラフィアに関する研究」『神戸学院経済学論集』第23巻第3号，1991年12月，73頁。
11）黒澤　清，前掲書，73頁。
12）同上書，73頁。
13）「中国固有の伝統的な簿記として，中華民国成立以前には三脚帳，龍門帳，四脚帳が考案された」。西洋諸国の影響を受けた後に社会主義建設にむけて独自の記帳方法が考案された。
　　陳　忠徳「中国式簿記における計算構造——龍門帳・改良中国式簿記と貸借対照表——」『産研論集』（札幌大学），第35号，2008年3月，55頁。
14）高寺貞男のみが増減簿記法と呼称しているが，増減記帳法と同様のものである。本書では「増減簿記法」といわず「増減記帳法」に統一することとする。
　　高寺貞男「中国の新しい増減簿記法の構成分析」『經濟論叢』（京都大學經濟學會）第102巻第3号，1968年9月，1-22頁。
15）厳密にいえば「借貸記帳法（the Debit-Credit Bookkeeping Method）と呼称されているが，日本でなじみのある「貸借記帳法」と記している。
　　同上論文，1頁。
16）「この左右逆配置は『資金来源』形態たる資本を『資金占用』形態たる資産にたいし前置することにより，この面からも『資産階級会計学的束縛』を打破しようとする意図によるものと推察される」。
　　同上論文，1頁。
17）同上論文，1頁。
18）越村信三郎『詳解　行列簿記——原理と応用——』第三出版，1968年，80-90頁。
19）同上書，80頁。
20）同上書，82頁。
21）同上書，84頁。
22）越村は，以下の論文においては「能率型」をもちいて理論展開している。
　　越村信三郎『行列簿記のすすめ——電算機時代の會計——』日経文庫，日本経済新聞社，1967年。越村信三郎「行列簿記の展開（1）——そのしくみと原理——」『産業經理』第27巻11号，1967年11月，113頁。越村信三郎『経済人会計人の常識　マトリクス入門』同文舘出版，1974年，240頁。越村信三郎『マトリックス経済学——経済学と会計学の統一をめざして——』同文舘出版，1976年，20頁。
23）越村信三郎「行列簿記の展開（4・完）——そのしくみと原理——」『産業經理』第28巻2号，1968年2月，124頁。

24）越村信三郎『詳解　行列簿記——原理と応用——』第三出版，1968 年，巻末 1，巻末 2。
25）商品勘定の四分法とは「商品勘定をたんに繰越勘定と仕入勘定と売上勘定とに分割するだけでなく，そのほかさらに売買勘定という集合勘定を設け，その行（貸方）には純売上額を，その列（借方）には売上原価を記録し，両者の差額から売買益を算定する」方法のことである。

　　同上書，巻末 1，巻末 2。
26）越村は，以下の論文においては「古典型」をもちいて理論展開している。

　　越村信三郎『だれにでもできるマトリックス会計——経営を変える経理革命——』ソーテック社，1980 年，146 頁。越村信三郎『マトリックス経営と未来会計』ソーテック社，1980 年，42 頁。越村信三郎『戦略マトリックス会計—— OA 時代の利益倍増プラン——』ソーテック社，1982 年，56-57 頁。
27）越村信三郎「行列簿記の展開（4・完）——数式化の試み——」『産業経理』第 28 巻第 2 号，1968 年 2 月，124 頁。
28）同上論文，124 頁。
29）越村信三郎『詳解　行列簿記——原理と応用——』第三出版，1968 年，巻末 2，表 29。
30）数学の世界では，一般的には配列の添字を 1 からつけるが，プログラミングの世界では一般的に配列の添字を 0 からつける。越村がプログラミングの素養があったことがうかがえる。
31）越村信三郎「行列簿記の展開（4・完）——数式化の試み——」『産業経理』第 28 巻第 2 号，1968 年 2 月，119 頁。
32）越村信三郎『マトリックス経営と未来会計——あなたの会社の命運がわかる——』ソーテック社，1980 年。
33）清水　浩「行列簿記における予測についての考察」『北海道産業短期大学紀要』第 8 号，1974 年 12 月，1-14 頁。
34）田中茂次「原型財務諸表行列簿記のすすめ（その 1）」『商学論纂』（中央大学）第 37 巻第 5・6 号，1996 年 5 月，64 頁。
35）武田隆二『簿記 I ＜簿記の基礎＞』税務経理協会，1996 年，41-43 頁。「交換取引とは企業の目的とする利益そのものに影響を与えない取引であって，単に資産・負債・資本の内部における構成の変化（すなわち交換）があったにすぎないものである」。「損益取引とは，事業活動を通じて，資本増加または資本減少の原因となる取引をいう」。また「混合取引とは，交換取引と損益取引とが混合して生ずる取引をいう」。
36）田中茂次，前掲論文，59-60 頁。
37）田中茂次は「伝統的な複式簿記」という用語をもちいているが，上野清貴は「伝統的複式簿記」という用語をもちいている（詳細は **2-4-3** を参照のこと）。両者とも同じ意味でもちいているため本書内では「伝統的複式簿記」に統一することとする。

同上論文，60-63頁。
38）同上論文，60頁。
39）通常仕訳において売上原価対立法等をもちいて仕訳している場合には，当然分解仕訳をする必要はない。
40）田中茂次，前掲論文，61-63頁。
41）同上論文，87頁。
42）同上論文，87頁。
43）同上論文，87頁。
44）同上論文，87-88頁。
45）田中茂次「行列簿記とその深層構造――原型財務諸表行列簿記の展開のために――」『商学論纂』（中央大学）第36巻第5・6号，1995年3月，237-238頁。
46）同上論文，237-238頁。
47）田中茂次「原型財務諸表行列簿記のすすめ（その1）」『商学論纂』（中央大学）第37巻第5・6号，1996年5月，87頁。
48）同上論文，89頁。
49）同上論文，89頁。
50）同上論文，89頁。
51）同上論文，90頁。
52）同上論文，90頁。
53）同上論文，91頁。
54）同上論文，91頁。
55）上野清貴「キャッシュ・フロー会計と行列簿記」『経営と経済』（長崎大学）第80巻第2号，2000年9月，14頁。
56）同上論文，14頁。
57）同上論文，14頁。
58）同上論文，14頁。
59）同上論文，14頁。
60）同上論文，27頁。
61）同上論文，27頁。
62）同上論文，87頁。
63）同上論文，87頁。
64）Richard Mattessich, "Mathematical Models in Business Accounting," *The Accounting Review,* Vol.33, No.3, July 1958, p.477.
65）A. Wayne Corcoran, "Matrix Bookkeeping," *Journal of Accountancy,* Vol.117, No.3, March 1964, p.60.

第 II 部
意思決定と経営分析

　産業連関表とはソビエト連邦（現在のロシア）からアメリカに亡命した経済学者であるレオンチェフが1936年にアメリカ国家を対象として作成し，将来の経済状態を予測し外交政策に活かしたものである。マスコミが「広島東洋カープが優勝したときの経済効果は331億4,916万円である[1]」という場合の経済波及効果も産業連関表を使用することにより，新規需要の発生による経済への波及効果を計算したものである。

　行列簿記表とは，詳細にいえばケネーの「経済表」，マルクスの「再生産表式」，ワルラスの「一般均衡理論」，レオンチェフの「産業連関表」とパチョーリの「複式簿記」を統合したものといえるかもしれない。そのため，うまく借用できた部分，できなかった部分が混在している。そこで**第 II 部**の前半部分では行列簿記の論文投稿の推移について簡単に触れた後，行列簿記が考案される契機となった産業連関表および表内で利用されているさまざまな係数について論ずる。それらの係数がどのように行列簿記に転用されているのかを広島県の産業連関表にもちいられている係数をもとに検証する。さらに経営分析や意思決定をおこなうための方策として直接原価計算をもちいた利益感度分析について収益構造概略図により具体的な数値をもちいて解説する。

　投入産出モデル（産業連関表）における行列形式の利用は，国民所得勘定モデルにおけるように表現形式そのものから発しているのではなく，行列演算に重点を置いた経済予測力に起因しているものと考える。そこで**第 II 部**の後半部分では，マツダの有価証券報告書の財務データを実際に利用して行列簿記表（MBチャート：Matrix Bookkeeping Chart）の作成をおこない，経年比較，他企業との比較，予測行列簿記表を作成しての経営分析等をおこなう。またデータの安定性についてリチャーズが1951年から1957年までのスウィフト社のデータを産業連関表にあてはめた実証研究についての検証をマツダのデータをもちいておこなう。

1）「カープV効果331億円　広島県内の消費・投資試算」『朝日新聞』2016年9月10日，9頁。

第3章
行列簿記と意思決定

3-1 産業連関表の構造[1]

3-1-1 行列簿記と産業連関表

　行列簿記[2]（Matrix Bookkeeping）とは，国民所得分析や経済波及効果にもちいられるレオンチェフの産業連関表[3]（投入 – 産出分析：Input-Output Analysis）に着想をえて，マテシッチが考案したものとされている[4]。行列簿記の定義は難しいが，越村信三郎によると「従来の複式簿記のように取引を借方と貸方の左右に仕訳する方式にかえて，それを縦と横との行列に配列し，一枚のチャートで仕訳帳，元帳，試算表そして損益計算書，貸借対照表を同時にあらわし，企業活動におけるストックとフローの演算を数学上の行列（マトリックス）と行列式（デターミナント）とでおこなうことのできる仕組みをもった簿記[5]」とされる。
　行列簿記についての研究は越村信三郎，高寺貞男らを先駆けとして1960年代に最盛期を迎えた。行列簿記は1957年にマテシッチによって発表されたが世間一般で広く知られているとはいいがたい。過去にどのような研究がなされているのか，日本における行列簿記の研究についてCiNiiへの投稿数をもとに考察してみた。最初の山が1965年から1976年にかけてでき，ふたつめの山が1995年から2002年にかけてできている。1955年以前と2008年以降には論文投稿がない。岡田誠一の投稿[6]や書籍がまったく含まれておらず不完全なものであることは否定できないがおおまかな傾向は判断できるであろう。最初の山は高寺貞男，越村信三郎が行列簿記を紹介し，それに触発された研究者が発表した時期である。その内容は勘定学説との関連におけるものが11編，行列簿記とコンピュータを関連づけ自動化しようとしたものが12編，行列簿記が

数学になじみやすいことに目をつけ分析あるいは将来予測をしようとしたものが 19 編，キャッシュ・フロー計算書に関するものが 10 編である。

　基礎的会計理論（A Statement of Basic Accounting Theory：ASOBAT）がアメリカ会計学会（American Accounting Association：AAA）より公表されたのが 1966 年であり，まさにその時代である。この報告書は「序説」，「会計基準」，「外部利用者のための会計情報」，「内部経営管理者のための会計情報」および「会計理論の拡張」の 5 つの部分から構成されており，情報利用者の立場に立った会計のあり方と会計領域の拡大を議論している。この報告書では，会計は「情報の利用者が事情に精通して判断や意思決定をおこなうことができるように経済的情報を識別し，測定・伝達するプロセス」と定義され，会計情報が情報利用者の意思決定に役立つためには，目的適合性，計量可能性，不偏性および検証可能性の 4 つの基準を充足する必要があるとしている[7]。

　この頃のコンピュータは第二世代と呼ばれる時代である。この時代のコンピュータの特徴は，真空管の代わりにトランジスタが使われるようになったことであり，真空管に比べて扱いやすく，小型化・省電力化が進み，信頼性も向上した。トランジスタを使った家庭用のラジオが普及したのも，この頃からである。科学技術者や専門のコンピュータ技師から，一般の技術者にも使用範囲が広がり，大企業や大学にも普及しはじめたのもこの頃である[8]。ふたつめの山は，「連結キャッシュ・フロー計算書等の作成基準」が導入され，上場企業では作成が義務づけられたときから始まっている。田中茂次，安平昭二がキャッシュ・フロー計算書との関連性で論じ，高松英二，豊田吉顕が分析との関連性で論じた。最近はあまり論じられていない行列簿記であるが，XBRL（eXtensible Business Reporting Language）や企業の意思決定などへの転用も十分に考えられる。

　行列簿記は 1957 年にマテシッチによって発表されたが，世間一般で広く知られているとはいいがたい。一時期には隆盛を誇ったが，その後は理論的にも実務的にも，いささか「行詰り」の観を拭えないのも事実である。しかしその斬新さや応用可能性などについては，いまなお有益な成果を産出する可能性を秘めたものと考えられる。

第Ⅱ部 意思決定と経営分析

図表 3-1　日本における行列簿記に関する投稿論文一覧

年度	区分			著者	分類			
2007		マ		松岡紘一				SCF
2006	行			菊地和聖				紹介
2002	行			杉本徳栄				SCF
2001	行			安平昭二				SCF
2001		マ		櫻本直美				SCF
2000	行			上野清貴				SCF
1998	行			田中茂次				SCF
1997	行			田中茂次				SCF
1996	行			田中茂次				SCF
1995	行			田中茂次				SCF
1995		マ		高松英二，豊田吉顕			分析	
1994		マ		高松英二，豊田吉顕			分析	
1993		マ		高松英二，豊田吉顕			分析	
1993		マ		田中邦和		自動化		
1993	行			安平昭二			分析	
1992			投	門田安弘				
1991		マ		田中　学		自動化		
1982	行			松尾敏充				SCF
1981	行			岡部孝好			分析	
1981		マ		西口清治		自動化		
1980		マ		越村信三郎			分析	
1977			将	奥村誠次郎			分析	
1976	行			中野　勲			分析	
1976	行			中野　勲			分析	
1975	行			田中良三	勘定			
1975	行			坪本毅美		自動化		
1975	行			西島恒憲		自動化		
1975		マ		兼子春三				
1975		マ		兼子春三				
1974	行			清水　浩			分析	
1974				西村匡史				紹介
1974	行			藤田芳夫			分析	
1974	行			藤田芳夫			分析	
1974	行			藤田芳夫			分析	
1974	行			田中良三	勘定			
1973			投	郡司　健				
1972	行			原田富士夫		自動化		
1972	行			佐藤宗弥			分析	
1972	行			河野正男	勘定			
1972	行			平田正敏		自動化		
1972	行			藤田昌也	勘定			
1972	行			阿部亮耳		自動化		
1971			投	真庭　功		自動化		
1971		マ		清水哲雄		自動化		
1970	行			佐藤宗弥		自動化		
1969	行			平田正敏		自動化		
1969	行			原田富士夫	勘定			
1969	行			越村信三郎			分析	
1968	行			越村信三郎			分析	
1968	行			越村信三郎			分析	
1967	行			越村信三郎			分析	
1967	行			高寺貞夫	勘定			
1965	行			高寺貞夫			分析	
1965	行			高寺貞夫	勘定			
1965	行			高寺貞夫	勘定			
1965		マ		伏見多美雄	勘定			
1961			投	藤田　学	勘定			
1956			投	河部守弘	勘定			

（出典）CiNii ウェブサイト，http://ci.nii.ac.jp/，の論文検索機能により「行列簿記」「マトリックス会計」

第3章　行列簿記と意思決定　95

タイトル
公会計と地域経営——社会経営・マトリックス会計・経営報告書——
ベクトル型情報処理の系譜とその理論——ソロバン・複式簿記・行列簿記——
簿記理論とキャッシュ・フロー計算書
「有高変動（原因）分析貸借対照表」の展開試案——行列簿記に基づく「資金計算書」からの展開の可能性——
農業用資金繰りシステムの開発——キャッシュフロー計算書とマトリックス会計表の適用——
キャッシュ・フロー会計と行列簿記
原型財務諸表行列簿記のすすめ（その3）
原型財務諸表行列簿記のすすめ（その2）
原型財務諸表行列簿記のすすめ（その1）
行列簿記とその深層構造——原型財務諸表行列簿記の展開のために——
マトリックス会計を用いた経営目標設定に関する研究（多階層動的システムの構造解析とその応用）
マトリックス会計を用いた経営目標設定に関する研究
マトリックス会計を用いた経営分析に関する一考察
国際会計マトリックス（仮称）に基づくシステムの構想
「行列簿記」の1つの展開——「有高変動分析貸借対照表」再説——
投入産出分析と構造行列による予算編成に関する研究
中小企業の経理コンピューター化とマトリックス会計の実践
行列簿記の特質——資金会計システムへの適用を中心として——
行列簿記と数量的会計システム——多重会計測定の構造——
会計マトリックス表論序説
マトリックス会計表（MAC）による未来予知
カネの動きをひと目でつかむ簡易"将棋式"簿記のすすめ
藤田芳夫著「行列簿記と線型会計」
＜レビュー・アーティクル＞行列簿記と投入産出分析
行列簿記の有用性と限界（Ⅱ・完）
行列簿記様式の農業簿記への適用とミニ・コンピュータによる会計処理方法（1）
会計情報システムと行列簿記——行列簿記モデルの構成——
連結会計におけるマトリックスの利用（下）
連結会計におけるマトリックスの利用（上）
行列簿記における予測についての考察
会計——しろうとの感触（4）誤解されている行列簿記——
行列簿記とその展開（3）——行列簿記と投入産出分析・線型計画法の結合——
行列簿記とその展開（2）——行列簿記と投入産出分析・線型計画法の結合——
行列簿記とその展開（1）——行列簿記と投入産出分析・線型計画法の結合——
行列簿記の有用性と限界（Ⅰ）
投入産出分析の企業会計への適用
会計情報システムと行列簿記——簿記理論展開の一方向を探る——
行列簿記と経営計画
社会会計モデルと行列形式
勘定簿記と行列簿記
行列簿記と帳簿組織
農業経営行列簿記について
投入産出会計に関するコンピューター・ベーシック・モデル
トータル・システムとマトリックス会計
行列と行列簿記
会計計算の構造と行列簿記
簿記の機能論的再検討——いわゆる「行列簿記」の視点について——
行列簿記の展開（4・完）——数式化の試み——
行列簿記の展開（3）——国民経済計算への道（産業・商業・金融業の総循環系）——
行列簿記の展開（2）——国民経済計算への道（ケネー「経済表」への分析）——
行列簿記の展開（1）——そのしくみと原理——
行列簿記小史
行列簿記と勘定連関表——会計今昔物語——
勘定簿記から行列簿記へ——会計今昔物語——
行列簿記と勘定形式への止揚——会計今昔物語——
マトリックス方式の企業会計への適用——展望と批判——
企業会計に対する投入産出分析の適用
勘定連関論の構想

「将棋&簿記」「投入産出&会計」「勘定連関」を検索した結果をもとに本書筆者が作成。2014年11月24日検索。

96　第Ⅱ部　意思決定と経営分析

　温故知新ということばがある。現在の会計学や経済学においては，通常，1957年に提唱されたアイディアを探究することは，ある意味での「歴史研究」に分類される事柄であるかもしれない。けれども，そこで展開されている論理や哲学に現代的意義がありさえすれば，またそれに現行の会計制度または会計システムを改善する可能性が内包されているかぎり，それは狭義の歴史研究の枠外に位置するものとなりうると考えられる。

　本書においては，このような認識に立脚したうえで，マテシッチ等によって提唱，解釈そして改良されてきた行列簿記の特性を概観したのちに，それと産業連関表に適用した際の問題点について考察するものである。その際には，直接的には産業連関表との関連性に注視しているが，それは経営分析の手法としての展開可能性をも秘めていることをも意識している。

　行列簿記の発展性を研究していくうえで，その出自に立ち戻って研究することは重要である。そこで本書では，広島県の産業連関表にもちいられている係数を例にとり，行列簿記に実際にどのようにもちいられているのかを論じ，実務に適用できるものを模索していくものである。本書において展開する手法とその成果の一部は，いわばミクロレベルでの議論である行列簿記を産業連関表というマクロレベルの問題にたいして発展的に適用できる可能性を模索し，その汎用性と応用可能性についての議論を深め，その経済社会的な有用性の端緒になることを意図しているものである。そうした意味と側面において，行列簿記には，会計情報や会計システムにおける「連結環」としての意義と機能が内包されているのである。

3-1-2　産業連関表とは

　国や県を単位とする経済を構成する各産業部門は，互いに関与しながら，生産活動をおこない，最終需要部門にたいして必要な財・サービスの供給をおこなっている。ある産業部門は，他の産業部門から原材料や燃料等を購入（投入）し，これを加工（労働・資本等を投入）して別の財・サービスを生産する。そして，その財・サービスをさらに別の産業部門における生産の原材料等として，あるいは家計部門等に最終需要として販売（産出）する。このような「購入－

生産−販売」という関係が連鎖的につながり，最終的には各産業部門から家計，政府，移輸出などの最終需要部門にたいして必要な財・サービス（県内ではそれ以上加工されない）が供給されて，取引は終了する。

国や県を単位とする経済を構成する各産業部門は，互いに関与しながら，生産活動をおこない，最終需要部門にたいして必要な財・サービスの供給をおこなっている。産業連関表は，このようにして，財・サービスが最終需要部門に至るまでに，各産業部門間でどのような投入・産出という取引過程を経て，生産・販売されたものであるかを，一定期間（通常1年間）にわたって記録し，その結果を**図表 3-2** のような行列の形で一覧表にまとめたものである。

図表 3-2　産業連関表の構造

供給部門 （売り手）	需要部門 （買い手）	中間需要					計 A	最終需要				計 B	移輸入 C	県内生産額 A + B − C
		1 農林水産業	2 鉱業	3 製造業	.	.		消費	固定資本形成	在庫	移輸出			
中間投入	1 農林水産業 2 鉱　　業 3 製　造　業 . . . 計　　D	行		列	生産物の販売先構成（産出） 原材料の中間投入 及び粗付加価値 の構成（投入）									
粗付加価値	雇用者所得 営 業 余 剰 . . . （控除）補助金 計　　E													
県内生産額 D + E														

(出典)「平成 17 年広島県産業連関表」『資料第 1173 号』広島県企画振興局政策企画部統計課分析グループ，2012 年 3 月，144 頁。

3-1-3　産業連関表の構成

　産業連関表の全体的な構成をみると，列には，各財・サービスの買い手側の部門が掲げられ，大きく「中間需要部門」と「最終需要部門」からなっている。このうち，「中間需要部門」は，各財・サービスの生産部門であり，各部門は生産のために必要な原材料，燃料等のいわゆる中間財を購入（買い手）し，これらを加工（労働，資本等を投入）して生産活動をおこなっている。また，「最終需要部門」は，具体的には消費，投資および移輸出であり，主として完成品としての消費財，資本財等の買い手である。

　一方，行には，財・サービスの売り手側の部門が掲げられ，「中間投入部門」と「粗付加価値部門」からなっている。このうち，「中間投入部門」は，中間財としての財・サービスの供給（売り手）部門であり，各部門は，当該部門の財・サービスを各需要部門に供給している。また，「粗付加価値部門」は，各財・サービスの生産のために必要な労働，資本などの要素費用その他である。

　産業連関表の列には，その部門の財・サービスの生産にあたってもちいられた原材料，燃料，労働力などへの支払いの内訳（費用構成）が示されており，産業連関表ではこの支払いを，「投入」(Input) と呼んでいる。

　一方，行には，その部門の財・サービスがどの需要部門でどれだけもちいられたのか，その販売先の内訳（販売先構成）が示されており，産業連関表ではこの販売を「産出」(Output) という。以上のように，産業連関表は，各産業部門における財・サービスの投入・産出の構成を示していることから「投入産出表」(Input-Output Tables（略して「I-O表」)) とも呼ばれている。

　産業連関表では，列方向からみた投入額の計（県内生産額，図表3-2のD＋E）と行方向からみた産出額の計（県内生産額，同A＋B－C）とは，定義を同じくするすべての部門について完全に一致しており，この点が大きな特徴となっている。縦・横の各部門の関係は，つぎのとおりである。

① 　総供給＝県内生産額＋移輸入額
　　　　　＝中間需要額計＋最終需要額計＝総需要
② 　県内生産額＝中間需要額計＋最終需要額計－移輸入額
　　　　　　　＝中間投入額＋粗付加価値額計

③　中間投入額合計＝中間需要額合計
④　粗付加価値額合計＝最終需要額合計－移輸入額合計

なお，①および②については，各行・各列の部門ごとに成立するが，③および④については，産業計（部門の合計）についてのみ成立する。

3-2　産業連関表における各種係数

産業連関分析は，いまやどの県でも実施している。県内のどの産業が他の産業に強く影響を及ぼしているのか，また，どこに資金を投入すれば県内産業をより効果的に発展させられるかということでもちいられていることが多い。産業連関表における係数を列挙してみる[9]。

3-2-1　投入係数

投入係数とはある産業がその生産物を1単位生産するために，原材料等として各産業の生産物をどれくらい使ったかを示すものである。表側が内生部門計の投入係数は各産業の中間投入率となる。

【算出式】
投入係数＝各産業の数値（縦方向）÷各産業の県内生産額

3-2-2　逆行列係数

【意　味】

逆行列係数とはある産業がその生産物を1単位生産した場合に，それが各産業にたいして直接・間接にどれくらいの生産波及効果を及ぼすかを示すものである。すべての波及効果が県内に生ずる封鎖経済を想定した閉鎖型と，波及効果が県外に流出する開放経済を想定した開放型がある。

逆行列係数表の表頭は最終需要が発生した各産業を示し，縦方向の各マスは表側の各産業でどれくらいの生産が誘発されるかを，列和は産業全体でどれくらいの生産が誘発されるかを示している。

【例】
　農林水産業部門で1億円分の生産物を生産する場合，それによって農林水産業自身には最終的に 10,000 万円 × 1.061726 = 1 億 617 万円（最初の1億円含む），製造業部門には 10,000 万円 × 0.058467 = 585 万円，…産業全体には 10,000 万円 × 1.267395（列和）= 1 億 2,674 万円の生産が誘発されることになる。

① 県内歩留まり率
【意　味】
　県内歩留まり率とは最終需要によって起こる波及効果のうち，県内に生じるものを示すものである。
【算出式】
　県内歩留まり率＝開放型逆行列係数の列和÷閉鎖型逆行列係数の列和
【例】
　農林水産業に1億円の最終需要があり，その波及効果がすべて県内に生じるとすれば，10,000 万円 × 1.876233（農林水産業の列和）= 1 億 8,762 万円の波及効果がある。
　しかし，実際には原材料を県外から仕入れたりしているため，
　1.267395（開放型の列和）÷ 1.876233（閉鎖型の列和）= 0.675500
　全波及効果の 67.6％しか県内には生じず，残りの 32.4％は県外に流出していることになる。

② 影響力係数
【意　味】
　影響力係数とは，どの産業の生産が県内全産業の生産にどれくらいの影響を与えるかを示すものである。影響力係数が 1.0 を超えて大きいほど，産業全体の生産を引き起こす力が大きいといえる。
【算出式】
　影響力係数＝各産業の列和÷列和平均（各産業の列和計÷部門数）

【例】
 開放型では，鉱業が1.108673で産業全体の生産を引き起こす力がもっとも大きく（分類不明を除く），不動産が0.829044で産業全体の生産を引き起こす力がもっとも小さい。

③ 感応度係数
【意　味】
 感応度係数とは，どの産業の生産が，県内全産業の動きによって影響を受けやすいかを示すものである。感応度係数が1.0を超えて大きいほど，産業全体の動きによって受ける影響が大きいといえる。
【算出式】
 感応度係数＝各産業の行和÷行和平均
【例】
 開放型では，サービスが1.514441でもっとも産業全体の動きによって影響を受けやすく，鉱業が0.757435でもっとも影響を受けにくい。

3-2-3　生産誘発額
【意　味】
 生産誘発額とは，各産業部門の県内生産額が，どの最終需要項目によってどれだけ誘発されたものであるのか，その内訳を示すものである。

① 生産誘発係数
【意　味】
 生産誘発係数とはある最終需要項目で1単位の最終需要があった場合，どの産業の県内生産額がどれだけ誘発されるかを示すものである。
【算出式】
 生産誘発係数＝最終需要項目別生産誘発額÷項目別最終需要額合計
【例】
 民間消費支出額が1億円あった場合，農林水産業では10,000万円×0.006212＝

62万円，製造業では10,000万円×0.066605 = 666万円，全体では10,000 × 0.863471 = 8,635万円の生産が誘発されることになる。

② 生産誘発依存度
【意　味】
生産誘発依存度とは各産業部門の県内生産額が，どの最終需要項目によってどれだけ誘発されたものであるか，その割合を示すものである。
【算出式】
生産誘発依存度＝各産業の最終需要項目別生産誘発額÷各産業の県内生産額
【例】
農林水産業の最終需要項目別生産誘発依存度は，民間消費支出の場合，13,530÷109,068 = 0.124054で，その生産額の12％が民間消費支出によって誘発されたものであることになる。

3-2-4　粗付加価値誘発額

【意　味】
粗付加価値誘発額とは各産業部門の粗付加価値額が，どの最終需要項目によってどれだけ誘発されたものであるのか，その内訳を示すものである。

① 粗付加価値誘発係数
【意　味】
粗付加価値誘発係数とはある最終需要項目で1単位の最終需要があった場合，どの産業の粗付加価値額がどれだけ誘発されるかを示すものである。
【算出式】
粗付加価値誘発係数＝最終需要項目別粗付加価値誘発額÷項目別最終需要額合計
【例】
民間消費支出額が1億円あった場合，農林水産業では10,000万円×0.003432 = 34万円，製造業では10,000万円×0.026439 = 264万円，全体では10,000万円

× 0.601227 ＝ 6,012 万円の粗付加価値が誘発されることになる。

② 粗付加価値誘発依存度
【意　味】
　粗付加価値誘発依存度とは各産業部門の粗付加価値額が，どの最終需要項目によってどれだけ誘発されたものであるか，その割合を示すものである。
【算出式】
　粗付加価値誘発依存度＝各産業の最終需要項目別粗付加価値誘発額÷各産業の粗付加価値額
【例】
　農林水産業の最終需要項目別粗付加価値誘発依存度は，民間消費支出の場合，7,476 ÷ 0,262 ＝ 0.124054 で，その粗付加価値額の 12％が民間消費支出によって誘発されたものであることになる。

3-2-5　移輸入誘発額

【意　味】
　移輸入誘発額とは各産業部門の移輸入額が，どの最終需要項目によってどれだけ誘発されたものであるのか，その内訳を示すものである。

① 移輸入誘発係数
【意　味】
　移輸入誘発係数とはある最終需要項目で 1 単位の最終需要があった場合，どの産業の移輸入額がどれだけ誘発されるかを示すものである。
【算出式】
　移輸入誘発係数＝最終需要項目別移輸入誘発額÷項目別最終需要額合計
【例】
　民間消費支出額が 1 億円あった場合，農林水産業では 10,000 万円× 0.008061 ＝ 81 万円，製造業では 10,000 万円× 0.186858 ＝ 1,869 万円，全体では 10,000 万円× 0.398773 ＝ 3,988 万円の移輸入が誘発されることになる。

② 移輸入誘発依存度

【意　味】

移輸入誘発依存度とは各産業部門の移輸入額が，どの最終需要項目によってどれだけ誘発されたものであるか，その割合を示すものである。

【算出式】

移輸入誘発依存度＝各産業の最終需要項目別移輸入誘発額÷各産業の移輸入額

【　例　】

農林水産業の最終需要項目別移輸入誘発依存度は，民間消費支出の場合，17,557÷61,170＝0.287018で，その移輸入額の29％が民間消費支出によって誘発されたものであることになる。

このうち，影響力係数と感応度係数が行列簿記ではしばしば利用される。

3-3　産業連関表における基本的な係数

3-3-1　投入係数と行列簿記表における恒等式

　産業連関表においてさまざまな分析をおこなうために必要なのがまず投入係数である。投入係数とは，各産業がそれぞれの生産物を生産するために使用した原材料，燃料等の投入額を，その産業の県内生産額で除したものであり，各産業においてそれぞれ1単位の生産をおこなうために必要な原材料等の大きさを示したものである。各産業で付加価値部分まで含む投入係数の和は，定義的に1.0となる。投入係数は，端的にいえば，ある特定の年次に採用されていた生産技術を反映したものであり，生産技術が変化すれば，当然に投入係数も変化することが考えられる。産業連関分析においては，投入係数によって表される各財・サービスの生産に必要な原材料，燃料等の投入比率は，分析の対象となる期間には大きな変化がないという前提が置かれている[10]。

　行列簿記は産業連関表をもとに考案されたため，構造は酷似している。行列簿記表[11]（MBチャート：Matrix Bookkeeping Chart）の特徴は，「期首残高の行と列とは複式簿記の前期末（あるいは今期首）における貸借対照表の借方と貸方とであり，1から8までの項目の行と列とは，仕訳・元帳における貸借対照表の借方

と貸方とであり，合計欄の行と列とは合計試算表の役割を演じ，そのうちの6，7，8の行と列とは損益計算書の借方と貸方とをあらわし，そして最後に期末残高欄の行と列とは今期末の貸借対照表の借方と貸方とを表現[12]」しているとされる。財務諸表の多くをひとつの表にまとめたものであり，一覧性に優れている。この表において正負の符号が付加されているが，行列簿記を考案されたとされるマテシッチの文献においては付加されていない[13]。これを付加してわかりやすくしたのは越村信三郎である。

図表 3-3 行列簿記表における恒等式

借方合計　　　　　　貸方合計

$V_1 + \sum W_{j1} = Y_1$　　　$\sum W_{1j} = X_1$

$V_2 + \sum W_{j2} = Y_2$　　　$\sum W_{2j} = X_2$

$V_3 + \sum W_{j3} = Y_3$　　　$\sum W_{3j} = X_3$

$\sum W_{j4} = Y_4$　　　$U_4 + \sum W_{4j} = X_4$

$\sum W_{j5} = Y_5$　　　$U_5 + \sum W_{5j} = X_5$

$\sum W_{j6} = Y_6$　　　$\sum W_{6j} = X_6$

$\sum W_{j7} = Y_7$　　　$\sum W_{7j} = X_7$

$\sum W_{j8} = Y_8$　　　$\sum W_{8j} = X_8$

総和　$T + \sum_i \sum_j W_{ji} = \sum_i Y_i = S = \sum_i \sum_j W_{ij} = \sum_i X_i$

（出典）越村信三郎「行列簿記の展開（4・完）――数式化の試み――」『産業經理』第 28 巻第 2 号，1968 年 2 月，122 頁。
（注意）総和の式に W_{ij} や W_{ji} とあるのは添字を (i, j) とおいているためである。借方合計および貸方合計において W_{ji} や W_{ij} となっているが正方行列であるため成立する。

3-3-2　次期繰越欄の付加

また，連続的な再生産の過程を記録するためには，前期から繰り越された資産（貨幣，財貨，債権）と広義の資本（負債と狭義の資本）とをしめす 0 番目の行と列とがそれにつけくわえられなければならない。また，当期における利益と損失とを統括する勘定として損益勘定が第 8 行と第 8 列とにつけくわえられる必要がある。それ以外に決算にあたって借方と貸方との合計をしめす欄がそのつ

ぎに付加され，さらにその外側に次期繰越欄が設けられなければならない[14]。

行列簿記表において**図表3-3**の式が成立する[15]。この貸方合計をあらわす8つの式については当然，$X_i \neq 0$ が条件となる。産業連関表における投入係数とは，縦方向にみた場合の費用構成であるが，同様の考え方で，X_j にたいする借方科目の個別的取引額 W_{ij} の割合を求める。これを借方係数とよび，a_{ij} であらわす[16]。借方係数の計算式はつぎのようになる。

$$a_{ij} = W_{ij} / X_j$$

このときに①の式を②のように変形する。

① $U_i + \sum_{j=1}^{8} W_{ij} = X_i$

② $U_i + \sum_{j=1}^{8} \frac{W_{ij}}{X_j} = X_i$

そして，②の式に借方係数 a_{ij} をもちいることによって以下の式を導出することができる。

$$U_i + \sum_{j=1}^{8} a_{ij} X_j = X_i$$

さらにこの式を移行して整理すると以下のようになる。

$$U_i = X_i - \sum_{j=1}^{8} a_{ij} X_j$$

これを行列の記号で表示すれば以下のようになる。

$$U = [I - a]X$$

ただしここに U は負債，資本の前期繰越ベクトル[17]であり，I は単位行列，a は借方係数行列，X は各勘定の貸方合計ベクトルであって，それらはそれぞれ，つぎの式で定義される。

$$
U = \begin{bmatrix} 0 \\ 0 \\ 0 \\ U_4 \\ U_5 \\ 0 \\ 0 \\ 0 \end{bmatrix} \quad I = \begin{bmatrix} 1 & 0 & 0 & 0 & 0 & 0 & 0 & 0 \\ 0 & 1 & 0 & 0 & 0 & 0 & 0 & 0 \\ 0 & 0 & 1 & 0 & 0 & 0 & 0 & 0 \\ 0 & 0 & 0 & 1 & 0 & 0 & 0 & 0 \\ 0 & 0 & 0 & 0 & 1 & 0 & 0 & 0 \\ 0 & 0 & 0 & 0 & 0 & 1 & 0 & 0 \\ 0 & 0 & 0 & 0 & 0 & 0 & 1 & 0 \\ 0 & 0 & 0 & 0 & 0 & 0 & 0 & 1 \end{bmatrix}
$$

$$
a = \begin{bmatrix} a_{11} & a_{12} & a_{13} & a_{14} & a_{15} & a_{16} & a_{17} & a_{18} \\ a_{21} & a_{22} & a_{23} & a_{24} & a_{25} & a_{26} & a_{27} & a_{28} \\ a_{31} & a_{32} & a_{33} & a_{34} & a_{35} & a_{36} & a_{37} & a_{38} \\ a_{41} & a_{42} & a_{43} & a_{44} & a_{45} & a_{46} & a_{47} & a_{48} \\ a_{51} & a_{52} & a_{53} & a_{54} & a_{55} & a_{56} & a_{57} & a_{58} \\ a_{61} & a_{62} & a_{63} & a_{64} & a_{65} & a_{66} & a_{67} & a_{68} \\ a_{71} & a_{72} & a_{73} & a_{74} & a_{75} & a_{76} & a_{77} & a_{78} \\ a_{81} & a_{82} & a_{83} & a_{84} & a_{85} & a_{86} & a_{87} & a_{88} \end{bmatrix} \quad X = \begin{bmatrix} X_1 \\ X_2 \\ X_3 \\ X_4 \\ X_5 \\ X_6 \\ X_7 \\ X_8 \end{bmatrix}
$$

上の式で行列〔$I-a$〕が特異でなく，したがってその行列式 $D \neq 0$ であれば，逆行列〔$I-a$〕$^{-1}$ が存在するので，X は一義的な解をもつことになる。すなわちそれはつぎのようになる。

$$X = \left[I - a \right]^{-1} U$$

この式によって明らかなように，負債，資本の前期繰越高 U_4, U_5 と借方係数 a_{ij} とが与えられると，各勘定科目の期末貸方合計額 X_i は，この式によって一義的に定義される。

以上のことからも，産業連関表における投入係数と行列簿記における借方係数（もしくは貸方係数）はまったく同じ構造になっている。

3-3-3 ホーキンス＝サイモンの条件

産業連関表が成立するためには，計算される生産額ベクトル X の各要素は非負でなければならない。投入係数を A とすると，このための必要十分条件は |$I-A$| > 0 で与えられる。これはホーキンス＝サイモンの条件 (Hawkins-Simon's condition) と呼ばれている（I は単位行列）[18]。ホーキンス＝サイモンの条件

を簡略に説明するとつぎのようになる[19]。

　　　この条件を説明するためには，行列の主座小行列式の数字概念を導入する必要がある。なぜなら，主座小行列式の符号が結論の導出に手掛かりを与えるからである。すでにわれわれはある行列式 |B| をもつ正方行列 B が与えられたとき，小行列は |B| の i 行 j 列を取り除くことによってえられる部分行列式であることを知っている。そこで i と j が等しいとは限らない。もしここで $i = j$ という制約を課せば，その結果えられる小行列式が主座小行列である。

　またホーキンス＝サイモンの条件を満たす十分条件として，投入係数の列和が１よりも小さいというソローの列和条件（Solow's Condition）がある。これを数式であらわすと以下のようになる。

　　　$\sum_{i=1}^{n} a_{ij} < 1$ （j = 1, 2, …, n）

　産業連関表の生成過程を考えてみることにしよう。投入係数のそれぞれは $a_{II} = \chi_{II} / X_I$ というように，各項目を各行もしくは各列の総和で除して求める。そのためこの条件は実際に作成される産業連関表では常に満たされるので，結果は常に非負となる。実際の産業連関表からえられる投入係数をもちいる限りにおいて，ホーキンス＝サイモンの条件は満たされており，いかなる非負の最終需要行列を与えても，求められた生産量ベクトルは非負であることが保障されている[20]。

　行列簿記表においてはソローの列和条件は必ず満たすとは限らない。その理由は，前期繰越という該当年度以外の数値をもちいていることである。これは藤田芳夫が指摘したことと同様の理由である。したがってこの行列簿記表は数学的にいえば適切であるとはいいがたい。

　一方でソローの列和条件は非負解の存在の十分条件であるが，必要条件ではない。この条件を満たさなくてもホーキンス＝サイモンの条件を満たせば非負解は存在する。またこの条件に拘泥せずとも実際の財務諸表においては非負解

図表 3-4　行列簿記表の構造

	0 前期繰越	1 貨幣 +	2 財貨 +	3 債権 +	4 負債 −	5 資本 −	6 利益 −	7 損失 +	8 損益 ∓	貸方合計	次期繰越
0 前期繰越	T	V_1	V_2	V_3							
1 貨幣 −		W_{11}	W_{12}	W_{13}	W_{14}	W_{15}	W_{16}	W_{17}	W_{18}	X_1	
2 財貨 −		W_{21}	W_{22}	W_{23}	W_{24}	W_{25}	W_{26}	W_{27}	W_{28}	X_2	
3 債権 −		W_{31}	W_{32}	W_{33}	W_{34}	W_{35}	W_{36}	W_{37}	W_{38}	X_3	
4 負債 +	U_4	W_{41}	W_{42}	W_{43}	W_{44}	W_{45}	W_{46}	W_{47}	W_{48}	X_4	U_4
5 資本 +	U_5	W_{51}	W_{52}	W_{53}	W_{54}	W_{55}	W_{56}	W_{57}	W_{58}	X_5	U_5
6 利益 +		W_{61}	W_{62}	W_{63}	W_{64}	W_{65}	W_{66}	W_{67}	W_{68}	X_6	
7 損失 −		W_{71}	W_{72}	W_{73}	W_{74}	W_{75}	W_{76}	W_{77}	W_{78}	X_7	
8 損益 ±		W_{81}	W_{82}	W_{83}	W_{84}	W_{85}	W_{86}	W_{87}	W_{88}	X_8	
借方合計		Y_1	Y_2	Y_3	Y_4	Y_5	Y_6	Y_7	Y_8	S	
次期繰越		V_1	V_2	V_3							T

(出典) 越村信三郎「行列簿記の展開 (1)――そのしくみと原理――」『産業經理』第 27 巻第 11 号，1967 年 11 月，111 頁。

が存在している。これらのことから行列簿記表においてはあまり気にする必要はないのかもしれない。

3-4　産業連関表における投入係数

3-4-1　産業連関表における取引基本表

　産業連関表においてさまざまな分析をおこなうために必要なのがまず投入係数である。「投入係数」とは，各産業がそれぞれの生産物を生産するために使用した原材料，燃料等の投入額を，その産業の県内生産額で除したものであり，生産原単位に相当するものである。投入係数を産業別に計算して一覧表にしたものが「投入係数表」である。県内経済を単純化し，産業 1，産業 2 だけ

からなるものと仮定し，Xを生産額（χは各産業の投入額），Fを最終需要部門，Vを粗付加価値部門とした場合，取引基本表は**図表3-5**のように表現することができる。

図表3-5　取引基本表（ひな型1）

	産業1	産業2	最終需要	県内生産額
産業1	χ_{11}	χ_{12}	F_1	X_1
産業2	χ_{21}	χ_{22}	F_2	X_2
粗付加価値	V_1	V_2		
県内生産額	X_1	X_2		

（出典）本書筆者作成。

ただし，

需給均衡式（総需要と総供給の均衡）

$$\begin{cases} \chi_{11}+\chi_{12}+F_1=X_1 \\ \chi_{21}+\chi_{22}+F_2=X_2 \end{cases}$$

収支均衡式

$$\begin{cases} \chi_{11}+\chi_{21}+V_1=X_1 \\ \chi_{12}+\chi_{22}+V_2=X_2 \end{cases}$$

ここで，産業1が産業1から投入した額χ_{11}を産業1の県内生産額X_1で除した値をa_{11}とすれば，a_{11}は産業1の生産物を1単位生産するために必要な産業1からの投入額をあらわす。

$$a_{11}=\chi_{11}/X_1$$

3-4-2　産業連関表における投入係数表

同様に，$a_{21}=\chi_{21}/X_1$は，産業1がその生産物を1単位生産するために産

業2から投入した原材料等の額をあらわしている。中間投入と同様に、各部門の発生付加価値 V_1 をその県内生産額で除して $v_1 = V_1 / X_1$ を定義できる。この場合、付加価値 V_1 が、産業1の労働や資本など本源的生産要素の投入を意味するから、v_1 はそれら生産要素の投入原単位を示していると考えることができる。以上の手続きを産業2（**図表3-5の第2列**）についても同様におこなうと、つぎのような投入係数表を求めることができる（**図表3-6**）。

$\chi_{11} + \chi_{12} + F_1 = X_1$
$\chi_{21} + \chi_{22} + F_2 = X_2$
$\chi_{11} + \chi_{22} + V_1 = X_1$
$\chi_{21} + \chi_{22} + V_2 = X_2$

図表3-6　投入係数表（ひな型）

	産業1	産業2
産業1	a_{11}	a_{12}
産業2	a_{21}	a_{22}
粗付加価値	v_1	v_2
県内生産額	1.0	1.0

(出典) 本書筆者作成。
(注意) $a_{ij} = \chi_{ij} / X_j$ （i は行を、j は列をあらわす。）
　　　 $v_j = V_j / X_j$ （j は列をあらわす。）

　投入係数は、端的にいえば、ある特定の年次において採用されていた生産技術を反映したものであり、生産技術が変化すれば、当然に投入係数も変化することも考えられる。産業連関分析においては、投入係数によって表される各財およびサービスの生産に必要な原材料、燃料等の投入比率は、分析の対象となる期間においては大きな変化がないという前提が置かれている[21]。
　また各産業部門は、それぞれ生産規模の異なる企業、事業所群で構成されているが、同一商品を生産していたとしても、生産規模が異なれば、当然に生産

技術水準の相違，規模の経済性などにより，投入係数も異なったものとなることも考えられる。しかし産業連関表は，作成の対象となった年次の経済構造を反映して作成されたものであり，産業連関分析においては，各産業部門に格付けされた企業・事業所の生産規模は，分析の対象となる期間においては大きな変化がないという前提が置かれている。

3-5　逆行列係数

3-5-1　産業連関表における逆行列係数

　ある産業部門に一定の最終需要が発生した場合に，それが各産業にたいして直接・間接にどのような影響を及ぼすかを分析するのが，産業連関分析のもっとも重要な分析のひとつであり，その際に必要となるのが「逆行列係数」である。

　たとえば1台のパソコン生産する場合，パソコン産業は家計や県外などの最終需要部門に供給するためにパソコンを生産しており，パソコンを生産するためには，ディスプレイ，マザーボード，ハードディスクドライブなどの部品が必要である。さらに，これらの部品を生産するためには，鉄鋼やアルミニウムなどが必要である。鉄鋼やアルミニウムを生産するためには，鉄鉱石やボーキサイトなどの原材料を調達する必要がある。また，これらの生産のためには商社や輸送機関などが間接的にかかわっている。このように，ある産業にたいして最終需要が生じると，その影響は当該産業だけではなく，その産業と生産技術的な関係がある他の産業へとどこまでも波及していく。その効果は経済波及効果の逆の計算をすることで求められ，逆行列係数はそのときにもちいられる。

第3章　行列簿記と意思決定　113

図表 3-7　広島県の逆行列係数表 $(I-A)^{-1}$ 型

		01 農林水産業	02 鉱業	03 製造業	04 建設	05 電力・ガス・水道	06 商業	07 金融・保険	08 不動産	09 運輸	10 情報通信	11 公務	12 サービス	13 分類不明	行和	感応度係数
01	農林水産業	1.143734	0.006998	0.043733	0.015933	0.006416	0.003229	0.003425	0.001083	0.008546	0.004575	0.005233	0.014070	0.009786	1.266759	0.671906
02	鉱業	0.010809	1.013547	0.047405	0.025201	0.132478	0.005585	0.004048	0.001693	0.010790	0.006097	0.008760	0.011039	0.013976	1.291428	0.684990
03	製造業	0.407659	0.290987	2.077735	0.614966	0.255543	0.120880	0.122883	0.038577	0.355205	0.167610	0.221290	0.332684	0.407282	5.413301	2.871285
04	建設	0.007847	0.013170	0.012615	1.008202	0.045765	0.008750	0.006286	0.034635	0.012549	0.009434	0.016400	0.009723	0.008882	1.194256	0.633449
05	電力・ガス・水道	0.022133	0.047800	0.054379	0.028741	1.075576	0.026403	0.013256	0.005071	0.031124	0.022860	0.035867	0.036974	0.046073	1.446257	0.767114
06	商業	0.067272	0.064735	0.129061	0.112958	0.053643	1.031623	0.022142	0.007754	0.067463	0.033588	0.036317	0.072581	0.065025	1.764162	0.935734
07	金融・保険	0.041565	0.119767	0.054566	0.050359	0.064962	0.072877	1.132174	0.060903	0.071192	0.038455	0.017529	0.042714	0.462003	2.229067	1.182326
08	不動産	0.004911	0.015718	0.010408	0.009826	0.012446	0.026678	0.016008	1.005485	0.022100	0.021071	0.004612	0.012443	0.015855	1.177562	0.624594
09	運輸	0.071214	0.371905	0.086328	0.097825	0.097130	0.064297	0.032220	0.008500	1.138062	0.041203	0.048725	0.044382	0.102945	2.204736	1.169421
10	情報通信	0.015036	0.030827	0.031267	0.033350	0.040371	0.051336	0.068644	0.007584	0.032438	1.129072	0.045879	0.047928	0.076968	1.610700	0.854336
11	公務	0.001106	0.000909	0.000787	0.001019	0.000681	0.000622	0.000375	0.000297	0.000690	0.001275	1.000236	0.000687	0.090012	1.098697	0.582763
12	サービス	0.062406	0.135936	0.157071	0.155454	0.161663	0.092542	0.136998	0.032518	0.181485	0.171525	0.089784	1.118276	0.214667	2.710326	1.437592
13	分類不明	0.012351	0.010144	0.008789	0.011382	0.007604	0.006950	0.004184	0.003312	0.007709	0.014232	0.002640	0.007670	1.004984	1.101951	0.584489
	行和	1.868042	2.122442	2.714145	2.165218	1.954277	1.511772	1.562643	1.207411	1.939354	1.660997	1.533272	1.751171	2.518459		
	影響力係数	0.990834	1.125771	1.439618	1.148460	1.036574	0.801863	0.828846	0.640426	1.028659	0.881014	0.813267	0.928844	1.335823		

(出典)「平成17年広島県産業連関表」『資料第1173号』広島県企画振興局政策企画部統計課分析グループ、2012年3月、144頁。

逆行列係数表には，移輸入の扱いに応じていくつかの型があり，広島県では $(I-A)^{-1}$ 型と $[I-(I-\hat{M})A]^{-1}$ 型の逆行列係数を公表している。$(I-A)^{-1}$ 型は，最終需要によって誘発される生産がすべて県内でおこなわれるという仮定で計算されたものであり，産業部門間の技術構造的な依存関係をとらえるのに適している。また，投入係数の安定性が高いという特徴がある。一方で，$(I-A)^{-1}$ 型は移輸入品がまったく考慮されておらず，原材料等の多くを県外からの移輸入に依存している広島県経済の分析には不向きである。しかし自企業の構造分析のために行列簿記をもちいる場合には，他企業を考慮する必要はないため $(I-A)^{-1}$ 型が利用されることになる。

これにたいして，移輸入を考慮した $[I-(I-\hat{M})A]^{-1}$ 型の逆行列がある。この逆行列は，移輸入品の投入比率が中間需要，最終需要を問わずすべての部門について同一であり，生産波及効果が移輸入割合に応じて県外に流出するという前提で求められるものである。産業連関分析では，この型の逆行列は，$(I-A)^{-1}$ 型よりも広くもちいられている。

移輸入を明示した取引基本表のひな型は**図表 3-8** のように表現することができる。表を横にみると中間需要 $\{X_{ij}\}$，最終需要 $\{F_i\}$ とも移輸入分を含んだ供給となっているので，移輸入分をマイナス表示することにより，縦と横（生産）のバランスをとっている。

図表 3-8 取引基本表（ひな型 2）

	産業 1	産業 2	最終需要	移輸入	県内生産額
産業 1	χ_{11}	χ_{12}	F_1	$-M_1$	X_1
産業 2	χ_{21}	χ_{22}	F_2	$-M_2$	X_2
粗付加価値	V_1	V_2			
県内生産額	X_1	X_2			

（出典）本書筆者作成。

投入係数に移輸入分が含まれるということは，最終需要によってもたらされる波及効果のすべてが，県内生産の誘発という形で現れるものではなく，その一部は移輸入を誘発するということを意味する。逆にいえば県内生産誘発を正

図表 3-9　広島県の逆行列係数表 $[I-(I-\hat{M})A]^{-1}$ 型

	01 農林水産業	02 鉱業	03 製造業	04 建設	05 電力・ガス・水道	06 商業	07 金融・保険	08 不動産	09 運輸	10 情報通信	11 公務	12 サービス	13 分類不明	行和	感応度係数
01 農林水産業	1.043186	0.000580	0.008040	0.001719	0.000551	0.000345	0.000396	0.000129	0.000761	0.000509	0.000450	0.002642	0.000864	1.060171	0.745413
02 鉱業	0.000103	1.000263	0.001005	0.000503	0.004707	0.000103	0.000055	0.000033	0.000136	0.000093	0.000149	0.000158	0.000208	1.007515	0.708390
03 製造業	0.073913	0.052223	1.212788	0.120701	0.042303	0.022353	0.023117	0.007312	0.068375	0.031406	0.042878	0.064736	0.078413	1.840518	1.294080
04 建設	0.005026	0.010468	0.006459	1.004514	0.042353	0.007662	0.005325	0.034340	0.010137	0.008065	0.014826	0.007516	0.006009	1.162700	0.817501
05 電力・ガス・水道	0.009686	0.032426	0.024516	0.011664	1.053232	0.018998	0.008192	0.003345	0.018420	0.015045	0.025181	0.023909	0.029677	1.274291	0.895962
06 商業	0.028936	0.031411	0.049719	0.055010	0.022897	1.016599	0.010183	0.003781	0.032643	0.016153	0.016523	0.037393	0.028947	1.350195	0.949330
07 金融・保険	0.026229	0.100922	0.024364	0.030630	0.040988	0.064212	1.121090	0.056327	0.056682	0.030082	0.010126	0.030801	0.425814	2.018265	1.419055
08 不動産	0.002337	0.012450	0.004761	0.006049	0.008892	0.025426	0.014860	1.005153	0.019511	0.019446	0.003077	0.010199	0.012750	1.144912	0.804995
09 運輸	0.040529	0.285557	0.030543	0.056185	0.034168	0.046226	0.021031	0.005218	1.098304	0.026185	0.030854	0.023653	0.067653	1.766106	1.241760
10 情報通信	0.006468	0.019184	0.012655	0.018963	0.026184	0.039227	0.053317	0.005391	0.021000	1.101623	0.034055	0.034128	0.055568	1.427762	1.003869
11 公務	0.000766	0.000655	0.000346	0.000684	0.000413	0.000483	0.000269	0.000242	0.000472	0.001025	1.000124	0.000478	0.089801	1.095758	0.770435
12 サービス	0.029222	0.098012	0.079439	0.105139	0.120118	0.075819	0.118539	0.027458	0.144747	0.146716	0.068303	1.088004	0.170533	2.272050	1.597492
13 分類不明	0.008555	0.007315	0.003866	0.007634	0.004611	0.005397	0.003002	0.002702	0.005275	0.011440	0.001387	0.005333	1.002621	1.069139	0.751718
行和	1.274956	1.651466	1.458500	1.419394	1.401419	1.322851	1.379374	1.151430	1.476463	1.407790	1.247931	1.328950	1.968858		
影響力係数	0.896430	1.161156	1.025480	0.997985	0.985347	0.930105	0.969846	0.809577	1.038110	0.989826	0.877428	0.934393	1.384317		

(出典)「平成17年広島県産業連関表」「資料第1173号」広島県企画振興局政策企画課分析グループ，2012年3月，144頁。

確に求めるためには，移輸入誘発分を控除しておかなければならないため，移輸入品の投入をおり込んだ逆行列を作成する必要がある。導出過程は省くが，$X = [I-(I-\hat{M})A]^{-1}[(I-\hat{M})Y+E]$ となり，県内最終需要 Y と移輸出 E を与えることにより，県内生産額 X を求めることができる。

ここで $(I-\hat{M})A$ は，移輸入品の投入比率が中間需要，最終需要を問わずすべての部門について同一であると仮定した場合の県産品の投入係数をしめし，また $(I-\hat{M})Y$ は，同様の仮定の下での県産品にたいする県内最終需要をあらわしている。換言すると品目ごと（行別）の移輸入比率（移輸入係数）がすべての産出部門に同一と仮定した場合の「競争移輸入型」モデルである。

行列係数表には，移輸入の扱いに応じていくつかの型があり，広島県では $(I-A)^{-1}$ 型と $[I-(I-\hat{M})A]^{-1}$ 型の逆行列係数を公表している。$(I-A)^{-1}$ 型は，最終需要によって誘発される生産がすべて県内でおこなわれるという仮定で計算されたものであり，産業部門間の技術構造的な依存関係をとらえるのに適している。また，投入係数の安定性が高いという特徴がある。一方で，$(I-A)^{-1}$ 型は移輸入品がまったく考慮されておらず，原材料等の多くを県外からの移輸入に依存している広島県経済の分析には現実的ではない。これにたいして，移輸入を考慮した $[I-(I-\hat{M})A]^{-1}$ 型の逆行列がある。この逆行列は，移輸入品の投入比率が中間需要，最終需要を問わずすべての部門について同一であり，生産波及効果が移輸入割合に応じて県外に流出するという前提で求められるものである。産業連関分析では，この型の逆行列は，$(I-A)^{-1}$ 型よりも広くもちいられている。しかし，簿記において移輸入は考慮する必要がないと考えられるため本書では考察しないこととする。

3-5-2 行列簿記における逆行列係数

行列簿記においても逆行列係数はもちいられるが，もちいられないとするならば，行列簿記の価値は半減するといっても過言ではない。行列 $(I-A)$ のことをレオンチェフ行列 (Leontief Matrix) といい，$(I-A)^{-1}$ のことをレオンチェフ逆行列 (Leontief Inverse Matrix) という。このとき，$(I-A)$ が特異でなければ，$(I-A)^{-1}$ を求めることができ，$X = (I-A)^{-1}U$ によって X は一義的

な解をえることができる。すなわち，負債，資本の前期繰越高と借方係数とが与えられると，各勘定科目の期末貸方合計額は一義的に決定される。

逆行列係数とは逆の流れを計算するものである。したがって現行法にもとづく財務諸表の作成において利用されることはない。利用されるとすれば意思決定においてである。たとえば，商業簿記の視点では利益を上げるためにはどの商品を取り扱えば適当か，工業簿記の視点では目標の利益を出すために，どれくらいの原料を投入すれば適当かなどといった場合に利用できる。

$(I-A)^{-1}$を計算しておけば，さまざまな収益のレベルに応じた財務計画が可能となり，その計画に沿った期末貸借対照表の予定作成も可能になるというわけである[22]。しかし「このプロセスが生産技術的意味をもつところの投入係数行列Aによる『他部門波及効果』として知られるものである。したがって『Aが安定しているか』と問うことは『一定の投入比率で表現されるところの生産技術関係が安定しているか』と問うことにほかならない[23]」のではないかというのである。

この安定性に関しては産業連関表においても疑問点として挙げられながらも，許容の範囲として認められている状態である。現行法にもとづく帳簿書類については当然認められることはないであろう。しかし，企業内部における意思決定資料としての利用であればまったく問題はないと考える。そのうえで，一層の安定性を求めるための方策をあげておく。まずひとつめは貸方計数の過去10年間の平均値をとることにより景気変動の影響を除去する方法[24]。ふたつめは回帰分析によって異常値を除去する方法[25]。3つめはマルコフ連鎖等によりいくらかの揺らぎをもった数値を作成する方法である[26]。行列簿記における行列演算のプロセスで前期に0であった要素は必ず0となるが，マルコフ連鎖における行列演算のプロセスでは前期に0であった要素も0でない数値で埋められていく。しかし「この場合の数値は会計学上の根拠によるものではないのであって，あくまでも確率理論にもとづく純客観的，純数学的に計算されたものである」ということである[27]。

3-5-3 影響力係数と感応度係数

産業連関表において県内でどの産業が他部門に強く影響を及ぼすのか，換言すれば，県は産業を育てていくためにどの部門に資金を落とせば効果的なのかを考えるための係数が影響力係数と感応度係数である。

逆行列係数表の各列の数値は，その列部門にたいする最終需要（すなわち，県産品にたいする需要）が1単位だけ発生した場合は，各行部門に直接または間接に必要となる生産量を示し，その合計（列和）は，その列部門にたいする最終需要1単位によって引き起こされる産業全体にたいする生産波及の大きさをあらわす。この部門別の列和を列和全体の平均値で除した比率を求めると，それはどの列部門にたいする最終需要があったときに，産業全体にたいする生産波及の影響が強いかという相対的な影響力をあらわす指標となる。これが，「影響力係数」といわれるものであり，つぎの式によって計算される。

部門別影響力係数＝逆行列係数の各列和÷逆行列係数表の列和全体の平均値

広島県における影響力係数の高いものは $(I-A)^{-1}$ 型の場合，①製造業 1.439618，②建設業 1.125771，③鉱業 1.148460 である。一方 $[I-(I-\hat{M})A]^{-1}$ 型の場合，①鉱業 1.161156，②製造業 1.025480，③運輸業 1.038110 である。広島県は自動車産業，造船業などを中心とした工業県として知られるが海外依存度が高いために製造業，建設業の県内への力が低めであることがわかる。それにたいして鉱業は県内への経済波及効果が高いことが読み取れる。

逆行列係数表の各行は，表頭の列部門にたいしてそれぞれ1単位の最終需要があったときに，その行部門において直接または間接に必要となる供給量をあらわしており，その合計（行和）を行和全体の平均値で除した比率は，各列部門にそれぞれ1単位の最終需要があったときに，どの行部門が相対的に強い影響力を受けることとなるかをあらわす指標となる。これが「感応度係数」といわれるものであり，つぎの式によって計算される。

部門別感応度係数＝逆行列係数表の各行和÷逆行列係数表の行和全体の平均値

広島県において感応度係数の高いものは $(I-A)^{-1}$ 型の場合，①製造業

2.871285，②サービス業 1.437592，③金融・保険業 1.182326 である。一方 $[I-(I-\dot{M})A]^{-1}$ 型の場合，①サービス業 1.597492，②金融・保険業 1.419055，③製造業 1.294080 である。広島県が活性化されたときにもっとも影響を受けるのは当然ながらサービス業であることがわかる。

3-6　利益感度分析

3-6-1　利益感度分析とは

　産業連関分析における影響力係数と感応度係数は有効ではあるが，平均値との比較によって影響を図るという点で明確さに欠ける点は否めない。そこで企業においてどの商品（または製品）を取り扱えば利益が効果的にあげられるのかを考える利益感度分析[28]について言及する。企業が財務諸表を作成する場合には，青色申告等の納税のために帳票を作成しているのか，自らの会社の経営を分析し意思決定に活かそうとしているのかを明確にしてことにあたらなければならない。そこで簡単な図表で経営状態を把握し，経営判断に活かそうとするのが利益感度分析である。これは会計恒等式，直接原価計算，線型計画法をベースに理論が構築されている。税法で義務づけられている全部原価計算は，材料費だけでなく固定費を配賦しているため，意思決定や将来の予測，経営計画等に錯覚，勘違いをもたらすことが多い。そこで直接原価計算をもちいる。

　直接原価計算と全部原価計算の採用の利用の是非については1960年代をピークとして論争された。しかし1970年代初頭の諸規則・諸基準の全部原価計算支持（指示）により，一応の決着をみることになる[29]。ところが現代では全部原価計算についてのさまざまな問題がふたたび指摘されはじめている。そのため「もはや全部原価計算を積極的にもちいる理由はない。直接原価計算の利用について再考する必要がある[30]」という意見が出るにいたっている。そこで直接原価計算の利用について検討することは有用であると考えられる。

　利益感度分析の特色は，「経営にとって重要なのは粗利総額である」，「利益は粗利総額と固定費のバランスで決まる」，「売上高と利益の間には何の相関関係もない」，「利益感度分析で経営を見直す」，「変動費は売上高に比例しない」，

「全部原価計算よりも直接原価計算」などである。そして収益構造概略図（**図表3-10**）等をもとに経営方針を定め，最終的には行列簿記表によって経営状態を把握しようとするものである。このとき，経営者が経営判断を容易にするために収益構造概略図をもちいるとともに，財務諸表をも経営者に理解しやすい形にするために行列簿記表をもちいている。決算書は損益計算書，貸借対照表，キャッシュ・フロー計算書の三表からできているが，行列簿記では1枚の表のうえで三表にどのように反映されたかがわかるという優位性がある。行列簿記表においてはマクロ的な分析が可能である。一方で，収益構造概略図においてはミクロ的な分析が可能である。

3-6-2 利益感度分析の具体例

利益感度分析について理解を深めるために，具体的な数値をあげて説明する。企業が利益を増やすためには，売価を上げる，仕入単価を下げる，売上数量を多くする，固定費を下げる，などが考えられる。**図表3-10**のような収益構造をもつ企業があった場合，どの要素を変化させることがもっとも効果的であろうか。

① 固定費Fについての考察

まず固定費Fについて考察する。現状の利益がゼロになるのは固定費Fが100になったときである。このとき固定費Fの利益感度はつぎのように計算する。

固定費の利益感度 Fk ＝ 利益がゼロになる固定費F ÷ 現在の固定費F

具体的な数値をあてはめるとつぎのようになる。

$$Fk = 100 \div 80 = 1.25 \text{ (25％増)}$$

Fkは固定費の利益感度をあらわす。Fは現状の80円，F'は増加後の金額100円である。固定費を今より25％多く使った場合，この会社の利益は消滅する。したがって，固定費Fの利益感度Fkは25％である。

つぎに数量Qを客の人数と仮定する。現状では10人のお客Qをもち利益G

図表 3-10 収益構造概略図

P	V20				PQ	VQ200	
30	M10	×	Q10	=	300	MQ	F80
						100	G20

P：価格 Price, V：原価（変動費）Variable cost, M：粗利単価 Margin, Q：数量 Quantity, F：固定費 Fixed cost, G：利益 Gain, PQ：売上高（P × Q), VQ：売上原価（V × Q), MQ：粗利総額（M × Q)

（出典）西　順一郎，宇野　寛，米津晋次『利益が見える戦略 MQ 会計』かんき出版，2009 年，147 頁。

が 20 円の会社があったとすると，何人のお客が減ると利益がゼロになるかを求める。G がゼロということから逆算すると F，MQ の値が 80 であると求められる。MQ とは M と Q を掛け合わせた金額であることから**図表 3-10** より M = 10 が与えられているので Q の値は 8 となる。PQ，VQ の値は単純な乗算により求められる。結果として数量 Q の利益感度はつぎのようになる。

$$Qk = (Q' \div Q) \times 100 = 8 \div 10 = 0.80 \,(20\%減)$$

② 原価 V についての考察

同様に原価 V について考察する。現在 20 円で仕入れている商品あるいは原材料がいくら値上がりすると利益 G はゼロになるだろうか。MQ が 80 であることから MQ ÷ Q より M が 8 であると求められる。つぎに P − M = V から V が 22 であることも求められる。結果として，原価 V の利益感度 Vk はつぎのようになる。

$$Vk = (V' \div V) \times 100 = 22 \div 20 = 1.10 \,(10\%増)$$

③ 売価 P についての考察

最後に売価 P について，現在 30 円の売価をいくらまで値引きできるかを考察する。まず原価 V と数量 Q から VQ が 200 であることが求められる。つぎに VQ + MQ より PQ が 280 であることが求められる。そして PQ ÷ Q より P が 28 であることが明らかになる。したがって，価格 P の利益感度 Pk はつぎ

のようになる。

$$Pk = (P' \div P) \times 100 = 28 \div 30 = 0.933 \text{（6.7\%減）}$$

それぞれに求めた利益感度を数値の小さい（利益感度が高い）順に並べると，Pk6.7％，Vk10％，Qk20％，Fk25％の順になる。したがってこの企業においてもっとも効果的なのは売価Pの増額であり，販売単価や値引きの在り方の変更ということになる。逆に効果が薄いのは固定費Fの削減ということになる。当然，この順番は企業によってあるいは同じ企業でも店舗によって異なることはいうまでもない。

3-C 本章における結論

行列簿記は産業連関表からの借用として産声をあげた。詳細にいえばケネーの「経済表」，マルクスの「再生産表式」，ワルラスの「一般均衡理論」，レオンチェフの「産業連関表」とパチョーリの「複式簿記」の総合といえるかもしれない。そのため，うまく借用できた部分，できなかった部分が混在している。まずそれを理解するところからはじめなければならない。

レオンチェフの考案した産業連関表の構造は**図表 3-2**のようになる。行と列の中間あたりまでは同じ項目がならんでいるが，それ以降は行と列とで異なった項目が並んでいる。マテシッチは産業連関表に着想をえて行列簿記を考案したとされる。そのときの表現方法はケメニー＝シュライファー＝スネル＝トンプソンの行列形式をもちいた複式簿記の記帳方法（**図表 1-19**）のように同じ勘定科目を最後まで記していくのが自然であり，産業連関表と異なっていてもまったく違和感はない。しかし行項目に粗付加価値が，列項目に最終需要や移輸入項目が出現すると問題点が山積である。

マテシッチの取引行列として最初に論じられたもの（**図表 1-7**）は産業連関表における左上部分に相当し，そこまでは何の違和感もない。実際の財務諸表を行列形式で表現しようとするとさまざまな問題点がでてきたのである。コーコランや高寺貞男が行列簿記表外で損益計算をおこなったのは財務諸表を念頭に

おきながら作成した結果である。また越村信三郎の前期理論では財務諸表由来，後期理論では産業連関表由来の行列簿記表であった。前章において論じたが，マテシッチが産業連関表と二重分類簿記（行列形式をもちいた複式簿記の記帳方法）のふたつの考え方を融合させようと試みたがうまく融合しきれていないと思われる。

　産業連関表にもちいられる係数の利用については投入係数（借方係数，貸方計数），逆行列係数があげられる。間接利用している利益感度分析までもちだしても影響力係数や感応度係数しかあげることはできない。そもそも企業の取引において移輸入や生産誘発額など存在しないのであるから論ずるべくもない。産業連関表と行列簿記表を綿密に比較すればするほど共通点はみあたらない。むしろ相違点が明らかになるばかりである。

　行列簿記は厳密にいえばふたつに分けることができる。それは会計行列表と会計行列代数である[31]。前者は財務諸表由来の表現形式に主眼をおいたものともいえるものであり，後者は産業連関表由来の行列演算により分析することに主眼をおいたものといえる。マテシッチは容易に実現できるとたかをくくっていたのであろうが，なかなか援用することはできなかったのではないか。

　行列簿記のもっともすぐれたところはやはり行列演算にたいして親和性が高いことである。マテシッチによれば「『行列』の概念は連立一次方程式の解法を容易にするために開発されたものである。しかしわれわれの目的は，行列の表示方法を借りてもっとも一般的な形式で会計上の取引やそのシステムを表現するための，簡潔なそして正確な方法をみつけることなのである」[32]とされるが，このことばからは表現形式のみを借用するとしか聞こえてこない。投入産出モデル（産業連関表）における行列形式の利用は，国民所得勘定モデルにおけるように表現形式そのものから発しているのではなく，行列演算に重点を置いた経済予測力に起因しているものとである[33]。マテシッチの着想は評価できるがそのままの借用では困難が待ち受けていたのは当然の帰結である。

【註】

1) 「平成17年広島県産業連関表」『資料第1173号』広島県企画振興局政策企画部統計課分析グループ，2012年3月，143-155頁，一部修正のうえ引用。

2) ベリニ (Clitofonte Bellini) は将棋盤式簿記 (La Scrittura Doppia a Scacchiera)，ロッシ (Giovanni Rossi) は将棋盤式複式（二重分類）簿記 (Lo Scrittura in Partita Doppia a Forma di Scacchiera)，ゴンベルグ (L. Gomberg) は同時記入簿記法 (Ein Besondere Synkro BuchhAltungsmethode (a scacchiere))，コーラー (Eric L. Kohler) は展開表 (Spread Sheet) と呼んだ。

越村信三郎『詳解　行列簿記——原理と応用——』第三出版，1968年，53-62頁。文意を損ねない範囲で表現を一部変更している。

3) Wassily Leontief, *The Structure of American Economy 1919-1939: An Empirical Application of Equilibrium Analysis Second Edition Enlarged,* International Arts and Sciences Press Inc., 1951.

4) Richard Mattessich, "Towards a General and Axiomatic Foundation of Accountancy：With an Introduction to the Matrix Formulation of Accounting System," *Journal of Accounting Research,* Vol.8, No.4, October 1957, pp.328-355.

5) 越村信三郎「行列簿記の展開（1）——そのしくみと原理——」『産業経理』第27巻第11号，1967年11月，113頁。文意を損ねない範囲で表現を一部変更している。

6) 岡田誠一「將棋盤式簿記法」『會計』第2巻第1号，1917年10月，2-21頁。

7) American Accounting Association, Committee to Prepare a Statement of Basic Accounting Theory, *A Statement of Basic Accounting Theory,* Evanston, Illinois, 1966（飯野利夫訳『アメリカ会計学会　基礎的会計理論』国元書房，1969年）。

なお，FASBやIFRSはそれぞれConcept Statementを発表しているが，時代背景を考えるとマテシッチはASOBATの影響をもっとも受けていると考えられる。

8) 山田昭彦「コンピュータ開発史概要と資料保存状況について——第一世代と第二世代コンピュータを中心に——」『国立科学博物館技術の系統化調査報告第1集』，2001年3月。

9) 『平成17年富山県産業連関表』富山県経営管理部統計調査課経済動態係，2010年6月，32-35頁，一部修正のうえ引用。

10) 1951年から1957年までのスウィフト社のデータを産業連関表にあてはめた結果，流動資産，負債，資本については計算値と実際値との差がほとんどなかったが，固定資産および残高勘定については大きな差異があった。主な理由は非経常的な記入（固定資産の売却等）があったことである。この内容については4-3において詳述する。

Allen B. Richards, "Input-Output Accounting for Business," *The Accounting Review,* Vol.35, No.3, July 1960, pp.429-436。

11) 越村による行列簿記表は4つに大別可能である。それは能率型，古典型，流線型，混合型である。営業上の純益を算出するうえでいちばん簡便なモデルであり，もっとも多くの

情報をえられるという理由で，本書においてMBチャートとは特に断りのない限り能率型を意味することにする。

越村信三郎，前掲書，80-90頁。

12) Richard Mattessich, *Accounting and Analytical Methods: Measurement of Projection of Income and Wealth in the Micro and Macro Economy,* Richard D. Irwin, 1964, p.80.
13) 原田富士雄「会計情報システムと行列簿記――簿記理論展開の一方向を探る――」『企業会計』第24巻第6号，1972年6月，91頁。
14) *Ibid*, p.111.
15) *Ibid*, p.122.
16) 行列簿記においては借行貸列方式および貸方計数を採用する場合もあるが，産業連関表との親和性を考え本書では貸行借列方式および借方係数を採用することにする。
17) 世間一般でいうベクトルとは物理学などでもちいる大きさと向きをもつ量のことであるが，ここでは単に行列のことをあらわしているに過ぎない。詳しくは以下を参照のこと。

越村信三郎『マトリックス経営と未来会計――あなたの会社の命運がわかる――』ソーテック社，1980年，58-67頁。

18) ホーキンス=サイモンの条件と名づけられたのは，$\rho E - A$ の主座小行列式がすべて正であることが，$\rho E - A$ が非負逆行列を有するための必要十分条件であるということを最初に証明した論文が，1949年の以下の論文であると信じられていたことによる。

David Hawkins and H. A. Simon, "Some Conditions of Macroeconomic Stability," *Econometrica*, Wiley-Blackwell Publishing Inc., Vol.16, No.4, October 1948, pp. 309-322.

しかしながら，この名称は数理経済学系の書物にしか登場しない。このことを最初に証明したのは，1937年のオストロスキーの以下の論文というのが数理経済学系以外の定説である。

A.M. Ostrowski, "Über die Determinanten mit über wiegender Hauptdiagonale," *Commentarii Mathematici Helvetici,* Vol.10, 1937, S.69-96.

Abraham Berman and Robert J., "Nonnegative Matrices in the Mathematical Sciences（Classics in Applied Mathematics, 9)", *Society for Industrial and Applied Mathematics,* 1994, p.161.

R. J. Plemmons, "M-Matrix Characterizations.I-Nonsingular M-Matrices," *Linear Algebra and Its Applications,* 1977, Vol.18, No2, pp.175-188.

Takao Fujimoto, "The Banachiewicz Identity and Inverse Positive Matrices,"『福岡大学経済学論叢』第51巻第4号，2007年3月，1-7頁。

19) A.C.チャン，K.ウエインライト著，小田正雄，高森 寛，森崎初男，森平爽一郎訳『現代経済学の数学基礎［第4版］上』シーエーピー出版，2010年，160-164頁（Alpha C. Chiang, *Fundamental Methods of Mathematical Economics Second Edition,* McGraw-Hill Inc., 1992.）。

20) 二階堂副包『現代経済学の数学的方法――位相数学による分析入門――』岩波書店, 1960 年, 12-17 頁。
21) 1951 年から 1957 年までのスウィフト社のデータを産業連関表にあてはめた結果, 流動資産, 負債, 資本については予測値と実際値との差がほとんどなかったが, 固定資産およびバランス勘定については大きな差異があった。主な理由は非経常的な記入（固定資産の売却等）があったことである。
   Allen B. Richards, *op.cit.,* pp.429-436.
22) 原田富士雄, 前掲論文, 110 頁。
23) 同上論文, 110-111 頁。
24) 越村信三郎「行列簿記の展開（4・完）――数式化の試み――」『産業経理』第 28 巻第 2 号, 1968 年 2 月, 119 頁。
25) 越村信三郎『マトリックス経営と未来会計――あなたの会社の命運がわかる――』ソーテック社, 1980 年。
26) 清水 浩「行列簿記における予測についての考察」『北海道産業短期大学紀要』第 8 号, 1974 年 12 月, 1-14 頁。
27) 同上論文, 14 頁。
28) 西 順一郎, 宇野 寛, 米津晋次はこれを「MQ 会計」と呼び, 宮崎栄一は「未来会計」と呼んでいる。
   西 順一郎, 宇野 寛, 米津晋次, 前掲書。
   宮崎栄一『未来決算書で会社は儲かる！』こう書房, 2012 年。
29) 高橋 賢「直接原価計算をめぐる最近の動向」『横浜国際社会科学研究』第 15 巻第 1・2 号, 2010 年 8 月, 1 頁。
30) 高橋 賢「全部原価計算の説明能力の再検討と直接原価計算の現代的意義」『商学論纂』（中央大学）第 55 巻第 4 号, 2014 年 3 月, 164 頁。
31) 西口清治「会計マトリックス表論序説」『関西学院商学研究』第 12 号, 1981 年 6 月, 60 頁。
32) Richard Mattessich, "Towards a General and Axiomatic Foundation of Accountancy: With an Introduction to the Matrix Formulation of Accounting System," *Journal of Accounting Research,* Vol.8, No.4, October 1957, p.332.
33) 河野正男「社会会計モデルと行列形式」『企業会計』第 24 巻第 6 号, 1972 年 6 月, 94 頁。

第4章
行列簿記表と経営分析

4-1 有価証券報告書の利用による行列簿記表の作成

4-1-1 行列簿記表作成の意図

　マテシッチによれば「経済学の起源は哲学にみいだされるが，会計学は，算数技術である簿記からおこったものである。やがて，両部門はともに，現代の現実主義的な科学時代に適応しようとつとめてきた[1]」とされる。経済学は，公理的な枠組みを作り上げ，統計的事実を重視し，営利的実務にまで手を伸ばそうと試みた。一方で会計学は，手続き，慣習，基準，定義，概念，原理を寄せ集めるだけでなく次第に企業の分析用具としての力をつけてきている。そこでマテシッチは「レオンチェフの産業連関論あるいは投入・産出分析にヒントをえて，古い将棋盤式簿記を近代的な行列形式に組みかえた[2]」のである。また「『行列』の概念は連立一次方程式の解法を容易にするために開発されたもの[3]」であり，手計算で処理する際に劇的な進歩をもたらした。その行列を利用しているうえ，表現方法はスプレッドシートの形式をとっているため，行列簿記は数学およびコンピュータと親和性が高い。

　行列簿記とは，簿記に行列の概念を転用しようとするものである。行列の概念を簿記に転用する場合，集合論の概念をもちいることが望ましい。マテシッチは自著において，巻末付録として，集合論と会計の公準化等にたいする膨大な記述をおこなっている[4]。マテシッチが会計に数学を融合させようと尽力したことは疑いようがない。

　これについてはコーコランも同様で，「集合論こそ基本的に簿記の本質ととらえることで簿記は行列になじむこととなる。なぜなら行列は集合論概念を具

体的なものにするからである[5]」とされる。換言すると，財務諸表を行列簿記で作成し数式で表現した場合，行もしくは列の集合をつぎのようにあらわすことができる。

$$V_1 + W_{1i} + W_{2i} + W_{3i} + W_{4i} + W_{5i} + W_{6i} + W_{7i} + W_{8i} + W_{9i} + \cdots + W_{ji} = Y_1$$

これを数学的にあらわすと，つぎのような式に置き換えることができるということである。

$$V_1 + \sum W_{ji} = Y_1$$

コーコランによれば「行列を碁盤状に (as a Grid) 配列された数の集合で，それを部分集合を含むというふうにみておきさえすれば，行列を簿記に応用することは簡単にできる[6]」のである。したがって，行列簿記は「線型計画法にも関係があるので，これはオペレーションズ・リサーチの研究，さらには経営コンサルティングの分野にも自然のかけ橋 (Natural Bridge) の役割を果たしてくれる[7]」ことが期待されるのである。

本書では，Ms-Excelをもちいて行列簿記表 (MBチャート：Matrix Bookkeeping Chart) を作成するが，さまざまな計算式を簡単に埋め込むことができ，また集計やグラフ作成も容易に作成することができる。行列簿記は今後，XBRL (eXtensible Business Reporting Language) や企業の意思決定などへの転用も十分に考えられる。本書の目的は，一般に公開されている有価証券報告書から行列簿記表の作成を試みることによって行列簿記の理解を深めるとともに，行列簿記表を企業分析や経営診断に活かそうというものである。

4-1-2 マツダの行列簿記表

一般に公開された有価証券報告書から行列簿記表を作成するうえで必要なことは，財務情報を仕訳形式にすることである。これは内部利用者である会計担当者が実施すれば容易なことであるが，外部の会計情報利用者が実施しようとすると容易ではない。

現在，企業会計の根幹を成している複式簿記は，企業内部の価値循環過程

を，貸借平均の理念に基づいて勘定科目と数値により表現しようとするものである。そこでは，ひとつの取引は借方および貸方の勘定および金額に仕訳され，各勘定の一期間の合計額および残高が，損益計算書および貸借対照表として提示される。取引が借方の勘定と貸方の勘定とに分解された後は，各勘定の発生の原因となった取引は姿を消して，結果としての各勘定の金額が相手勘定とは独立に存在することとなる。各勘定の金額は取引を原因として生じたものであるが，各勘定の残高あるいは合計から逆にその原因となった取引を導き出すことはできない[8]。

企業が最初から行列簿記表を作成するつもりで帳票管理をしていれば，当然のごとく行列簿記表を作成することは可能である。しかし「企業の秘密保持か公表かという問題が生じてくる。一般の資本提供者は，会計報告書を通じてのみしか企業の経営活動の内容を知ることができない[9]」とされる。

そこで外部利用者が作成をした場合の限界を知り，行列簿記および複式簿記システム構造理解の一助とするために，2013年度マツダの行列簿記表作成を試みる。その際にすべての勘定科目をもちいると紙面上問題が発生するので26項目に絞ることとする。また有価証券報告書では表示単位が百万円であるが，表示の関係から十億円とする。四捨五入の関係から生じた数値誤差を調整してあることも断っておく。

まず財務情報のうち 2012 年度末連結貸借対照表の数値を 2013 年度はじめの数値として行列簿記表に転記する。つぎに 2013 年度末期末貸借対照表の数値を転記する。最後に恒等式にのっとりながら数字を埋めていく。恒等式の一例をあげると以下のとおりである（単位は十億円）。

① **図表 3-3** でも説明したように，どの勘定科目をとっても列和と行和は等しい。
② 期首商品棚卸高 266 ＋ 原価算入減価償却費 A ＋ 当期商品仕入高 1,994 ＝ 期末商品棚卸高 324 ＋ 売上原価 B（$A \leq 58$：減価償却費総額）
③ 受取手形・売掛金期首残高 172 ＋ 受取融通手形 C ＋ 売上高 2,692 ＝ 受取手形・売掛金の現金回収 2,684 ＋ 裏書譲渡・為替手形振出 D ＋ 受取手形・売掛金期末残高 180

④ 支払手形・買掛金の期首残高 280 ＋ 仕入高 1,994 ＝ 支払手形・買掛金の現金支払い E ＋ 裏書譲渡・為替手形振出 D ＋ 支払手形・買掛金期末残高 332

①は**図表 3-4** において各セル内のデータを W_{ji},すなわち $W(j, i)$ とおくと,つぎの式が成立する。

$$W(1, 9) = W(10, 1) - \sum_{i=0}^{8} \sum W_{1i}$$

その結果,資産の次期繰越額である財貨の 85 が導出できる。

②は総勘定元帳の仕入勘定に決算時に集計し売上原価を求める手続きと同じである。

③は売上債権の収支である。

④は仕入債務の収支である。

結果として以下のようなチャートが完成する。

第 4 章 行列簿記表と経営分析 131

図表 4-1 2013年度マツダの行列簿記表

(単位：十億円)

行番号	列番号	0 期首残高	1 現金預金+	2 受取手形・売掛金+	3 商品+	4 その他流動資産+	5 固定資産+	6 その他投資等+	7 支払手形・買掛金−	8 その他流動負債−	9 固定負債−	10 資本金−	11 その他純資産−	12 未処分利益−	13 仕入+	14 販売・管理費+	15 営業外費用+	16 特別損失+	17 売上−	18 営業収入−	19 営業外収益−	20 特別利益−	21 売上総利益−	22 営業利益−	23 経常利益−	24 税引前利益−	25 当期利益−	26 利益金処分−	27 期末残高	28 合計
0	期首残高		301	172	266	288	805	146																						1,978
1	現金預金+					12		124	1,942	35																			328	3,078
2	受取手形・売掛金−	2,684					141																						180	2,864
3	商品−													266															324	590
4	その他流動資産−													0															300	300
5	固定資産−													57															889	946
6	その他投資等−												45															225	270
7	支払手形・買掛金+	280													1,994															2,274
8	その他流動負債+	479														36														515
9	固定負債+	706														45														785
10	資本金+	259																												259
11	その他純資産+	254								28																	136		418
12	未処分利益+																													0
13	仕入−					324																	1,993							2,317
14	販売・管理費−																						517							517
15	営業外費用−																					60								60
16	特別損失−																				19				45					45
17	売上+			2,692																										2,692
18	営業収入+		19																											0
19	営業外収益+		1																				182		141					19
20	特別利益+																													1
21	売上総利益+																						699							2,692
22	営業利益+																													699
23	経常利益+																					1								201
24	税引前利益+																											97		142
25	当期利益+																										136			136
26	利益金処分+		39																											136
27	期末残高									480	757	259	418																	2,246
28	合計	1,978	3,078	2,864	590	300	946	270	2,274	515	785	259	418	0	2,317	517	60	45	2,692	0	19	1	2,692	699	201	142	136	136	2,246	26,180

(出典) マツダの財務情報をもとに本書筆者作成。

4-1-3 行列簿記における推定仕訳

行列簿記表を作成するにあたって企業がおこなったであろう推定仕訳を列挙してみる。

① 取引の開始にあたり，商品の期首残高（棚卸高）266 を仕入勘定に振り替える。

　　　仕　　　入　　266　／　商　　　品　　266

② 当年度の商品総仕入高（輸入高を含む）は1,994である。仕入は荷受け，または発送の通知を受けると同時に，全額，買掛金として処理する。

　　　仕　　　入　　1,994　／　買　掛　金　　1,994

③ 年間の商品総売上高（輸出高を含む）は2,692である。売上は出荷と同時に，全額，売掛金として処理する。

　　　売　掛　金　　2,692　／　売　　　上　　2,692

④ 売掛金のうち45は銀行為替その他の方法で送金を受ける。

　　　現　金　預　金　　45　／　売　掛　金　　45

⑤ 仕入れた商品4が品違いだったため返品し，代金を受け取った。

　　　現　　　金　　4　／　仕　　　入　　4

⑥ 受取手形のうち，2,684は，満期日に，当社の預金に振り込まれる（期日落）か，あるいは満期日前に銀行で割引を受ける。

　　　現　金　預　金　　2,684　／　受　取　手　形　　2,684

⑦ 支払手形のうち，1,972はかねて支払場所に指定しておいた取引銀行から，満期日に当社の預金から差し引いて決済した旨，通知を受ける。

　　　支　払　手　形　　1,972　／　現　金　預　金　　1,972

⑧ 銀行から34を長期に借入れ，当社の現金に振り込む。

　　　現　金　預　金　　34　／　固　定　負　債　等　　34

⑨ 有価証券12を一時所有の目的で買入れ，代金を小切手で支払う。一時所有の有価証券は「その他流動資産」勘定で処理する。

　　　その他流動資産　　12　／　現　金　預　金　　12

⑩ その他の固定資産141を買入れ，代金を小切手で支払う。

　　　固　定　資　産　　141　／　現　金　預　金　　141

⑪　新投資と長期貸し付けにあてるため，代金124を小切手で支払う．
　　　　投　資　等　　　124　／　現　金　預　金　　　124
⑫　買掛金1,942に支払いをするため小切手を振り出す．
　　　　買　掛　金　　　1,942　／　現　金　預　金　　　1,942
⑬　短期借入金，未払税金，未払配当金など流動負債35の返済に小切手を振り出す．
　　　　その他流動負債　　　35　／　現　金　預　金　　　35
⑭　人件費385，旅費交通費51，計436の販売・管理費を現金および小切手で支払う．
　　　　販　売・管　理　費　　　436　／　現　金　預　金　　　436
⑮　給料その他の人件費から控除された源泉所得税や健康保険料などの預り金は36である．これらは販売・管理費のなかに計上する．
　　　　販　売・管　理　費　　　36　／　その他流動負債　　　36
⑯　借入金の利息，および手形割引料の支払高は60である．これらにたいする支払いは営業外費用として処理する．
　　　　営　業　外　費　用　　　60　／　現　金　預　金　　　60
⑰　転換による株式発行差金28をその他純資産に組み入れる．
　　　　固　定　負　債　等　　　28　／　その他純資産　　　28
⑱　固定資産の減価償却費として78を計上し，そのうち請負工事に関連した償却費57を商品の売上原価に算入する．売上原価に算入するには，その計算の基礎となる仕入原価に加算しなければならない．
　　　　仕　　　入　　　57　／　固　定　資　産　　　57
⑲　減価償却費のうち45は，本社・支店・出張所などの建物にかかわっているので，それを販売・管理費に配分する．
　　　　販　売・管　理　費　　　45　／　固　定　負　債　　　45
⑳　関係会社にたいする投資の整理損その他の特別損失は45である．
　　　　特　別　損　失　　　45　／　投　資　等　　　45

紙面の都合上省略するが，行列簿記表にのせるということは仕訳形式にする

ということである。よって行列簿記表上の数値はすべて仕訳形式で表現することができる。

　古典型が産業連関分析に親和的で分析に有用なのであるが，今回は困難が予想されるため，能率型をもちいて分析する。理由は越村信三郎も初期は能率型で分析していたことならびに財務諸表由来で視覚的に比較が容易であることによる。この表にあてはめる形で，マツダの実際の財務データを利用して行列簿記表の作成をしてみたい。このときに詳細なデータをもちいると混乱する恐れがあるので，まず資産，負債，純資産，収益，費用，損益をもちいて単純なチャートの作成を試みる。

4-1-4　キャッシュ・フロー計算書の利用

　行列簿記表の作成にキャッシュ・フロー計算書の利用を試みる。上記のように仕訳形式に変更しようとするが，容易ではないことから最初に分類をしてみる。

　損益計算書に記載されているものは貸借対照表には基本的に掲載されていない。しかしキャッシュ・フロー計算書に記載されているものは他の財務諸表に横断的に記載されているものがほとんどである。そして損益計算書または貸借対照表にすでに記載済みのものでもすべての金額が記載されているものと金額の一部分が記載されているものがあった。金額の一部分が記載されているものについては以下の分類において（一部）と記載した。

①　すでに損益計算書に掲載済みのもの

　キャッシュ・フロー計算書に記載されているもののうち，損益計算書に記載されているものについては，すでに行列簿記表作成資料として仕訳済みである。

　減損損失，関係会社事業損失引当金の増減額（関係会社事業損失引当金繰入額の一部として），受取利息および受取配当金，支払利息，持分法による投資損益，有形固定資産除売却損益（固定資産売却益，固定資産除売却損として）投資有価証券売却損益，関係会社株式売却損益，国庫補助金，利息および配当金の受取額（一部），利息の支払額（一部），法人税等の支払額または還付額（一部），投資有

価証券の売却による収入（一部），投資有価証券の売却および償還による収入（一部），有形固定資産の売却による収入（一部），国庫補助金による収入（一部），長期貸付金の回収による収入（一部），連結の範囲の変更をともなう子会社株式の売却による収入（一部），セール・アンド・リースバックによる収入（一部），配当金の支払額（一部），少数株主からの払込みによる収入（一部），少数株主への配当金の支払額（一部），現金および現金同等物にかかる換算差額（純額，一部）。

② すでに貸借対照表に掲載済みのもの

キャッシュ・フロー計算書に記載されているもののうち，貸借対照表に記載されているものについては，すでに行列簿記表作成資料として仕訳済みである。

有価証券の取得による支出（一部），投資有価証券の取得による支出（一部），投資有価証券の売却および償還による収入，無形固定資産の取得による支出（一部），長期貸付による支出（一部），長期借入れによる収入（一部），長期借入金の返済による支出（一部），社債の発行による収入（一部），社債の償還による収入（一部），セール・アンド・リースバックによる収入（一部），リース債務の返済による支出（一部），現金および現金同等物の期首残高（一部），現金および現金同等物の期末残高（一部）。

③ 増減額のみの記載

キャッシュ・フロー計算書に記載されているもののうち，以下のものは総額ではなく純額のみが表示されている。

貸倒引当金，投資損失引当金，製品保証引当金，退職給付引当金，退職給付にかかる負債，関係会社事業損失引当金，環境対策引当金，売上債権，たな卸資産，仕入債務，その他の流動負債，定期預金，短期貸付金，短期借入金，自己株式，連結の範囲の変更にともなう現金および現金同等物。

④ その他

減価償却費

上記のことからわかることは，つぎの諸点である。

- すでに掲載済みのものは仕訳をする必要がない。
- すでに掲載済みのもの（一部）は仕訳をすることができない。
- 増減額しか記されていないものは総額がわからないので仕訳に適していない。
- 減価償却費は損益計算書に表示されていない。製造原価報告書も存在しない。注記事項に2012年度末11,070億円と2013年度末10,800億円の「有形固定資産にたいする減価償却累計額」との記載があり、またマツダ会社概況2014に過去5年間の減価償却費（2013年度580億円）の記載があった。

4-2　マツダの経営分析

4-2-1　前年度との比較

マツダの資本金は258,957百万円、従業員数は21,278名（出向者を含む），連結会社合計40,892名，グローバル販売台数1,331千台，グローバル生産台数1,269千台，売上高26,922億円である。生産比率は国内76.4％にたいし，海外は23.6％である。一方で販売比率は国内が17.6％にたいし，北米が27.5％，欧州が15.2％，中国が14.4％と完全に輸出型である[10]。最近ではトヨタ自動車株式会社（以下トヨタ）と環境・安全技術で業務提携し，メキシコ工場でトヨタ車の委託生産もおこなっている（2014年3月現在）[11]。

マツダの2013年度行列簿記表と2012年度行列簿記表を作成し比較してみる。Ms-Excelで作成しているのでシート間減算によってチャートを作成する。その結果明らかになることはつぎの4点である（単位は十億円）。

① 前年度よりも仕入金額が322増加している。
② 前年度よりも売上金額が487増加している。
③ 前年度よりも販管費が95増加している。
④ 前年度よりも仕入債務回収金額が249増加している。

これらのことから広告宣伝を強化し，在庫および仕入債務を減らして売上を伸ばしたことが明らかになる。

確認のために年度別日経平均株価を調べてみると，**図表4-2**のようになる。

2012年度は10,395.18円であり，2013年度は16,291.31円である。このことからもかなりの好景気であったことが推測される。ちなみに内閣府は有識者で構成する景気動向指数研究会（座長・吉川 洋）を開き，景気の後退局面から拡大局面への転換点をあらわす景気の「谷」を2012年11月，景気の「山」を2012年5月と判定している[12]。山から谷が7ヶ月間と短いことは戦後2番目の短さだということだが，いずれにしてもこの5年間は多少の景気変動はあるにしても大筋で景気上昇局面であるということがわかる。

図表4-2 日経平均株価終値・年度別平均

年	2011	2012	2013	2014	2015
日経平均	8,455.35	10,395.18	16,291.31	17,450.77	19,033.71

（出典）日経平均プロフィル『日経平均株価の推移』，
http://indexes.nikkei.co.jp/nkave/archives/data，［2017年6月15日閲覧］。

138　第Ⅱ部　意思決定と経営分析

図表4-3　2013年度マツダ行列簿記表と2012年度マツダ行列簿記表のシート間減算

（単位：十億円）

行番号	列番号	0 期首残高	1 現金預金＋	2 受取手形・売掛金＋	3 商品＋	4 その他流動資産＋	5 固定資産＋	6 その他投資等＋	7 支払手形・買掛金－	8 その他流動負債－	9 固定負債－	10 資本金－	11 その他純資産－	12 未処分利益－	13 仕入＋	14 販売・管理費＋	15 営業外費用＋	16 特別損失＋	17 売上－	18 営業収入－	19 営業外収益－	20 特別利益－	21 売上総利益－	22 営業利益－	23 経常利益－	24 税引前利益－	25 当期利益－	26 利益金処分－	27 期末残高	28 合計
0	期首残高		73	6	50	−91	91	25																					63	
1	現金預金＋			485		12		91	249	35	−108																		27	619
2	受取手形・売掛金＋				108																								8	493
3	商品＋														50														58	108
4	その他流動資産－															−90													11	−79
5	固定資産＋															7													84	91
6	その他投資等－							58										37											79	116
7	支払手形・買掛金＋	36													265														301
8	その他流動負債＋	101														−61													−5	35
9	固定負債＋	−113							23							45														−34
10	資本金＋																												0	0
11	その他純資産＋	39																										102	164
12	未処分利益＋																												0	0
13	仕入－																						264						58	322
14	販売・管理費－																							95						95
15	営業外費用－																								21					21
16	特別損失－																									37				37
17	売上＋																												487	487
18	営業収入＋																			0										0
19	営業外収益＋	1																			1									1
20	特別利益＋	−13																				−13								−13
21	売上総利益＋																		487				223	128						487
22	営業利益＋																								108					223
23	経常利益＋																									58				129
24	税引前利益＋																										95			95
25	当期利益＋	39																										102		97
26	利益金処分＋																												102	102
27	期末残高																													267
28	合計	63	619	493	108	−79	91	116	301	35	−34	0	164	0	322	95	21	37	487	0	1	−13	487	223	129	95	97	102	267	4,227

（出典）本書筆者作成。

4-2-2 他企業との比較

つぎに 2013 年度マツダと 2013 年度富士重工業株式会社（以下富士重）[13] 行列簿記表を比較してみる。

富士重[14] の資本金は 153,795 百万円，従業員数は 13,034 名（役員，顧問，出向者を除く），連結会社合計 28,545 名，グローバル販売台数 825 千台，グローバル生産台数 813 千台，売上高 24,081 億円である。生産比率は国内 79.9% にたいし，海外は 20.1% である。一方で販売比率は国内が 22.0% にたいし，北米が 57.9%，欧州が 5.7%，中国が 5.4% と完全に輸出型である。米国工場でトヨタ車の委託生産もおこなっている。

マツダと富士重の両社は，海外輸出比率が高いこと，独自色を出したエンジンをもちいていること，トヨタと提携していることなど共通点は多い。資本金，従業員数，販売台数，生産台数などの会社規模はマツダの方が若干大きいながらも業界規模全体で考えると同程度といえる。2014 年のトヨタ，日産自動車（以下日産），ホンダ技研工業株式会社（以下ホンダ）3 社合計シェアが 71.8% でありそのつぎの 4 位，5 位に位置づけているのがこの 2 社である（4 位マツダ 5.1%，5 位富士重 3.8%）[15]。売上高もほぼ同程度の両者を行列簿記表によって比較してみる。比較方法は，マツダの行列簿記表から富士重の行列簿記表をシート間減算することによって作成したチャートによるものとする。その結果明らかになることはつぎの 5 点である。

① マツダの期首現金残高の方が富士重よりも 160 億円多かったが期末では 230 億円のマイナスとなっている。
② マツダは期首商品 1,020 億円，期末商品 1,640 億円と多くの在庫をかかえている。
③ マツダの売上債権回収高が富士重よりも 3,340 億円多い。
④ マツダの販管費が富士重よりも 1,710 億円多い。
⑤ マツダの売上総利益が富士重よりも 19 多いにもかかわらず，以下のものはすべて富士重よりもマツダの方が少ない（営業利益は 1,440 億円マイナス，経常利益は 1,730 億円マイナス，税引前利益は 2,310 億円マイナス，当期利益 700 億円マイナス）。

140　第Ⅱ部　意思決定と経営分析

図表 4-4　2013年度富士重の行列簿記表

（単位：十億円）

列番号	0 期首残高-	1 現金預金+	2 受取手形・売掛金+	3 商品+	4 その他流動資産+	5 固定資産+	6 その他投資等+	7 支払手形・買掛金-	8 その他流動負債-	9 固定負債-	10 資本金-	11 その他純資産-	12 未処分利益-	13 仕入+	14 販売・管理費+	15 営業外費用+	16 特別損失+	17 売上-	18 営業収入-	19 営業外収益-	20 特別利益-	21 売上総利益-	22 営業利益-	23 経常利益-	24 税引前利益-	25 当期利益-	26 利益金処分-	27 期末残高	28 合計
0 期首残高		285	124	164	371	458	176																						1,578
1 現金預金-						22										25												351	2,681
2 受取手形・売掛金-		2,350																										182	2,532
3 商品-														164														160	324
4 その他流動資産-															5													581	586
5 固定資産-															5													475	480
6 その他投資等-		2															35											139	176
7 支払手形・買掛金+	243													1,728														280	1,971
8 その他流動負債+	414														32													553	600
9 固定負債+	324														44													285	368
10 資本金+	154																											154	154
11 その他純資産+	443																											616	616
12 未処分利益+																											33		33
13 仕入+				160																		1,732							1,892
14 販売・管理費+																							354						354
15 営業外費用+																								25					25
16 特別損失+																									35				35
17 売上-			2,408																										2,408
18 営業収入-																													0
19 営業外収益-		13																											13
20 特別利益-																									49				49
21 売上総利益-																		2,408											2,408
22 営業利益-																						680							680
23 経常利益-																				13			326						339
24 税引前利益-																								314					363
25 当期利益-																									328				328
26 利益金処分-													33													206		173	206
27 期末残高																												1,888	1,888
28 合計	1,578	2,681	2,532	324	586	480	176	1,971	600	368	154	616	33	1,892	354	25	35	2,408	0	13	49	2,408	680	339	363	328	206	1,888	23,087

（出典）本書筆者作成。

第 4 章　行列簿記表と経営分析　141

図表 4-5　2013 年度マツダー 2013 年度富士重の行列簿記表（シート間減算）

(単位：十億円)

行番号	列番号	0 期首残高	1 現金預金+	2 受取手形・売掛金+	3 商品+	4 その他流動資産+	5 固定資産+	6 その他投資等+	7 支払手形・買掛金−	8 その他流動負債−	9 固定負債−	10 資本金−	11 その他純資産−	12 未処分利益−	13 仕入+	14 販売・管理費+	15 営業外費用+	16 特別損失+	17 売上−	18 営業収入−	19 営業外収益−	20 特別利益−	21 売上総利益+	22 営業利益+	23 経常利益+	24 税引前利益+	25 当期利益+	26 利益金処分−	27 期末残高	28 合計
0	期首残高		16	48	102	−83	347	−30																					400	400
1	現金預金+			334		−203	119	124	251	−12	−32						35												−23	397
2	受取手形・売掛金−															171													−2	332
3	商品+													102															164	266
4	その他流動資産−															−5													−281	−286
5	固定資産−		−2											57		−5													414	466
6	その他投資等−																10												86	94
7	支払手形・買掛金−	37												266															303	
8	その他流動負債+	65								−29					1													−85	
9	固定負債−	382													1													417	
10	資本金−	105																										105	
11	その他純資産+	−189							28																			−37	−198
12	未処分利益+																										−122	−33	
13	仕入−		−4		164				265																				425
14	販売・管理費+																							163					163
15	営業外費用+																								35				35
16	特別損失−																									10			10
17	売上−			284																284									284
18	営業収入−																												0
19	営業外収益+		6																		6								6
20	特別利益+		−26								−22																		−48
21	売上総利益+																							19				284	284
22	営業利益+																							−144				19	
23	経常利益+																								−173			−138	
24	税引前利益+		39																							−231			−221	
25	当期利益+																										−70		−192	
26	利益金処分+																											−70	−70	
27	期末残高	400	397	332	266	−286	466	94	303	−85	417	105	−198	−33	425	163	35	10	284	0	6	−48	284	19	−138	−221	−192	−70	358	3,093
28	合　計																													

(出典) 本書筆者作成。

142　第Ⅱ部　意思決定と経営分析

これらのことからマツダよりも富士重の方がコンパクトに効率のよい経営をしていることがわかる。

4-2-3　財務分析への適用

行列簿記表は数学およびコンピュータと親和性が高いことから財務分析も容

図表 4-6　富士重・財務分析診断シート

								当期
■収益率								
売上利益率	=	当期純利益	÷	売上高				8.6%
ROA	=	当期純利益	÷	総資産				8.9%
ROE	=	当期純利益	÷	自己資本				17.0%
財務レバレッジ	=	総資本	÷	自己資本				191.6%
■安全性								
流動比率	=	流動資産	÷	流動負債				152.9%
当座比率	=	当座資産	÷	流動負債				92.0%
固定比率	=	固定資産	÷	自己資本				87.2%
固定長期適合率	=	固定資産	÷	（ 自己資本	+	固定負債	）	70.7%
自己資本比率	=	自己資本	÷	総資本				52.2%
								103.0%
■回転率・回転期間								
資産回転率	=	売上高	÷	総資産				103.0%
売掛金回転率	=	売上高	÷	売掛金				13.2回
たな卸資産回転率	=	売上原価	÷	たな卸資産				7.1回
買掛金回転率	=	売上原価	÷	買掛金				5.0回
売掛金回転期間	=	売掛金	÷	（ 売上高	÷	365	）	27.6日
たな卸資産回転期間	=	たな卸資産	÷	（ 売上原価	÷	365	）	51.5日
買掛金回転期間	=	たな卸資産	÷	（ 売上原価	÷	365	）	73.5日
■利益率								
売上総利益率	=	売上総利益	÷	売上高				28.2%
営業利益率	=	営業利益	÷	売上高				13.6%
経常利益率	=	経常利益	÷	売上高				13.1%
■損益分岐点分析								
変動費率	=	変動費	÷	売上高				71.8%
固定費	=	販管費	±	営業外損益				365.0%
損益分岐点売上高	=	固定費	÷	（ 1－変動費率			）	1,293

（出典）本書筆者作成。

易におこなうことができる。行列簿記表の作成に Ms-Excel 等を利用すれば，財務分析表も瞬時に作成することが可能である。

ちなみに 2014 年の売上高営業利益率を列挙してみると，トヨタ (8.9%)，日産 (4.75%)，ホンダ (6.3%)，スズキ (6.4%)，マツダ (6.8%)，富士重 (13.6%) である[16]。富士重の突出ぶりが目立つ。これがコンパクトな経営の証左であるともいえる。

4-3 リチャーズと藤田芳夫による研究の分析

4-3-1 リチャーズの実証研究

作成した行列簿記表をもちいて，予測の安定性について考察してみたい。リチャーズ (Allen B. Richards) が 1951 年から 1957 年までのスウィフト社のデータを産業連関表にあてはめた実証研究がある。スウィフト社の財務データの勘定科目を 5 つの項目に分類し経年比較した結果，流動資産その他の非固定資産および負債・純資産の実際値と予測値に規則性がみられたため産業連関表から行列簿記への転用は有効であると結論づけたものである。

図表 4-7 1955 年度スウィフト社・会計システムの投入産出モデル

(単位千ドルの実取引データ)

		1.0	2.0	3.0	4.0	5.0	6.0
		流動資産その他の非固定資産	固定資産純額	負債・純資産	残高 (Balance)	損益 (Operations)	借方合計
1.0	流動資産その他の非固定資産	(X_{11}) 2,400,478	(X_{12}) 3,268	(X_{13}) 1,718,061	(X_{14}) 417	(Y_1) 2,408,596	(X_1) 6,530,820
2.0	固定資産純額	(X_{21}) 36,900	(X_{22}) 9,687	(X_{23}) 993	(X_{24}) 10,645	(Y_2) 1,981	(X_2) 60,206
3.0	負債・純資産	(X_{31}) 1,832,254	(X_{32}) 0	(X_{33}) 14,814	(X_{34}) 49,160	(Y_3) 0	(X_3) 1,896,228
4.0	残高 (Balance)	(X_{41}) 31,097	(X_{42}) 27,491	(X_{43}) 1,632	(X_{44}) 0	(Y_4) 2	(X_4) 60,222
5.0	損益 (Operations)	2,230,091	19,760	160,728			2,410,579
6.0	貸方合計	6,530,820	60,206	1,896,228	60,222	2,410,579	

(出典) Allen B. Richards, "Input-Output Accounting for Business," *The Accounting Review*, Vol.35, No.3, July 1960, p.432, Table 1.

この実証研究は，マテシッチが産業連関表を援用して行列簿記を作成したことにたいする正当性への補強資料としてもちいられることが多い。そのため少し説明したい。

勘定科目は分析のために5つに絞ってあるが，実取引データと前述の借方係数をもちいた計算によって求めた予測値との比較をおこなっている。

簡単に勘定科目の説明をすると以下のようになる。

① 流動資産その他の非固定資産：②を除く資産総額。
② 固定資産純額（Net Fixed Assets）：固定資産のうち有形固定資産。
③ 負債・純資産（Equities）：貸借対照表貸方総額。
④ 残高（Balance）：取引から生じるものではなく，貸借対照表借方項目の前年度との比較によって生じる。すべての勘定科目の合計が残高勘定に表示される。
⑤ 損益（Operations）：損益計算書項目に関するものすべてを含む。

リチャーズによれば「『残高勘定（Balance Account）』とは諸勘定の残高にたいする借方記入または貸方記入を意味する擬制的勘定（Fictitious Account）である。たとえば，ある年度から翌年度にわたる流動資産残高の増加は『残高勘定』への借方記入と流動資産および非固定資産勘定への貸方記入によって示される。その結果，すべての勘定残高がその勘定から擬制的な『残高勘定』に振り替えられる[17]」とされる。リチャーズが「残高勘定」をもちいているということは，産業連関表（行列簿記）を作成するにあたって英米式決算法ではなく大陸式決算法を採用しているということである[18]。なぜなら，大陸式決算法とは費用，収益の諸勘定残高を「損益（Operations）」勘定に集め，資産，負債，純資産の「残高」という集合勘定に集めて一致したことを確認して各勘定を締め切る決算方法だからである[19]。

図表4-7を実際値および予測値によって7年間にわたり順次作成しグラフ化したものが**図表4-8**，**図表4-9**である。

第 4 章　行列簿記表と経営分析　145

図表 4-8　1951-1957 年度スウィフト社の流動資産その他の非固定資産および負債・純資産の実際値と予測値との比較

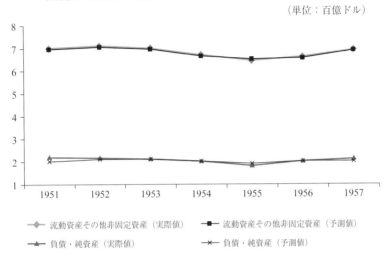

（出典）Allen B. Richards, "Input-Output Accounting for Business," *The Accounting Review,* Vol.35, No.3, July 1960, p.434, Figure 1.

図表 4-9　1951-1957 年度スウィフト社の固定資産純額および残高勘定の実際値と予測値との比較

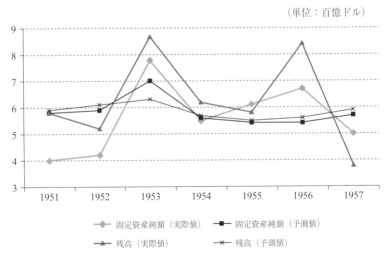

（出典）Allen B. Richards, "Input-Output Accounting for Business," *The Accounting Review,* Vol.35, No.3 July 1960, p.435, Figure 2.

固定資産および残高勘定については大きな差異があったことがわかる。その理由を非経常的な記入（前年度の取引に修正があったこと，資産の廃却がまちまちであったこと等）としている[20]。そしてリチャーズは，投入産出分析は有用であり経年比較も可能であると結論づけている。

4-3-2　藤田芳夫による検証

このリチャーズの実証研究にたいして藤田芳夫はふたつの問題点を提起している。ひとつめは5つの計算範疇の具体的集計方法が判明しないことであり，ふたつめは5つの勘定を使用しているが，多数の勘定をわずか5つの勘定に集約することによって，技術係数の内容の理解が困難になることである。そしてひとつめの問題のうち残高勘定が特に問題であるとしている[21]。そして，**図表4-10**を例に出し「期中におけるある勘定の残高の増加は $(b-a)$ であるが，この $(b-a)$ を4行1列のマス目に加えることは**図表4-7**(1955年度スウィフト社会計システムの投入産出モデル)全体を投入産出分析に適したものにするわけではない[22]」と論じた。そして「投入産出分析においては彼（本書筆者注：リチャーズ）のいう相互依存係数行列 $(I-A)^{-1}$ にたいして比例的関係にあるものだけが扱われなければならない[23]」と理由づけた。したがって投入産出分析を応用するためには**図表4-10**の $(b-a)$ をもちいるのではなく，外生変数列（リチャーズの場合は損益列）について比例関係にあるものだけによって計算の基礎になる投入産出表を作らなければならないとした。

図表4-10　流動資産勘定

前期繰越	a	今期の減少	
今期の増加		（今期のフロー・アウト）	B
（今期のフロー・イン）	A	次期繰越	b
	××		××
期末残高の増加	$(b-a)=A-B$		

（出典）藤田芳夫「行列簿記とその展開（1）――行列簿記と投入産出分析・線型計画法の結合――」『會計』第106巻第3号，1974年9月，71頁，表2。

ファラグ (Shawki M. Farag) は未実現利益が混入しているという問題を指摘し，3つの事業部制をとっている企業と仮定したうえでこの問題を解決しようと試みた。

図表 4-11　19××－19××における年間部門別生産計画

投入 産出	製造部門			売上および在庫			算出合計
	Ⅰ	Ⅱ	Ⅲ	売上	在庫	合計	
Ⅰ	0.00	44.38	98.47	200	100	300	442.84
Ⅱ	22.14	0	147.7	170	30	200	369.83
Ⅲ	55.36	36.98	0	300	100	400	492.35
原材料	155.00	73.97	49.24				
労務費	110.70	81.36	98.47				
間接費	44.28	59.17	24.62				
利益	55.36	73.97	73.85				
投入合計	442.84	369.83	492.35				

(出典) Shawki M. Farag, "A Planning Model for the Divisionalized Enterprise," *The Accounting Review,* Vol. 43, No. 2, April 1968, p. 318.

井尻雄士 (Yuji Ijiri) もまた投入産出分析における原価計算に関する諸問題を論じるなかで，リチャーズの実証研究も他のものと同様に固定費があいまいに論じられていると批判した[24]。

藤田芳夫は投入産出分析技法および線型計画法と行列簿記を結合させることによって経営計画にもちいようとした。そしてそのために若干の修正を施す必要があると指摘した。ひとつめに前期繰越高をいれる行および列を第1表の行列から削除すること。ふたつめに勘定連関に際し無関係である非 I/O 取引（たとえば資本金に直接関係する資本的財務取引など）を削除すること。3つめに決算中心主義の勘定分類と仕訳から，I/O 的機能中心主義の勘定分類と仕訳に転換すること。4つめに諸勘定科目を内生勘定と外生勘定に分類すること，の4点である。越村信三郎が将来予測のためのキー項目として前期繰越および次期繰越をもちいていることとは対照的である。

そして藤田芳夫はマテシッチの取引例をもとに説明を試みた。まず配置順を

財務諸表の並び順にあわせ，損益列と閉鎖残高列を入れ替えたものが**図表4-12**である。

図表4-12 並び順を変え，損益列と閉鎖残高列を入れ替えた決算勘定行列

		1 現 金	2 貸付金	3 資本金	4 受取利息	5 営業費	6 閉鎖残高	7 損 益	8 貸方合計
1	現 金		400			10	440		850
2	貸付金	350					90		440
3	資本金	500						30	530
4	受取利息		40						40
5	営業費							10	10
6	閉鎖残高			530					530
7	損 益				40				40
8	貸方合計	850	440	530	40	10	530	40	

(出典）藤田芳夫「行列簿記とその展開（1）──行列簿記と投入産出分析・線型計画法の結合──」『會計』第106巻第3号，1974年9月，73頁，表4を引用。
Richard Mattessich,"Towards a General and Axiomatic Foundation of Accountancy: With an Introduction to the Matrix Formulation of Accounting Systems," *Journal of Accounting Research,* Vol.8, No.4, October 1957, p.333, Table1.

藤田芳夫によれば「損益勘定または閉鎖残高勘定のいずれかを外生変数として採用してもよいが両者を同時に外生変数とすることは一般的には正しくない。なぜなら複式簿記は財産計算と損益計算のふたつを同時におこなうからであり，そのいずれか一方をおこなえば，他方は自動的に決定され，両者は独立ではないからである[25]」とされる。そこで損益勘定を外生変数として採用する必要がある。それが**図表4-13**である。

図表 4-13 前期繰越高を区別した決算勘定行列

		1	2	3	4	5	6	7	8	9
		開始残高	現　金	貸付金	資本金	受取利息	営業費	閉鎖残高	損益	貸方合計
1	開始残高		500							
2	現　金			400			10	440		850
3	貸付金		350					90		440
4	資本金	500							30	530
5	受取利息			40						40
6	営業費								10	10
7	閉鎖残高				530					530
8	損　益					40				40
9	貸方合計	500	850	440	530	40	10	530	40	

（出典）藤田芳夫「行列簿記とその展開（1）――行列簿記と投入産出分析・線型計画法の結合――」『會計』第 106 巻第 3 号，1974 年 9 月，75 頁，表 5 を引用。

そして投入産出分析の対象は今期取引のうち外生変数にたいして比例的な部分だけであるため，前期繰越高により影響される可能性のあるものを排除し，外生変数に比例的なフローだけを独立させて貸方合計を求めるものとした[26]。それが以下の図表である。

図表 4-14 フロー勘定行列

		2	3	4	5	6	7	8	9
		現　金	貸付金	資本金	受取利息	営業費	閉鎖残高 (DELTA)	損　益	貸方合計
2	現　金		400			10	－ 60		350
3	貸付金	350					90		440
4	資本金							30	30
5	受取利息		40						40
6	営業費							10	10
7	閉鎖残高 (DELTA)			30					30
8	損　益				40				40
9	貸方合計	350	440	30	40	10	30	40	

（出典）藤田芳夫「行列簿記とその展開（1）――行列簿記と投入産出分析・線型計画法の結合――」『會計』第 106 巻第 3 号，1974 年 9 月，75 頁，表 6 を引用。

150　第Ⅱ部　意思決定と経営分析

　この図表で注意する点は，藤田芳夫によれば「閉鎖残高行と列，損益行と列の意味がこれまでの決算勘定行列とは異なっている点である。決算残高行と列はフロー勘定行列にあらわれる取引が閉鎖残高勘定におよぼす純結果であり，DELTA 行，DELTA 列と名づける方が適切であろう[27]」とされる。

4-4　リチャーズと藤田芳夫による研究成果の分析検証

4-4-1　藤田芳夫分析の検証

　前節による作業によって投入係数行列を作成するための前提ができた。換言すると藤田芳夫によればこれだけの作業がリチャーズの分析では不備であったということである。しかし藤田芳夫はマテシッチの設例をもとにして検証したが，毎期現金が減少し続ける結果になるなどそもそもマテシッチの設例がこの説明に適していなかった点は否めない。

　そこでマツダの実際のデータにもとづいてリチャーズと同様の手法で検証してみる。まず 2014 年度マツダの行列簿記表を有価証券報告書にもとづいて作成する。

第 4 章 行列簿記表と経営分析 151

図表 4-15 2014 年度マツダの行列簿記表

(単位:十億円)

列番号	0 期首残高	1 現金預金 +	2 受取手形・売掛金 +	3 商品 +	4 その他流動資産 +	5 固定資産 +	6 その他投資等 +	7 支払手形・買掛金 -	8 その他流動負債 -	9 固定負債 -	10 資本金 -	11 その他純資産 -	12 未処分利益 -	13 仕入 +	14 販売・管理費 +	15 営業外費用 +	16 特別損失 +	17 売上 -	18 営業収入 -	19 営業外収益 -	20 特別利益 -	21 売上総利益 -	22 営業利益 -	23 経常利益 -	24 税引前利益 -	25 当期利益 -	26 利益金処分 -	27 期末残高	28 合計
行番号																													
0 期首残高		328	180	324	300	889	225																						2,246
1 現金預金 -					36																							378	766
2 受取手形・売掛金 -							3			110																		215	245
3 商品 -														324														380	704
4 その他流動資産 -						136																						342	342
5 固定資産 -		42																										972	972
6 その他投資等 -																												187	229
7 支払手形・買掛金 +	332													2,344															2,676
8 その他流動負債 +	480																												480
9 固定負債 +	757	53																											810
10 資本金 +	259																												259
11 その他純資産 +	418																												418
12 未処分利益 +																										0			0
13 仕入 -				380																		2,248							2,628
14 販売・管理費 -																						583							583
15 営業外費用 -		40												1									18						19
16 特別損失 -																								10					50
17 売上 +		3,034																											3,034
18 営業収入 +		26																											26
19 営業外収益 +		6							23																				29
20 特別利益 +																													3,034
21 売上総利益 +																		3,034					203						786
22 営業利益 +																				28		786		213					231
23 経常利益 +																					6			254	209				219
24 税引前利益 +																										219			260
25 当期利益 +																										0	0		0
26 利益金処分 +				3					48																			2,474	2,473
27 期末残高	2,246	455	3,254	704	339	1,025	228	379	525	678	259	632	0	2,669	69	8	3	3,064	0	28	6	3,034	786	254	219	0	0	2,474	23,519
28 合計								379	573	811	259	632	0																

(出典) 本書筆者作成。

つぎに，リチャーズにならって勘定科目を再編成し，2014年度投入産出モデルを作成することにする。まず上記行列簿記表より各項目を集計し，リチャーズの示した図表へ転記すると以下のようになる。

図表4-16　2014年度マツダの投入産出モデル

(単位：十億円)

		1	2	3	4	5	6
		流動資産，その他の非固定資産	固定資産純額	負債・純資産	残　高（Balance）	損　益（Operations）	借方合計
1	流動資産，その他の非固定資産	1,357	136	2,496		2,663	6,652
2	固定資産純額	0	889			53	942
3	負債・純資産	2,299		2,291		22	4,612
4	残　高（Balance）						0
5	損　益（Operations）	3,034		583			3,617
6	貸方合計	6,690	1,025	5,370	0	2,738	

（出典）本書筆者作成。

つぎに残高勘定への数値を求めるためにMs-Excelのソルバー機能をもちいてみる。なお上記図表をMs-Excelのシート上でA2:H9のセル範囲で作成しており，損益行と損益列の合計値の差額をセルF10に求める式を入れている。テーブル内の残高行と残高列内数値を求めるためのパラメータ設定は以下のとおりである。

目的セル：$F$10，目標値（値）0
変化させるセル：$F$4:$F$6,$C$7:$G$7,$F$8
制約条件：$C$9=$H$4,$D$9=$H$5,$E$9=$H$6,$F$9=$H$7,$G$9=$H$8

ソルバー機能によって求められた解は図表4-17のようになる。

第 4 章　行列簿記表と経営分析　153

図表 4-17　2014 年度マツダの投入産出モデル A

(単位：十億円)

		1	2	3	4	5	6
		流動資産, その他の非固定資産	固定資産純額	負債・純資産	残　高 (Balance)	損　益 (Operations)	借方合計
1	流動資産, その他の非固定資産	1,357	136	2,496	− 85	2,663	6,567
2	固定資産純額	0	889		− 40	53	902
3	負債・純資産	2,299		2,291	512	22	5,124
4	残　高 (Balance)	− 123	− 123	− 246	− 49	60	− 481
5	損　益 (Operations)	3,034		583	− 819		2,798
6	貸方合計	6,567	902	5,124	− 481	2,798	

(出典) 本書筆者作成。

　それぞれの行和と列和が一致しているため，間違いとはいい切れないが常識的に考えてマイナスの数値が多すぎる。これは連立方程式を解くためには前提条件が少なすぎる結果であると推察される。そこで次善策として制約条件にすべての残高が非負であることを追加してみる。

$C$7:$G$7>=0,$F$4:$F$8>=0

　その結果が以下の表である。

図表 4-18　2014 年度マツダの投入産出モデル B

(単位：十億円)

		1	2	3	4	5	6
		流動資産, その他の非固定資産	固定資産純額	負債・純資産	残　高 (Balance)	損　益 (Operations)	借方合計
1	流動資産, その他の非固定資産	1,357	136	2,496	38	2,663	6,690
2	固定資産純額	0	889		83	53	1,025
3	負債・純資産	2,299		2,291	758	22	5,370
4	残　高 (Balance)					879	879
5	損　益 (Operations)	3,034		583			3,617
6	貸方合計	6,690	1,025	5,370	879	3,617	

(出典) 本書筆者作成。

この期のマツダは好調であったため，残高にマイナスがでることは考えにくい。しかしそれは有価証券報告書を読んだ結果いえることであって投入産出モデルにおいて残高が非負になるということは確約できるものではないことはいうまでもない。「流動資産，その他の非固定資産」だけを非負にするなど，残高の非負の範囲をさまざまに設定し直して計算してみるのだがそのすべての結果が違っている。

リニア・プログラミングは解を求めるためにつぎのような多くの過程を必要としている[28]。

① 有限性の仮定

取り扱われる生産過程，生産要素の数が有限であること。また，生産過程（製品種類）もふたつ以上であること。

② 線型の仮定

各生産過程において，投入財と産出財との間に正比例的関係があること。

③ 独立性の仮定

各生産要素相互間は独立であって，すべての生産過程の大きさは他の生産過程の大きさに影響されないこと。

④ 生産過程の加法性の仮定

ふたつ以上の生産過程が同時にはたらかされる場合も，それぞれが独立に稼働される場合も，投入される生産要素の量の総和が等しいということ。

⑤ 経済安定性の仮定

取り扱われる投入財，産出財の価格を一定期間不動とすること。

これらの仮定と実施の数値があまりにかけ離れている場合には求められた解がそのまま利用できないことは周知のとおりである。要するにあまりにも制約条件が雑駁過ぎて，解たる結果が莫大に存在するのである。これではリチャーズのいうような結果が求められないことは明らかであり，今回の検証がまさにそのとおりであることは明白である。

しかし，この検証にいては残高が非負であるという仮定のもとで検証を続けることにする。リチャーズの分析では5年分の推移をみていたため，マツダの

行列簿記表を 2010 年度から 2014 年度までの同様のものを 5 年分作成する。つぎに有価証券報告書にもとづいて作成した 2010 年度行列簿記表から 2011 年度行列簿記表（予測）を作成し (**図表4-19**)，同様のものを計 4 年分作成する。

図表4-19 2011年度マツダの行列簿記表（予測）

（単位：十億円）

行番号	列番号	0 期首残高	1 現金預金 +	2 受取手形・売掛金 +	3 商品 +	4 その他流動資産 +	5 固定資産 +	6 その他投資等 +	7 支払手形・買掛金 −	8 その他流動負債 −	9 固定負債 −	10 資本金 −	11 その他純資産 −	12 未処分利益 −	13 仕入 +	14 販売・管理費 +	15 営業外費用 +	16 特別損失 +	17 売上 −	18 営業収入 −	19 営業外収益 −	20 特別利益 −	21 売上総利益 −	22 営業利益 −	23 経常利益 −	24 税引前利益 −	25 当期利益 −	26 利益金処分 −	27 期末残高	28 合計
0	期首残高 +		170	155	197	299	806	145																						1,772
1	現金預金 −	1,499																											121	1,785
2	受取手形・売掛金 −					77			1,233																				111	1,610
3	商品 −														135														141	276
4	その他流動資産 −															42													214	255
5	固定資産 −																												576	576
6	その他投資等 −													15															104	118
7	支払手形・買掛金 +	208													1,193															1,401
8	その他流動負債 +	434																								49				522
9	固定負債 +	699																												699
10	資本金 +	187																												187
11	その他純資産 +	244																												244
12	未処分利益 +																												69	69
13	仕入 −				126																		1,193							1,328
14	販売・管理費 −																							231						231
15	営業外費用 −																								12					12
16	特別損失 −																									15				15
17	売上 +		1,489																											1,489
18	営業収入 +																													0
19	営業外収益 +		20																											20
20	特別利益 +		1																											1
21	売上総利益 +																							296						1,489
22	営業利益 +																								24					296
23	経常利益 +																									10				35
24	税引前利益 +																										25			25
25	当期利益 +																												−38	10
26	利益金処分 +																												0	0
27	期末残高 −																												1,266	1,426
28	合計	1,772	1,769	1,644	323	376	806	145	1,435	416	548	187	234	69	1,328	231	12	15	1,489	0	20	1	1,489	296	35	25	10	0	1,266	15,939

（出典）本書筆者作成。

これらをもとに作成したのが**図表 4-20**，**図表 4-21** である。

図表 4-20　2011-2014 年度マツダの固定資産純額および残高勘定の実際値と予測値との比較

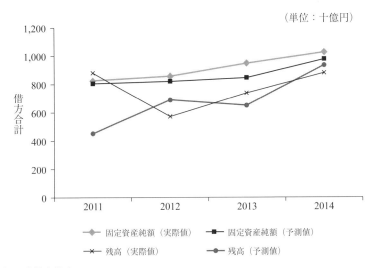

(出典) 本書筆者作成。

図表 4-21　2011-2014 年度マツダの流動資産その他の非固定資産および負債・純資産の実際値と予測値との比較

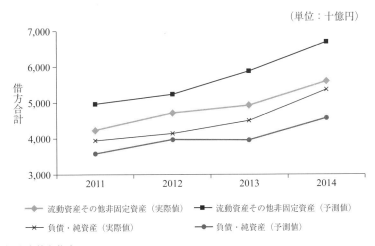

(出典) 本書筆者作成。

4-4-2 リチャーズ分析の評価

マツダのグラフを分析すると，実際値と予測値のあいだにある程度の相関関係があるといえるが，一致しているとはいいがたい。リチャーズのこの実証研究の結果を引用している論文は散見され，流動資産その他の非固定資産，負債，純資産については計算値と実際値との差がほとんどなかったが，固定資産純額および残高（Balance）勘定については大きな差異があったと結論づけられている。

すでに藤田芳夫，ファラグ，井尻雄士などによって指摘されているが，リチャーズの研究にたいする問題点を本書筆者なりに指摘したい。

① なぜ貸借対照表項目をこの勘定科目に分類したのか。
② なぜ損益計算書項目は網羅されていないのか。
③ なぜ予測値を計算するための係数を平均値としているのか

①については固定資産純額（Net Fixed Assets）とそれ以外の資産項目に分類されていることにリチャーズの恣意の入り込む蓋然性がある。その分類方法がスウィフト社のデータにおいて都合がよかったのではないであろうか。また，負債・純資産項目（Equities）は，企業規模が一定している場合変化がないのが当然であろう。

②については，損益（Operations）勘定のみである。景気変動によって比較が困難になることを恐れたせいではないのか。また**図表 4-7**（リチャーズ Table1）には記載されているが，比較グラフおよび結果講評ではまったく論じられていないことも奇異である。

③については，予測値を計算するための係数を「1953 年，1955 年，1957 年の単純な平均[29]」によって求められた数値をもちいている。自らが 1 年では不安であるといっている証左ではないのか。またこの 3 年を選別したことにもリチャーズの恣意の入り込む蓋然性がある。

これらの問題点はあるものの，過去の記録でしかなかった財務諸表を未来への指針としようとした功績は評価に値する。

4-4-3　マツダへの適用可能性

　具体的にマツダで考察してみる。2012年度のマツダの行列簿記表を越村式行列簿記に準じて作成し，そこから投入係数を導き出すと**図表 4-22**のようになる。

160　第Ⅱ部　意思決定と経営分析

図表4-22　2012年度マツダの借方投入係数

行番号	列番号	0 期首残高	1 現金預金+	2 受取手形・売掛金+	3 商品+	4 その他流動資産+	5 固定資産+	6 その他投資等+	7 支払手形・買掛金−	8 その他流動負債−	9 固定負債−	10 資本金−	11 その他純資産−	12 未処分利益−
0	期首残高		0.0927	0.0675	0.0878	0.1541	0.3274	0.0492						
1	現金預金−						0.0203	0.0134	0.6885		0.0439			
2	受取手形・売掛金−		0.8943											
3	商品−													
4	その他流動資産−													
5	固定資産−													
6	その他投資等−													
7	支払手形・買掛金+	0.0992												
8	その他流動負債+	0.1537												
9	固定負債+	0.3331												
10	資本金+	0.1053												
11	その他純資産+	0.0874									0.0020			
12	未処分利益+													
13	仕入−				0.1082									
14	販売・管理費−													
15	営業外費用−													
16	特別損失−													
17	売上+			0.8967										
18	営業収入+													
19	営業外収益+		0.0073											
20	特別利益+		0.0057											
21	売上総利益+													
22	営業利益+													
23	経常利益+													
24	税引前利益+													
25	当期利益+													
26	利益金処分+													
27	期末残高								0.1139	0.1952	0.2871	0.1053	0.1033	
28	合　計													

（出典）本書筆者作成。

第4章　行列簿記表と経営分析

	13 仕入＋	14 販売・管理費＋	15 営業外費用＋	16 特別損失＋	17 売上−	18 営業収入−	19 営業外収益−	20 特別利益−	21 売上総利益−	22 営業利益−	23 経常利益−	24 税引前利益−	25 当期利益−	26 利益金処分−	27 期末残高	28 合計
		0.0956	0.0159												0.1224	
															0.0699	
	0.0878														0.1082	
		0.0366													0.1175	
	0.0203														0.3274	
				0.0033											0.0594	
	0.7031															
		0.0394												0.0020		
														0.0138		
							0.7031									
									0.1716							
										0.0159						
											0.0033					
					0.8967											
								0.1936								
						0.0073		0.0220								
							0.0057			0.0134						
											0.0159					
														0.0138		

図表 4-23　2012 年度マツダの借方係数行列

(借方係数行列) a =

```
⎡ 0.0927  0.0675  0.0878  0.1541  0.3274  0.0492  0.0000  0.0000  0.0000  0.0000  0.0000  0.0000 ⎤
⎢ 0.0000  0.0000  0.0000  0.0000  0.0203  0.0134  0.6885  0.0000  0.0439  0.0000  0.0000  0.0000 ⎥
⎢ 0.8943  0.0000  0.0000  0.0000  0.0000  0.0000  0.0000  0.0000  0.0000  0.0000  0.0000  0.0000 ⎥
⎢ 0.0000  0.0000  0.0000  0.0000  0.0000  0.0000  0.0000  0.0000  0.0000  0.0000  0.0000  0.0000 ⎥
⎢ 0.0000  0.0000  0.0000  0.0000  0.0000  0.0000  0.0000  0.0000  0.0000  0.0000  0.0000  0.0000 ⎥
⎢ 0.0000  0.0000  0.0000  0.0000  0.0000  0.0000  0.0000  0.0000  0.0000  0.0000  0.0000  0.0000 ⎥
⎢ 0.0000  0.0000  0.0000  0.0000  0.0000  0.0000  0.0000  0.0000  0.0000  0.0000  0.0000  0.0000 ⎥
⎢ 0.0000  0.0000  0.0000  0.0000  0.0000  0.0000  0.0000  0.0000  0.0000  0.0000  0.0000  0.0000 ⎥
⎢ 0.0000  0.0000  0.0000  0.0000  0.0000  0.0000  0.0000  0.0000  0.0000  0.0000  0.0000  0.0000 ⎥
⎢ 0.0000  0.0000  0.0000  0.0000  0.0000  0.0000  0.0000  0.0000  0.0000  0.0000  0.0000  0.0000 ⎥
⎢ 0.0000  0.0000  0.0000  0.0000  0.0000  0.0000  0.0000  0.0000  0.0000  0.0000  0.0000  0.0000 ⎥
⎢ 0.0000  0.0000  0.0000  0.0000  0.0000  0.0000  0.0000  0.0000  0.0000  0.0000  0.0000  0.0000 ⎥
⎢ 0.0000  0.0000  0.0000  0.0000  0.0000  0.0000  0.0000  0.0020  0.0000  0.0000  0.0000  0.0000 ⎥
⎢ 0.0000  0.0000  0.0000  0.0000  0.0000  0.0000  0.0000  0.0000  0.0000  0.0000  0.0000  0.0000 ⎥
⎢ 0.0000  0.0000  0.1082  0.0000  0.0000  0.0000  0.0000  0.0000  0.0000  0.0000  0.0000  0.0000 ⎥
⎢ 0.0000  0.0000  0.0000  0.0000  0.0000  0.0000  0.0000  0.0000  0.0000  0.0000  0.0000  0.0000 ⎥
⎢ 0.0000  0.0000  0.0000  0.0000  0.0000  0.0000  0.0000  0.0000  0.0000  0.0000  0.0000  0.0000 ⎥
⎢ 0.0000  0.0000  0.0000  0.0000  0.0000  0.0000  0.0000  0.0000  0.0000  0.0000  0.0000  0.0000 ⎥
⎢ 0.0000  0.0000  0.0000  0.0000  0.0000  0.0000  0.0000  0.0000  0.0000  0.0000  0.0000  0.0000 ⎥
⎢ 0.0000  0.8967  0.0000  0.0000  0.0000  0.0000  0.0000  0.0000  0.0000  0.0000  0.0000  0.0000 ⎥
⎢ 0.0000  0.0000  0.0000  0.0000  0.0000  0.0000  0.0000  0.0000  0.0000  0.0000  0.0000  0.0000 ⎥
⎢ 0.0073  0.0000  0.0000  0.0000  0.0000  0.0000  0.0000  0.0000  0.0000  0.0000  0.0000  0.0000 ⎥
⎢ 0.0057  0.0000  0.0000  0.0000  0.0000  0.0000  0.0000  0.0000  0.0000  0.0000  0.0000  0.0000 ⎥
⎢ 0.0000  0.0000  0.0000  0.0000  0.0000  0.0000  0.0000  0.0000  0.0000  0.0000  0.0000  0.0000 ⎥
⎢ 0.0000  0.0000  0.0000  0.0000  0.0000  0.0000  0.0000  0.0000  0.0000  0.0000  0.0000  0.0000 ⎥
⎢ 0.0000  0.0000  0.0000  0.0000  0.0000  0.0000  0.0000  0.0000  0.0000  0.0000  0.0000  0.0000 ⎥
⎢ 0.0000  0.0000  0.0000  0.0000  0.0000  0.0000  0.0000  0.0000  0.0000  0.0000  0.0000  0.0000 ⎥
⎢ 0.0000  0.0000  0.0000  0.0000  0.0000  0.0000  0.0000  0.0000  0.0000  0.0000  0.0000  0.0000 ⎥
⎣ 0.0000  0.0000  0.0000  0.0000  0.0000  0.0000  0.0000  0.0000  0.0000  0.0000  0.0000  0.0000 ⎦
```

(出典) 本書筆者作成。

第 4 章　行列簿記表と経営分析

```
0.0000  0.0000  0.0000  0.0000  0.0000  0.0000  0.0000  0.0000  0.0000  0.0000  0.0000  0.0000  0.0000  0.0000  0.0000
0.0000  0.0956  0.0159  0.0000  0.0000  0.0000  0.0000  0.0000  0.0000  0.0000  0.0000  0.0000  0.0000  0.0000  0.1224
0.0000  0.0000  0.0000  0.0000  0.0000  0.0000  0.0000  0.0000  0.0000  0.0000  0.0000  0.0000  0.0000  0.0000  0.0699
0.0878  0.0000  0.0000  0.0000  0.0000  0.0000  0.0000  0.0000  0.0000  0.0000  0.0000  0.0000  0.0000  0.0000  0.1082
0.0000  0.0366  0.0000  0.0000  0.0000  0.0000  0.0000  0.0000  0.0000  0.0000  0.0000  0.0000  0.0000  0.0000  0.1175
0.0203  0.0000  0.0000  0.0000  0.0000  0.0000  0.0000  0.0000  0.0000  0.0000  0.0000  0.0000  0.0000  0.0000  0.3274
0.0000  0.0000  0.0000  0.0033  0.0000  0.0000  0.0000  0.0000  0.0000  0.0000  0.0000  0.0000  0.0000  0.0000  0.0594
0.7031  0.0000  0.0000  0.0000  0.0000  0.0000  0.0000  0.0000  0.0000  0.0000  0.0000  0.0000  0.0000  0.0000  0.0000
0.0000  0.0394  0.0000  0.0000  0.0000  0.0000  0.0000  0.0000  0.0000  0.0000  0.0000  0.0020  0.0000  0.0000  0.0000
0.0000  0.0000  0.0000  0.0000  0.0000  0.0000  0.0000  0.0000  0.0000  0.0000  0.0000  0.0000  0.0000  0.0000  0.0000
0.0000  0.0000  0.0000  0.0000  0.0000  0.0000  0.0000  0.0000  0.0000  0.0000  0.0000  0.0000  0.0000  0.0000  0.0000
0.0000  0.0000  0.0000  0.0000  0.0000  0.0000  0.0000  0.0000  0.0000  0.0000  0.0000  0.0000  0.0000  0.0138  0.0000
0.0000  0.0000  0.0000  0.0000  0.0000  0.0000  0.0000  0.0000  0.0000  0.0000  0.0000  0.0000  0.0000  0.0000  0.0000
0.0000  0.0000  0.0000  0.0000  0.0000  0.0000  0.0000  0.0000  0.7031  0.0000  0.0000  0.0000  0.0000  0.0000  0.0000
0.0000  0.0000  0.0000  0.0000  0.0000  0.0000  0.0000  0.0000  0.0000  0.1716  0.0000  0.0000  0.0000  0.0000  0.0000
0.0000  0.0000  0.0000  0.0000  0.0000  0.0000  0.0000  0.0000  0.0000  0.0000  0.0159  0.0000  0.0000  0.0000  0.0000
0.0000  0.0000  0.0000  0.0000  0.0000  0.0000  0.0000  0.0000  0.0000  0.0000  0.0000  0.0033  0.0000  0.0000  0.0000
0.0000  0.0000  0.0000  0.0000  0.0000  0.0000  0.0000  0.0000  0.0000  0.0000  0.0000  0.0000  0.0000  0.0000  0.0000
0.0000  0.0000  0.0000  0.0000  0.0000  0.0000  0.0000  0.0000  0.0000  0.0000  0.0000  0.0000  0.0000  0.0000  0.0000
0.0000  0.0000  0.0000  0.0000  0.8967  0.0000  0.0000  0.0000  0.0000  0.0000  0.0000  0.0000  0.0000  0.0000  0.0000
0.0000  0.0000  0.0000  0.0000  0.0000  0.0000  0.0000  0.0000  0.1936  0.0000  0.0000  0.0000  0.0000  0.0000  0.0000
0.0000  0.0000  0.0000  0.0000  0.0000  0.0000  0.0073  0.0000  0.0000  0.0220  0.0000  0.0000  0.0000  0.0000  0.0000
0.0000  0.0000  0.0000  0.0000  0.0000  0.0000  0.0057  0.0000  0.0000  0.0134  0.0000  0.0000  0.0000  0.0000  0.0000
0.0000  0.0000  0.0000  0.0000  0.0000  0.0000  0.0000  0.0000  0.0000  0.0000  0.0159  0.0000  0.0000  0.0000  0.0000
0.0000  0.0000  0.0000  0.0000  0.0000  0.0000  0.0000  0.0000  0.0000  0.0000  0.0000  0.0138  0.0000  0.0000  0.0000
```

164 第Ⅱ部　意思決定と経営分析

図表4-24　［単位行列－借方係数行列］の逆行列：$[I-a]^{-1}$

$[I-a]^{-1}=$

1.2076	0.0815	0.1069	0.1861	0.3970	0.0605	0.0561	0.0000	0.0036	0.0000	0.0000	0.0000	0.0176
0.0118	1.0008	0.0116	0.0018	0.0242	0.0140	0.6890	0.0000	0.0440	0.0000	0.0000	0.0000	0.0004
1.0799	0.0729	1.0956	0.1664	0.3550	0.0541	0.0502	0.0000	0.0032	0.0000	0.0000	0.0000	0.0157
0.0000	0.0000	0.0000	1.0000	0.0000	0.0000	0.0000	0.0000	0.0000	0.0000	0.0000	0.0000	0.0878
0.0000	0.0000	0.0000	0.0000	1.0000	0.0000	0.0000	0.0000	0.0000	0.0000	0.0000	0.0000	0.0000
0.0000	0.0000	0.0000	0.0000	0.0000	1.0000	0.0000	0.0000	0.0000	0.0000	0.0000	0.0000	0.0203
0.0000	0.0000	0.0000	0.0000	0.0000	0.0000	1.0000	0.0000	0.0000	0.0000	0.0000	0.0000	0.0000
0.0000	0.0000	0.0000	0.0000	0.0000	0.0000	0.0000	1.0000	0.0000	0.0000	0.0000	0.0000	0.7031
0.0048	0.0003	0.0047	0.0007	0.0016	0.0002	0.0002	0.0000	1.0000	0.0000	0.0000	0.0000	0.0001
0.0000	0.0000	0.0000	0.0000	0.0000	0.0000	0.0000	0.0000	0.0000	1.0000	0.0000	0.0000	0.0000
0.0000	0.0000	0.0000	0.0000	0.0000	0.0000	0.0000	0.0000	0.0000	0.0000	1.0000	0.0000	0.0000
0.0000	0.0000	0.0000	0.0000	0.0000	0.0000	0.0000	0.0000	0.0020	0.0000	0.0000	1.0000	0.0000
0.0000	0.0000	0.0000	0.0000	0.0000	0.0000	0.0000	0.0000	0.0000	0.0000	0.0000	0.0000	1.0000
0.1217	0.0082	0.1189	0.0188	0.0400	0.0061	0.0057	0.0000	0.0004	0.0000	0.0000	0.0000	0.0018
0.0000	0.0000	0.0000	0.0000	0.0000	0.0000	0.0000	0.0000	0.0000	0.0000	0.0000	0.0000	0.0000
0.0000	0.0000	0.0000	0.0000	0.0000	0.0000	0.0000	0.0000	0.0000	0.0000	0.0000	0.0000	0.0000
0.0000	0.0000	0.0000	0.0000	0.0000	0.0000	0.0000	0.0000	0.0000	0.0000	0.0000	0.0000	0.0000
0.0106	0.8974	0.0104	0.0016	0.0217	0.0126	0.6179	0.0000	0.0394	0.0000	0.0000	0.0000	0.0004
0.0000	0.0000	0.0000	0.0000	0.0000	0.0000	0.0000	0.0000	0.0000	0.0000	0.0000	0.0000	0.0000
0.0088	0.0006	0.0008	0.0014	0.0029	0.0004	0.0004	0.0000	0.0000	0.0000	0.0000	0.0000	0.0001
0.0069	0.0005	0.0006	0.0011	0.0023	0.0003	0.0003	0.0000	0.0000	0.0000	0.0000	0.0000	0.0001
0.0000	0.0000	0.0000	0.0000	0.0000	0.0000	0.0000	0.0000	0.0000	0.0000	0.0000	0.0000	0.0000
0.0013	0.0001	0.0001	0.0002	0.0004	0.0001	0.0001	0.0000	0.0000	0.0000	0.0000	0.0000	0.0000
0.0000	0.0000	0.0000	0.0000	0.0000	0.0000	0.0000	0.0000	0.0000	0.0000	0.0000	0.0000	0.0000
0.0001	0.0000	0.0000	0.0000	0.0000	0.0000	0.0000	0.0000	0.0000	0.0000	0.0000	0.0000	0.0000
0.0000	0.0000	0.0000	0.0000	0.0000	0.0000	0.0000	0.0000	0.0000	0.0000	0.0000	0.0000	0.0000
0.0000	0.0000	0.0000	0.0000	0.0000	0.0000	0.0000	0.0000	0.0000	0.0000	0.0000	0.0000	0.0000

（出典）本書筆者作成。

第4章 行列簿記表と経営分析

$$\begin{bmatrix}
0.0079 & 0.0013 & 0.0002 & 0.0002 & 0.0000 & 0.0000 & 0.0000 & 0.0056 & 0.0002 & 0.0000 & 0.0000 & 0.0015 & 0.0000 & 0.1074 \\
0.0974 & 0.0159 & 0.0022 & 0.0024 & 0.0000 & 0.0000 & 0.0000 & 0.0685 & 0.0027 & 0.0001 & 0.0000 & 0.0025 & 0.0000 & 0.1719 \\
0.0071 & 0.0012 & 0.0002 & 0.0002 & 0.0000 & 0.0000 & 0.0000 & 0.0050 & 0.0002 & 0.0000 & 0.0000 & 0.0023 & 0.0000 & 0.1660 \\
0.0000 & 0.0000 & 0.0000 & 0.0000 & 0.0000 & 0.0000 & 0.0000 & 0.0000 & 0.0000 & 0.0000 & 0.0000 & 0.0015 & 0.0000 & 0.1082 \\
0.0000 & 0.0000 & 0.0000 & 0.0000 & 0.0000 & 0.0000 & 0.0000 & 0.0000 & 0.0000 & 0.0000 & 0.0000 & 0.0016 & 0.0000 & 0.1175 \\
0.0000 & 0.0000 & 0.0000 & 0.0000 & 0.0000 & 0.0000 & 0.0000 & 0.0000 & 0.0001 & 0.0000 & 0.0045 & 0.0000 & 0.3274 \\
0.0000 & 0.0000 & 0.0033 & 0.0000 & 0.0000 & 0.0000 & 0.0000 & 0.0000 & 0.0001 & 0.0000 & 0.0008 & 0.0000 & 0.0594 \\
0.0000 & 0.0000 & 0.0000 & 0.0000 & 0.0000 & 0.0000 & 0.0000 & 0.0000 & 0.0000 & 0.0000 & 0.0000 & 0.0000 & 0.0000 \\
0.0395 & 0.0000 & 0.0000 & 0.0000 & 0.0000 & 0.0000 & 0.0000 & 0.0278 & 0.0000 & 0.0000 & 0.0000 & 0.0020 & 0.0000 & 0.0007 \\
0.0000 & 0.0000 & 0.0000 & 0.0000 & 0.0000 & 0.0000 & 0.0000 & 0.0000 & 0.0000 & 0.0000 & 0.0000 & 0.0000 & 0.0000 & 0.0000 \\
0.0000 & 0.0000 & 0.0000 & 0.0000 & 0.0000 & 0.0000 & 0.0000 & 0.0000 & 0.0000 & 0.0000 & 0.0000 & 0.0000 & 0.0000 & 0.0000 \\
0.0001 & 0.0000 & 0.0000 & 0.0000 & 0.0000 & 0.0000 & 0.0001 & 0.0000 & 0.0000 & 0.0002 & 0.0000 & 0.0138 & 0.0000 \\
0.0000 & 0.0000 & 0.0000 & 0.0000 & 0.0000 & 0.0000 & 0.0000 & 0.0000 & 0.0000 & 0.0000 & 0.0000 & 0.0000 & 0.0000 \\
1.0008 & 0.0001 & 0.0000 & 0.0000 & 0.0000 & 0.0000 & 0.0000 & 0.7037 & 0.0000 & 0.0000 & 0.0000 & 0.0003 & 0.0000 & 0.0184 \\
0.0000 & 1.0000 & 0.0000 & 0.1539 & 0.0000 & 0.0000 & 0.0000 & 0.0000 & 0.1716 & 0.0000 & 0.0005 & 0.0000 & 0.0000 & 0.0000 \\
0.0000 & 0.0000 & 1.0000 & 0.0000 & 0.0000 & 0.0000 & 0.0000 & 0.0031 & 0.0000 & 0.0159 & 0.0000 & 0.0000 & 0.0000 \\
0.0000 & 0.0000 & 0.0000 & 1.0001 & 0.0000 & 0.0000 & 0.0000 & 0.0000 & 0.0001 & 0.0000 & 0.0033 & 0.0000 & 0.0000 & 0.0000 \\
0.0873 & 0.0142 & 0.0020 & 0.0022 & 1.0000 & 0.0000 & 0.0000 & 0.0614 & 0.0024 & 0.0001 & 0.0000 & 0.0022 & 0.0000 & 0.1541 \\
0.0000 & 0.0000 & 0.0000 & 0.0000 & 0.0000 & 1.0000 & 0.0000 & 0.0000 & 0.0000 & 0.0000 & 0.0000 & 0.0000 & 0.0000 & 0.0000 \\
0.0001 & 0.0000 & 0.0000 & 0.0000 & 0.0000 & 0.0000 & 1.0000 & 0.0000 & 0.0000 & 0.0000 & 0.0000 & 0.0000 & 0.0000 & 0.0008 \\
0.0000 & 0.0000 & 0.0000 & 0.0000 & 0.0000 & 0.0000 & 0.0000 & 1.0000 & 0.0000 & 0.0000 & 0.0000 & 0.0000 & 0.0000 & 0.0006 \\
0.0000 & 0.0000 & 0.0000 & 0.8968 & 0.0000 & 0.0000 & 0.0000 & 0.0000 & 1.0001 & 0.0000 & 0.0029 & 0.0000 & 0.0000 & 0.0000 \\
0.0000 & 0.0000 & 0.0000 & 0.0000 & 0.0000 & 0.0000 & 0.0000 & 0.1936 & 0.0000 & 1.0000 & 0.0000 & 0.0000 & 0.0000 & 0.0001 \\
0.0000 & 0.0000 & 0.0000 & 0.0197 & 0.0000 & 0.0073 & 0.0000 & 0.0000 & 0.0220 & 0.0000 & 1.0001 & 0.0000 & 0.0000 & 0.0000 \\
0.0000 & 0.0000 & 0.0000 & 0.0000 & 0.0000 & 0.0000 & 0.0057 & 0.0026 & 0.0000 & 0.0134 & 0.0000 & 1.0000 & 0.0000 & 0.0000 \\
0.0000 & 0.0000 & 0.0000 & 0.0003 & 0.0000 & 0.0001 & 0.0000 & 0.0000 & 0.0003 & 0.0000 & 0.0159 & 0.0000 & 1.0000 & 0.0000 \\
0.0000 & 0.0000 & 0.0000 & 0.0000 & 0.0000 & 0.0000 & 0.0001 & 0.0000 & 0.0000 & 0.0002 & 0.0000 & 0.0138 & 0.0000 & 1.0000
\end{bmatrix}$$

166　第Ⅱ部　意思決定と経営分析

図表 4-25　2013 年度マツダの行列簿記表【実際】-2013 年度マツダの行列簿記表【予測】

行番号 \ 列番号		0 期首残高	1 現金預金＋	2 受取手形・売掛金＋	3 商品＋	4 その他流動資産＋	5 固定資産＋	6 その他投資等＋	7 支払手形・買掛金−	8 その他流動負債−	9 固定負債−	10 資本金−	11 その他純資産−	12 未処分利益−
0	期首残高					−1								
1	現金預金−					12	101	97	579	35	−87			
2	受取手形・売掛金−			914										
3	商品−													
4	その他流動資産−													
5	固定資産−													
6	その他投資等−													
7	支払手形・買掛金＋													
8	その他流動負債＋		−1											
9	固定負債＋		34											
10	資本金＋													
11	その他純資産＋											24		
12	未処分利益＋													
13	仕入−				110									
14	販売・管理費−													
15	営業外費用−													
16	特別損失−													
17	売上＋			917										
18	営業収入＋													
19	営業外収益＋		5											
20	特別利益＋		−10											
21	売上総利益＋													
22	営業利益＋													
23	経常利益＋													
24	税引前利益＋													
25	当期利益＋		39											
26	利益金処分＋													
27	期末残高								107	94	189	51	214	
28	合計		−1	981	917	110	11	101	97	686	129	126	51	214	0

（出典）本書筆者作成。

第 4 章　行列簿記表と経営分析　167

(単位：十億円)

13 仕入 +	14 販売・管理費 +	15 営業外費用 +	16 特別損失 +	17 売上 −	18 営業収入 −	19 営業外収益 −	20 特別利益 −	21 売上総利益 −	22 営業利益 −	23 経常利益 −	24 税引前利益 −	25 当期利益 −	26 利益金処分 −	27 期末残高	28 合計
															−1
	247	29												86	1,099
														42	956
92														110	202
	−72													67	−5
17														241	258
			39											107	146
603															603
	−42												−4		−47
	45														79
															0
														109	133
															0
								602							711
									177						177
										29					29
											39				39
															917
															0
															5
															−10
				917											917
								316							316
					5				139						143
						−10				114					104
											66				105
												109			109
															653
711	177	29	39	917	0	5	−10	917	316	143	104	105	109	653	23,583

4-4-4 なぜ行列形式が必要なのか

　財務諸表でもちいられている数値は例外なく，なぜその数値になったかの源泉を失っている。現金 100 がなぜ存在しているのかという"源泉"を情報利用者に提供したいと本書筆者はずっと考えていた。

　会計事象理論はソーター（George H. Sorter）が 1963 年にシカゴ大学の博士論文として発表したものである[30]。この論文の書かれた時代背景は，アメリカ会計学会（American Accounting Assosiation：AAA）が，1966 年に「基礎的会計理論に関する報告書」（A Statement of Basic Accounting Theory：ASOBAT）を公表する数年前のことである。

　ASOBAT が発表されて以来，情報利用者の意思決定にたいする情報提供という役割が大きく関心をもたれるようになり，それに関する会計理論が多くみられるようになった。しかしながら，1950 年代の終わりに至るまでは，情報利用者の意思決定にたいする情報提供という役割について理論的に取り扱っている会計文献をみることはできない。そこでソーターは「会計領域の境界線」のなかで会計事象理論を提唱した。

　この論文が書かれた 1960 年前後において，会計は報告書中心で，基礎にある生データはないがしろにされる傾向があった。そこでソーターは「会計事象の境界線」を執筆するに至ったのであるが，ソーターは論文を書く理由をつぎのように述べている。「会計は，現存する会計実務を説明し，成文化する首尾一貫した論理的な理論を長い間探し求めている[31]」しかし，「エンテナによって提案された『めのこ計算は綿密な調査に従属されるべきである』ということを除いて会計理論は構築された。そこで，残された会計の課題を構築したい[32]」この論述によってソーターは正確な「会計」を確立しようとしていたことがうかがえる。

　そして「会計」に正確性をもたせるために彼のとった理論が会計事象理論である。彼は会計を情報システムと３つの要因［選択，記述，対象の伝達］からなるものであると定義し，これらによって会計は，ほとんど無限の事象を処理できると説明し，そしてそれらについて論及している。そのとき選択ルールは操作的用語において確立され，それらのルールの中から論理的関連性を浮き彫

りにする試みがなされると述べることにより，会計の組織的フレームワークを作成することを明らかにした[33]。そしてこの組織的フレームワークにより，会計事象の認識，非認識は 18 のルールのうちのひとつないしそれ以上のものによって支配されることとなる。自己のもちいた組織的フレームワーク，18 のルール，ひいては会計事象理論をもちいることにより，「会計実務の変化にかかわらず，結局のところ会計はかなり簡潔なようである」と，その有用性を説いている[34]。

この理論によってすべての会計事象は，(原因を基準として分類された) 5 つのクラスと (結果を基準として分類された) 25 のカテゴリーを組み合わせることによって産出された 125 のタイプに分かれる。そしてその 125 のタイプを，会計領域にはりめぐらされた境界線により区切られた箇所 (組織的フレームワーク) の適合する部分に分類した。このことによってすべての情報利用者に，結果の報告ではなくて基礎にある生のデータを提供することを試みた。ソーターは後に AAA の委員となり，ASOBAT の起草にも関与しているため，この研究は ASOBAT を深く理解するうえでも有意義であろう。

第Ⅱ部 意思決定と経営分析

図表 4-26　会計領域（Accounting Universe）

カテゴリー	クラス 市場取引 A 記録　ルール	一般変化 B 記録　ルール	個別変化 C 記録　ルール	予測変化 D 記録　ルール	転換 E 記録　ルール
Ⅰ．資産の増加／持分の増加					
1．物的資産／残余持分	＋　A-1, I-1	－　B	－　I-3	＋　D-3	＋　A-1*
2．物的資産／特定持分	＋　A-1	－　B	－　I-3	－　I-2	0
3．法的資産／残余持分	＋　I-1	－　B	－　I-3	＋　D-1	0
4．法的資産／特定持分	＋　I-2	－　B	－　I-3	－　I-2	＋　x
5．経済的資産／残余持分	－　I-1	－　B	－　I-3	－　I-1	0
6．経済的資産／特定持分	＋　I-1	－　B	－　I-3	－　I-2	0
Ⅱ．資産の減少／持分の減少					
1．物的資産／残余持分	＋　A-1	－　B	＋　Ⅱ-1*	＋　D-1, D-3	0
2．物的資産／特定持分	＋　A-1	－　B	0	0	0
3．法的資産／残余持分	＋　A-2	－　B	＋　Ⅱ-1*	＋　D-1, D-3	0
4．法的資産／特定持分	＋　A-2	－　B	0	0	0
5．経済的資産／残余持分	0	－　B	＋　Ⅱ-1*	＋　D-1, D-3	0
6．経済的資産／特定持分	0	－　B	0	0	0
Ⅲ．資産の増加／資産の減少					
1．物的資産／物的資産	＋　A-1	－　B	＋　Ⅲ-4	0	＋　Ⅲ-1
2．物的資産／法的資産	＋　A-1, A-2	－　B	0	0	＋　Ⅲ-1
3．物的資産／経済的資産	＋　A-1	－　B	0	0	＋　Ⅲ-1
4．法的資産／物的資産	＋　A-1	－　B	＋　Ⅲ-4	0	＋　Ⅲ-2
5．法的資産／法的資産	＋　A-2	－　B	＋　Ⅲ-4	0	＋　Ⅲ-2
6．法的資産／経済的資産	0	－　B	0	0	＋　Ⅲ-2
7．経済的資産／物的資産	＋　A-1	－　B	0	0	－　Ⅲ-3
8．経済的資産／法的資産	＋　A-2	－　B	0	0	－　Ⅲ-3
9．経済的資産／経済的資産	0	－　B	0	0	－　Ⅲ-3
Ⅳ．持分の増加／持分の減少					
1．特定持分／残余持分	0	－　B	＋　C, Ⅳ-1	＋　Ⅳ-2, D-1	＋　Ⅳ-1
2．特定持分／特定持分	＋　Ⅳ-1	－　B	0	0	0
3．残余持分／特定持分	＋　Ⅳ-1	－　B	＋　C, Ⅳ-1	0	0
4．残余持分／残余持分	0	－　B	0	0	0

＋ 事象が記録されることを示す。　－ 事象が記録されないことを示す。　0 事象が存在しないことを示す。

（出典）George. H. Sorter, *The Boundaries of the Accounting Universe,* Arno Press, 1978, pp.56-87.

4-C 本章における結論

越村信三郎によれば「行列簿記の利点の第1は，取引が単記であり，カードは予め印刷されているので，記帳手つづきが簡素化され，能率は数倍に高まること，第2は，資産，負債の増減や損益発生のプロセスが一目にわかること，第3は，企業診断に必要な係数がこのチャートから容易にえられることである[35]」とされる。越村がこの文章を発表した時代には会計処理の自動化が重要事項であったであろうが，コンピュータの発展した現在において行列簿記の最大の優位性は上記の第3であることは疑問の余地がない。行列簿記表において数学との融合を試みることなく「数式化されないなら，たんなる表式簿記であり，碁盤式簿記であって，文字の本来的意味での行列簿記ではない。行列簿記が真にその名に値するためには，その体系に特有の方程式組織をもたなければならない[36]」ことは当然の帰結である。

仕訳形式について触れると「行列簿記では，たとえば，借方がA勘定，貸方がB勘定，変化額が×××という取引の仕訳は，以下のように記述[37]」することが可能である。

（A勘定）（B勘定）×××

上記仕訳のように「貸借に同一の金額が記入されるという前提で，（中略）同一金額を2度も書きつける必要はない[38]」ことから行列簿記はマトリックス上にひとつの数字を記入するだけなので単式簿記だという意見も散見される。

この議論において単式簿記と複式簿記を説明するうえでしばしばもちいられるのが二重性の概念である。リトルトン（A. C. Littleton）によれば「『二重性』概念には3つの意味の二重性が表現されている。第1は元帳と仕訳帳のような『帳簿の二重性』であり，第2は借方ページとその反対側にある貸方ページのような『勘定形式の二重性』であり，第3は『記入の二重性あるいは転記の二重性』である（文中のかぎ括弧は本書筆者による）[39]」とされる。これを行列簿記にあてはめて考えてみると，帳簿の二重性と記入および転記の二重性は確かに存

在しない。しかしマトリックス状に表現されているとはいえ間違いなく勘定形式の二重性は存在している。清水哲雄によれば「行列簿記は複式簿記の取引の二重性をとりつつその処理の過程を異にする。すなわち勘定の二重記録をおこなうことなくこれをマトリックスにおき，行と列の対角ボックスに数値を記録する。この方法によると仕訳をおこなうと同時に元帳記入をも完了したことを意味し，転記作業が省略される[40]」とされる。だからこそ「行列および逆行列式の理論を使えば，簿記原理はたやすく方程式におきかえることができ[41]」るのである。したがって本書筆者は行列簿記を単式簿記ではなく複式簿記のひとつとして差し支えないと考えている。

　公開された有価証券報告書から行列簿記表の作成を試みたが不完全なものしか作成することはできなかった。行列簿記表を作成するということは，一度仕訳形式から損益計算書，貸借対照表の形式になったものを再度仕訳形式に直す作業をおこなうということである。この作業は「リバースエンジニアリング」のようなものであるが，財務諸表においてこれを実施することには予想以上に困難を要した。本書筆者とて完璧な財務諸表が作成できると思って試みたわけではない。作成の限界を明らかにしたかったのである。加藤秀樹による「完全なバランスシートを作成しようと思ったら，やはり外野からでは限界がある。最終的には（中略）自ら作るべきものなのである[42]」とのことばを引用するまでもなく，内部利用者が作成することが本筋であるのは当然であるうえ，容易に作成できることは論ずるまでもない。行列簿記表を企業の内部利用者が作成し，より高度な経営診断に利用することがとても望ましいと考える。

　リチャーズの予測能力についての問題点の指摘は，田中良三によれば「会計モデルにおいて，借方と貸方とが諸部門の投入と産出とに対応し，そしてすべての勘定の借方と貸方とが相互依存の関係にあることはたしかであるが，しかしそれだからといって x_{ij} と X_j とが比例関係にあるということは，いささかむりがあるのではなかろうか[43]」とされる。具体的にいえば，**図表4-7**において流動資産その他の非固定資産 2,400,478 と借方合計額 6,530,820 が比例関係にあるというのは無理があるのではないかということである。たとえ投入係数が安定していたとしても「投入産出モデルは，各勘定へのフローとアウトフロー

第 4 章　行列簿記表と経営分析　173

との相互依存関係をあらわすひとつのフロー・システムである。これは，貸借対照表のように一時点における個々の勘定の現実的な水準をあらわすのではなくして，むしろ外生的な勘定が変化したとき，システムのなかでどのような変化が起きるかを示すもの[44]」であるということである。会計学において「ある勘定への記入額の変化が，ほかのすべての勘定の記入額の変化をもたらすという相互波及効果の仮定をもうけることが不可能であると考えられる[45]」ことおよび藤田芳夫の数学的な問題点から，リチャーズの投入産出モデルは実際的にもちいることは困難であると考えるのが妥当であろう。

【註】

1) Richard Mattessich, "The Constellation of Accountancy and Economics", *The Accounting Review*, Vol. 31, No. 4, October 1956, p.552.
2) 越村信三郎監訳『行列会計学入門――システムズ・アナリシスへのアプローチ――』第三出版，1969 年，5 頁。文意を損ねない範囲で表現を一部変更している。
3) Richard Mattessich, "Towards a General and Axiomatic Foundation of Accountancy: With an Introduction to the Matrix Formulation of Accounting System," *Journal of Accounting Research*, Vol.8, No.4, October 1957, pp.328-355.
4) Richard Mattessich, *Accounting and Analytical Methods: Measurement of Projection of Income and Wealth in the Micro and Macro Economy,* Richard D. Irwin, 1964.
5) A Wayne Corcoran, "Matrix Bookkeeping," *Journal of Accountancy,* March 1964, p.61.
6) *Ibid,* p.61.
7) *Ibid,* p.63.
8) 河部守弘「勘定連関論の構想」『産業経理』第 16 巻第 3 号，1956 年 3 月，53 頁。
　　文意を損ねない範囲で表現を一部変更している。
9) 田中良三「行列簿記の有用性と限界（Ⅱ・完）」『商学討究』（小樽商科大学）第 26 巻第 2 号，1975 年 10 月，59 頁。
10) 『有価証券報告書』マツダ株式会社，第 147 期，自 2012 年 4 月 1 日至 2013 年 3 月 31 日。
11) 「環境技術で提携拡大　トヨタ・マツダエコカー開発強化　基本合意」『毎日新聞』朝刊，2015 年 5 月 14 日，7 頁。
12) 「景気の谷　12 年 11 月　後退 7 か月　戦後 2 番目の短さ」『読売新聞』2014 年 5 月 31

日，9 頁。
13) 富士重工業株式会社は，2016 年 5 月 12 日に開催した臨時取締役会において，2017 年 4 月 1 日付で，社名を「株式会社 SUBARU」（英文表記：SUBARU CORPORATION）に変更することを決議し，2016 年 6 月 28 日開催の第 85 期定時株主総会で定款変更が承認された。しかし，会社データを入手，分析した時点での社名は富士重工業株式会社であったことから本論文中では新社名ではなく旧社名を使用することとする。
「富士重工業改め SUBARU」『朝日新聞』2016 年 5 月 13 日，11 頁。
14) 『有価証券報告書及び内部統制報告書』富士重工業株式会社，第 83 期，自 2013 年 4 月 1 日至 2014 年 3 月 31 日。
15) マークラインズ自動車産業ポータル『自動車販売台数速報 2014 年』，http://www.marklines.com/ja/statistics/flash_sales/salesfig_japan_2014，［2017 年 6 月 15 日閲覧］。
16) 数値はそれぞれの会社の有価証券報告書から本書筆者作成。
17) Allen B. Richards, Input-Output Accounting for Business," *The Accounting Review*, Vol.35, No.3, July 1960, p.431.
18) 日本商工会議所簿記検定試験では 3 級で英米式決算法のみを試験範囲とし，2 級以降では大陸式決算法を主として試験範囲としている。
『商工会議所簿記検定試験出題区分表の改定について』日本商工会議所，2015 年 4 月 24 日。
19) 純大陸式決算法では，「開始残高」勘定や「決算残高もしくは閉鎖残高（Closing Balance）」勘定をもちいるが，リチャーズの図表では「残高」勘定しかないことから簡便法（準大陸式）可能性を採用していると推察される。
なお，「現在わが国では商業高校の教科書だけが英米式を採用し，あとはほとんどの簿記書が大陸式によっている。（中略）高校用の教科書に英米式をとったのは，文部省（現文部科学省：本書筆者注）の指導要領が英米式によれと指示しているからである」とされる。
中村　忠『簿記の考え方・学び方［五訂版］』税務経理協会，2007 年，216 頁。
20) Allen B. Richards, *op.cit.*, p.434.
21) 藤田芳夫「行列簿記とその展開（1）――行列簿記と投入産出分析・線形計画法の結合――」『會計』第 106 巻第 3 号，1974 年 9 月，71 頁。
22) 同上論文，71 頁。
23) 同上論文，71 頁。
24) Yuji Ijiri, "An Application of Input-Output Analysis to Some Problems in Cost Accounting," *Management Accounting*, Vol.49, No.8, April 1968, p.60, Note5.
25) 藤田芳夫，前掲論文，73 頁。
26) 同上論文，74-75 頁。

27) 同上論文，75-76 頁。
28) 溝口一雄「リニアー・プログラミングと原価計算」『パブリックリレーションズ』第 5 巻第 10 号，1954 年 10 月，21-24 頁。
29) Allen B. Richards, *op.cit.,* p.432.
30) George. H. Sorter, *The Boundaries of the Accounting Universe,* Arno Press, 1978.
31) *Ibid,* p.1.
32) *Ibid,* p.1.
33) *Ibid,* p.2.
34) *Ibid,* pp.2-3.
35) 越村信三郎「行列簿記の展開（1）──そのしくみと原理──」『産業経理』第 27 巻第 11 号，1967 年 11 月，106 頁。文意を損ねない範囲で表現を一部変更している。
36) 越村信三郎「行列簿記の展開（4・完）──数式化の試み──」『産業経理』第 28 巻第 2 号，1968 年 2 月，124 頁。
37) 菊地和聖「ベクトル型情報処理の系譜とその理論──ソロバン・複式簿記・行列簿記──」『青森中央学院大学研究紀要』第 8 号，2006 年 3 月，81 頁，脚注 9。
38) 同上論文，81 頁，脚注 9。
39) A. C. Littleton, *Accounting Evolution to 1900,* Russell & Russell, 1933, p.24.
40) 清水哲雄「トータル・システムとマトリックス会計」『彦根論叢』（滋賀大学）第 153 号，1971 年 12 月，77 頁。文意を損ねない範囲で表現を一部変更している。
41) 越村信三郎，前掲書，118 頁。
42) 加藤秀樹「債務超過 900 兆円──初試算日本国のバランスシート──」『文藝春秋』第 77 巻第 5 号，1999 年 5 月，144 頁。
43) 田中良三「行列簿記の有用性と限界（Ⅱ・完）」『商学討究』（小樽商科大学）第 26 巻第 2 号，1975 年 10 月，51 頁。
44) 同上論文，51 頁。
45) 同上論文，52 頁。

第Ⅲ部
記帳の効率化とデータ保持

　ルカ・パチョーリによってその体系的組織を確立した複式簿記は，その後大きな変更もなく今日にいたっているようにみえる。仕訳の自動化は単純に手間を省いて記帳することからからはじまった。具体的にいえば，伝票をもちいた処理，カードをもちいたコンピュータ処理，会計ソフトによる簡易処理を経て現在にいたっている。そのあいだに変更しなければならないことを看過している点があったのではないだろうか。

　第Ⅲ部前半部分では，記帳の効率化の変遷について論ずるとともに行列簿記が数学やコンピュータと親和性が高いことにかんがみ，コンピュータと簿記が融合していった歴史について考察する。さらに商品の仕訳方法について，①財務会計システムにおける利用，②教育現場における教授法，③一般企業における利用，についてコンピュータとの関連を考慮しながら検討する。

　第二次大戦中に点在していた膨大な量の資料を，終戦後そこにアクセスすればすべての情報がえられるようにひとつの基地に集約して効率化を図った。その際にデータベースということばが誕生したといわれている。その後インターネットが社会の情報基盤として使われるようになると，データ量やアクセス数が凄まじい勢いで増加し，これによってRDBMSがボトルネックになることが多くなった。複式簿記は時代の変遷によって変化がないように思われるが，データの記録方法においては変容を余儀なくされている。

　第Ⅲ部後半部分では，商品売買時における取引処理について，実務における商品勘定の仕訳の仕方を中心に考察する。そしてコンピュータ内部における商品勘定の仕訳の仕方について考察し，コンピュータ処理および電子報告時における帳簿組織の在り方についても言及する。またコンピュータを会計に利用した場合に帳簿組織がブラックボックス化してしまったのはデータ保持がこれまでと異なっているからである。そこで①手書き作成によるデータ，②コンピュータ導入初期のデータ，③DBMSによるデータ等におけるもの等，について具体的に論ずる。

178　第Ⅲ部　記帳の効率化とデータ保持

第5章
記帳の効率化

5-1　効率化の変遷

5-1-1　分課制度と帳簿組織

　簿記の起源は紀元前4世紀ごろとも紀元前5世紀以前ともいわれるが，現在知られている世界最古の商業帳簿はチグリス・ユーフラテス地域から出土した紀元前3.5世紀頃のものである。手作業で記帳する場合に現代では紙にボールペンでおこなうのが通常であるが，当時は粘土の球に数字の書かれた棒，玉，円盤などをはめ込むことで記録するものであった[1]。複式簿記の起源は13世紀から14世紀ごろに十字軍により栄えた北イタリアであるとされ，共同出資方式によってえた富の分配のために発生したというのが定説である。現存する複式簿記の最古の記録は1211年のイタリアの都市国家のひとつであったフローレンスのメディチ家における銀行家の債権，債務の振替記録にみられる[2]。

　企業においてどのような帳簿を配し，いつどの時点で記帳し全体としてどのような流れにするかを帳簿組織という。帳簿組織について主要簿を中心に沼田嘉穂の論[3]をもとに考察をくわえる。世界最初の複式簿記といわれるジェノヴァまたはヴェニスの簿記法では「日記帳 ⇒ 仕訳帳 ⇒ 元帳」のように記帳がおこなわれていた。この日記帳とは，取引発生順に叙述式で描かれておりさまざまな貨幣単位を使っていたものをとりあえず記帳したり，通常の日記のような備忘録的なものも書かれたりしていたためにこのように呼ばれる。ところが貨幣制度の統一化とともに日記帳が使用されなくなったため仕訳帳から元帳の帳簿組織となった。この第1段階の発達過程により帳簿組織は一応の確立をみ

た。この帳簿組織を一般的にイタリア式簿記法という。現代では明細記録としての日記帳の役割は補助簿のなかに吸収され，仕訳帳のなかの小書きとしてわずかにその痕跡を残すのみである。

　この帳簿組織では革張りの綴りこみ式帳簿にひとりの記帳係が記帳する方式であったため分業が進まず，現在の現金有高や商品有高などが把握しづらいなどの不便を有したため，帳簿は分課することとなった。それが主要簿（仕訳帳と元帳）と補助簿（現金出納帳，仕入帳，売上帳など）である。これが帳簿組織の第2段階の発展過程といえるが，主要簿と補助簿がもっとも明確に区別された。

　この組織ではすべての取引が仕訳帳に仕訳されたのちに元帳転記されるため，分業の観点からは何も改善されていない。そこで補助簿として利用していたものはすべて特殊仕訳帳とみなし，普通仕訳帳には記載せずに直接元帳へ合計転記することとなった。これが帳簿組織の第3段階の発展であるが，転記手続きは著しく簡便化された。これをイギリス式簿記法という。すべての特殊仕訳帳から普通仕訳帳に合計転記をしたのちに元帳転記をするところが，現代における大陸式簿記法（決算法）と酷似している。

　会計史上，主要簿と元帳の区分がもっとも顕著にあらわれたのは第2段階の発展過程の時代である。帳簿組織の発展が極度に進み複雑化すると，この区分は必ずしも明瞭ではなくなる。主要簿と補助簿を区分するうえでの具体的な基準として，転記による記帳の関連性が考えられる。しかし沼田嘉穂によれば「今日の発展した帳簿組織にあっては，仕訳帳および元帳はそれぞれ細分化されるが，ことごとくの帳簿はいずれも個別もしくは合計転記によって完全な連絡を保つものが大部分であり，計算上の連絡のないものはわずかで，むしろ例外的である[4]」とされる。

　いまひとつの見解は総勘定元帳ならびにこれに直接転記がおこなわれるものを主要簿とし，そうでないものを補助簿とするものである。特殊仕訳帳は総勘定元帳に直接転記する制度のもとでは主要簿となるが，普通仕訳帳を通じて転記をする制度のもとでは補助簿となる。何を主要簿ととらえ何を補助簿ととらえるかについてはさまざまな考え方があるが，どちらを採用しても正しい結果を導くことは可能であるため「結局，今日の複雑かつ有機的な帳簿組織のもと

においては主要簿と補助簿を区分する具体的な根拠は認めがたい[5]」とする考え方が一般的である。

　一方で企業規模が拡大していくと飛躍的に取引回数が増加していくため，ひとつの部署のみに記帳を任せていると煩雑であるだけでなく，誤謬を犯す蓋然性も高くなる。そこで企業は組織をいくつかの課や係に細分化して業務をおこなわせるようになる。この分課制度がおこなわれると業務の分担に応じて帳簿への記入も分担させることができるだけでなく責任の所在も明らかになるという優位性もある。分課制度がおこなわれた際には，取引をどの帳簿にどのように記帳させるかなど，それぞれの帳簿間に適切な関連性をもたせ，どの課や係にどの帳票を作成させるかという帳簿組織を企業のなかで構築する必要がある。分課制度と帳簿組織との例を示すと以下のようになる。

図表 5-1　分課制度と帳簿組織

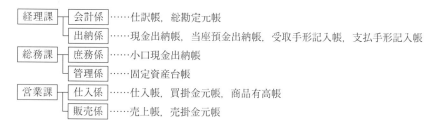

（出典）新井益太郎ほか『新簿記新訂版』実教出版，2012 年，61 頁。

　帳簿組織の改良は，前述のように「協働」という視点から帳簿形態自体の変化だけではなく記帳上の簡素化がなされた。具体的に述べると，ひとつめに主要簿と補助簿との重複記入の回避，ふたつめに元帳転記の作業手数の削減等の実現である。そのために仕訳帳の分割がおこなわれることとなったのである。

　現金出納帳，仕入帳や売上帳などの補助記入帳を主要簿に編入して，特殊仕訳帳とし，特殊仕訳帳に記入した取引は，従前の仕訳帳への記入作業を省略させるのである。また特殊仕訳帳には頻繁に出現する取引形態に対応する特別欄を設けて記入したことによって，総勘定元帳への転記は個別転記から月単位に

よる合計転記へと大幅な手数の削減が実現した。このような分課制度と帳簿組織の確立により記帳手続は分業化，合理化されることとなった。

5-1-2 伝票会計

　もともと伝票とは発生した企業活動をいち早く覚書をすることによって企業内部に伝達する資料であるが，これを経理記録にもちいようとするのが伝票会計である。ひとつの取引を1枚の紙片に記録する方法で，入金伝票・出金伝票・振替伝票の3伝票制が実務において多くもちいられている。伝票会計の種類としては1伝票制（仕訳伝票），3伝票制（入金伝票，出金伝票，振替伝票）そして5伝票制（入金伝票，出金伝票，売上伝票，仕入伝票，振替伝票）がある[6]。1伝票制を基本とするが，取引の多くが現金取引であることに着眼し現金勘定の記入を省略したものが3伝票制であり，さらに商品取引に着眼し売上や仕入勘定の記入を省略したものが5伝票制である。

　3伝票制では3種類の伝票をもちいるため伝票の種類を間違える蓋然性が高い。そこで入金伝票は赤い文字枠，出金伝票は青い文字枠，振替伝票は黒い文字枠で印刷することで誤謬の起きる蓋然性を減らす工夫をしている。伝票制の目的は簿記の専門的知識に乏しい人たちに起票させるということにある。そのために色分けをするなど間違えにくくし，記入も簡単にしてあるのである。その結果として企業活動の最前線で活躍している人たちによって大量の記録がきわめて迅速に，しかも的確になされることとなる。また一定のパターンで記録されるため総勘定元帳への分類，転記も容易となる。

　伝票会計は伝票をもちいて記録をするだけではなく，複写記入によって転記の手数を省き，複写された伝票をつづることによって仕訳帳，総勘定元帳や補助簿として扱う帳簿組織である。したがって企業取引が迅速に記録されるだけでなく，正確に分類・整理される点において帳簿会計より格段に能率的であるともいえる。

　伝票会計の優位性をあげると，起票はすべて単純仕訳でおこなうとともにワンライティングシステム（One Writing System）により複数枚の伝票を同時に作成すること，そして起票後は直ちにそれぞれの帳簿にファイリングすることであ

るといえる。伝票会計が企業実務で主流となったのは，ボールペンと感圧紙（Carbonless Copy Paper：CCP）が誕生し普及した1970年代以降であるため比較的新しい会計といえる。劣位性はランニングコストが比較的かかることとされている。

5-1-3　伝票会計による自動化

前節で述べたように伝票会計とは仕訳帳の代わりに伝票をもちいる形式である。多くの従業員が在籍している場合などは，経理課ではない営業課などの従業員に伝票を起票してもらい，それを事務員がまとめて処理するほうがはるかに効率よく作業できる。

図表 5-2　伝票会計の記帳順序

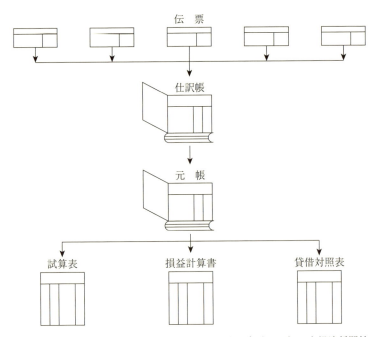

（出典）越村信三郎『行列簿記のすすめ——電算機時代の會計——』日本経済新聞社（日経文庫），1967年，61頁。

複式簿記における記帳順序について考察してみる。まず取引を仕訳帳に記入する。そして元帳，試算表，損益計算書，貸借対照表に順に転記することで手続きは完了する。この手続きを自動化するために仕訳帳に記入する前に仕訳伝票に記入する作業を付け加える。あとは同様に処理をするだけで，伝票会計をおこなうことができる。

　伝票会計を採用することで複式簿記システムに思わぬ変化が現れた。「従来，記録会計方式では，総勘定元帳がなければ，財務諸表は作成できなかったのであるが，伝票会計方式においては，日々の取引試算表が作成され，これによって期末試算表も作成される結果，総勘定元帳がなくても，財務諸表の作成が可能になってしまった[7]」のである。かつては「仕訳 → 総勘定元帳 → 財務諸表」という流れであったものが（**図表 5-2**），補助元帳へ入力しても総勘定元帳へ入力しても仕訳帳や財務諸表が作成される状況になっている（**図表 5-3**）。これは後述する EDP 会計や会計ソフトを利用した会計処理などでも同様の状況である（**図表 5-4**）。

図表 5-3　手作業の場合の複式簿記の処理の流れ

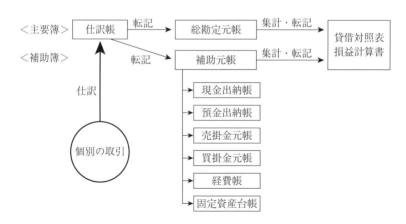

（出典）小林敬幸税理士事務所ウェブサイト『帳簿組織とパソコン会計』，http://kobarin.hatenablog.com/entry/20090616/1245128882，2009 年 6 月 16 日，［2017 年 6 月 15 日 閲覧］。

図表 5-4 会計ソフトを使った場合の複式簿記の処理の流れ

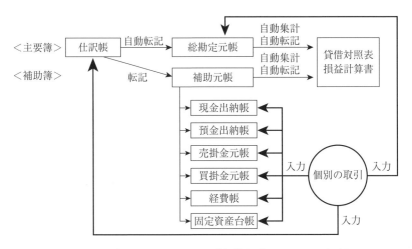

(出典) 小林敬幸税理士事務所ウェブサイト『帳簿組織とパソコン会計』, http://kobarin.hatenablog.com/entry/20090616/1245128882, 2009年6月16日, [2017年6月15日 閲覧]。

このことにより, ①転記という事務を消滅させ, ②仕訳帳 (歴史的記録) と補助簿 (勘定科目別記録) を伝票に置き換え, かつ総勘定元帳を日計表に置き換えて消滅廃止させることとなったのである[8]。これを換言すると, 「伝票によって単位記録さえ確保されれば補助簿であろうと, 総勘定元帳であろうと, 試算表であろうと, すべて, この単位記録の分類集計によって, いつでも直接的に作り出すことができる[9]」ことを意味する。

5-2 仕訳の自動化

5-2-1 コンピュータの登場

コンピュータの起源は, 1642年のパスカル (Blaise Pascal) の歯車式加算機の発明とされている。その後, 1671年にライプニッツ (Gottfried Wilhelm Leibniz) が歯車式乗算機を発明し, 1804年にジャカール (Joseph Marie Jacquard) がパンチ

カード式の織機を完成させた。これが後のパンチカードシステム[10]（Punch Card System：PCS）につながることになる。PCSはデータ処理の自動化を実現するもので，ホレリス（Herman Hollerith）が発明し1890年の米国国勢調査のデータ処理ではじめて使用されたことが有名である。その後コンピュータが普及するまでデータ処理に広く利用されることとなった。1960年代になるとOSが登場し，業務の連続処理機能が開発され，コンピュータ性能が飛躍的に向上した。そして1960年代の後半にPCSからコンピュータへの置き換えが急速に進むことになる[11]。

その影響を受けて，帳簿記入に際し伝票もしくはカードをもちい，コンピュータで処理すれば効果的であるという動きが出てきた。それがEDP（Electronic Data Processing system）会計である。河野一英によれば「この伝票会計方式の考え方とEDP会計の考え方とは本質的にはまったく同じ発想法によっているものである[12]」とされる。コンピュータをもちいた会計処理においても仕訳処理はまず手作業によって仕訳されることが一般的である。1980年代後半までのコンピュータ利用の発達についてまとめたものが**図表5-5**である。

その後，集積回路の発明により小規模化，低廉化が実現されコンピュータは一般利用されはじめた。1995年はWindows 95の発売やインターネットサービスプロバイダ（Internet Service Provider：ISP）の急増にともなう料金の低廉化によってインターネットの普及への弾みがついたターニングポイントといえる年であった。Windows95が世間に受け入れられた理由は，コンピュータに指示を与えるときに難解なコマンドを手入力していたものをアイコンやマウスの利用によって容易にしたこと，すなわちGUI（Graphical User Interface）の実現によることが最大の理由である。コンピュータがアメリカにおける弾道計算と暗号解読に利用される目的で開発されたことは有名な話である。しかしコンピュータはその後，パンチカードシステムの代替利用を経てさまざまな用途にもちいられるようになり，もともとの語源である計算するもの（Computer）から大きく飛躍することになる。

1980年代には時代の流れから企業においてIT化が積極的に進められた。そこで多くの理系大学生がプログラマーとして採用されたのだがなかなか思うよ

図表 5-5　1980年代までのコンピュータ利用の発達

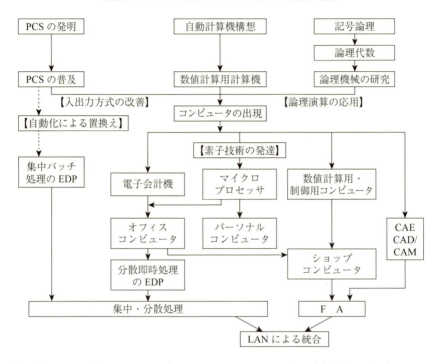

（出典）花岡　菖「黎明期のコンピュータの発展に関する一考察（1）」『経済系』（関東学院大学）第215集，2003年4月，64頁，図3．
（注意）CAE は Computer Aided Engineering（コンピュータの支援による設計開発）の略，CAD/CAM は Computer Aided Design/Computer Aided Manufacturing（コンピュータの支援によるデザイン／製作）の略，FA は Factory Automation（工場における生産工程自動化システム）の略．

うな成果を出すことはできなかった．その理由はプログラマーがプログラミングをする業務内容を正確に把握できなかったことによることが大きい．

　業務をプログラミングするためには，業務を一般化し説明することができなければならない．その作業は料理において「職人技」を機械化することにも酷似しているといえるであろう．温度，湿度，季節，天気，お客の食欲や嗜好などさまざまなことを勘と経験で職人は瞬時に判断し，調理および配膳の手配を

することが可能である。しかしそのような方法はプログラミング不可能である。また、人間が作業する場合と機械が作業する場合には好ましい手順が違うことも存在するであろう。その違いも理解する必要があるのではないか。

越村信三郎の説明では、人間の作業していた通りの工程を自動化しようとしている。思考の端緒はそれで問題ないのであるが、その先について検討していく必要があることは間違いない。そこで商品売買取引の記帳処理について検討してみる。

5-2-2　EDP 会計による自動化

手作業で処理する会計システムのうち、元帳転記の作業をコンピュータへの入力に単純に置き換えるだけというのがコンピュータ会計への端緒である。実際に多くの局面で導入された。**図表 5-6** はカードをもちいて自動化するとともに行列簿記表への転記について論じたものであるが、この利用形態をもちいる限りにおいては、分類・集計を機械化したにすぎない。

多くの場合ワンライティングシステムの伝票会計の方が手間もかからず、低コストであり、迅速な会計処理がおこなえる蓋然性が高い。つまりコンピュータの高速処理を利用しているだけで、システムの高度化・効率化は図られていないというわけである。ただ、この場合であっても、コンピュータ処理の前提条件ともいえる勘定科目コード、相手先コードなどのコード化項目が必要であり、コード化にあたり、機能的・合理的に設計されるならば、利便性やつぎのステップへの拡張性の確保に役立つ可能性はある。

つぎの段階として仕訳伝票を起票してから入力するのではなく、原始証憑から直接にコンピュータに入力するという方法が考えられる。さらにコンピュータを使って原始証憑を作成し、この作成入力作業がコンピュータ・システムによって仕訳入力に変換される方法も考えられる。コンピュータの導入がここまで進むと、従来の証憑・帳簿といった概念が大きく変容を迫られ、ペーパーレス化が進む。しかし企業内部の起票責任の明確化および商法等の関連法規が要求する会計帳簿の作成・保存規定との調整が必要になってくる[13]。

企業活動の大部分は定型取引により成り立っていることに着眼して、定型

図表5-6 カードをもちいた仕訳による行列簿記表の作成順序

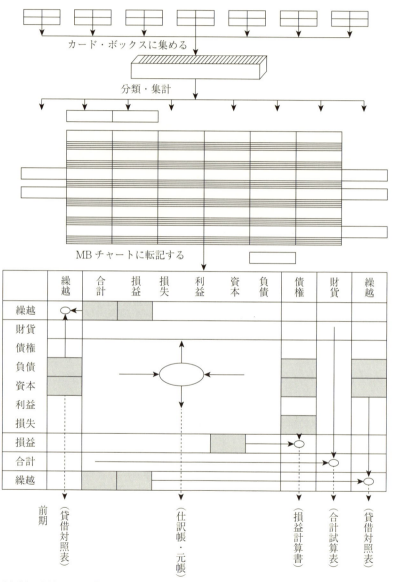

(出典) 越村信三郎『行列簿記のすすめ——電算機時代の會計——』日本経済新聞社（日経文庫），1967年，63頁。

データをシステム化して自動的に一括仕訳処理することも可能である。たとえば日常的な販売データをコンピュータに集めておいて，一定期間を単位として以下のような仕訳を自動的に作成することも可能である。

仕　　　入　　10,000　／　買　掛　金　　10,000

この定型データには，仕入れ，売り上げ，売掛金の回収，買掛金の支払い・手形の授受などが挙げられ，システムが自動的に仕訳を作成するので，経理業務の省力化が図られるだけでなく，経理知識のないものでも業務をおこなうことが可能となった。

また多くの会計ソフトなどでは取引内容をコードに従って入力することで，経費項目などの標準的な仕訳をおこなうことが可能である。たとえば電話代支払いを選択すれば以下のような仕訳が自動的に作成される。

通　信　費　　5,000　／　現　　　金　　5,000

最近ではスマートフォン付属カメラのスキャン機能を利用したりカード決済情報をデジタルで取り込んだりすることで仕訳入力を省略し，家計簿を作成するもの[14]や決算書を作成するもの[15]さえも出現してきている。確認をしたり修正を加えたりする必要性のある箇所も存在するが，ほとんどの日常的な定型処理における入力は省略することが可能となってきている。

5-2-3　擬制法

3伝票制が導入されると複合仕訳をどのように伝票であらわすのかということが問題となる。たとえば商品150,000円を仕入れ，代金は50,000を現金で残額は掛けとした取引があった場合の仕訳は通常以下のようになる。

仕　　　入　　150,000　／　現　　　金　　50,000
　　　　　　　　　　　　／　買　掛　金　　100,000

現金取引は入金伝票もしくは出金伝票に記入するため，現金を含む複合取引を振替伝票に記帳するためには擬制法a）もしくは分割法b）をもちいて単純

仕訳にする必要がある。

a) 仕　　　　入　　150,000 ／ 買　　掛　　金　　150,000
　 買　　掛　　金　　 50,000 ／ 現　　　　　金　　 50,000

b) 仕　　　　入　　100,000 ／ 買　　掛　　金　　100,000
　 仕　　　　入　　 50,000 ／ 現　　　　　金　　 50,000

　a) とb) の処理方法を比較すると一般的にa) のほうが理にかなっているとされる。なぜなら分割法の場合はありえない仕訳が生じる恐れがあるからである。たとえば100,000 の有価証券を95,000 で売却し現金で受け取ったときの仕訳は以下のようになる。

a) 現　　　　金　　100,000 ／ 有　価　証　券　　100,000
　 有価証券売却損　　5,000 ／ 現　　　　　金　　　5,000

b) 現　　　　金　　 95,000 ／ 有　価　証　券　　 95,000
　 有価証券売却損　　5,000 ／ 有　価　証　券　　　5,000

　有価証券が減少してただ単に有価証券売却損だけが残る仕訳は通常存在しない。

　現金を含まない複合仕訳の場合には振替伝票にそのまま記入する方法もないわけではない[16]が，コンピュータの利用を考える場合に仕訳の分割は不可避である[17]。

5-3　商品売買取引の処理

5-3-1　小売業における取引記入

　小売業における取引記入をコンビニエンスストアにたいして本書筆者が聞き取り調査を実施した[18]。そのアンケート項目は以下のとおりである。

第 5 章 記帳の効率化 191

図表 5-7 アンケート内容

①-1 バーコードの中にある情報は何がありますか。
　　　　商品名，売価，売上原価，利益，その他（　　　　　　）
　-2 値引きの時には新しいバーコードを作成すると思いますが，バーコード内の情報には何がありますか。
　　　　商品名，売価，売上原価，利益，その他（　　　　　　）
②-1 POS で売り上げた商品の数を集計すると思いますが，その時点で利益を集計しますか。
　-2 利益算出はどの時点でしていますか。
　　　　販売時点，日，月，期，年
③-1 店舗における数量確認（棚卸）の頻度はどれくらいですか。
　-2 数量が減っていた場合，どのように処理されますか。
④-1 仕訳帳はつけていますか。
　-2 商品を仕入れたり，売り上げたりするときの記帳方法は何ですか。
　　　　分記法，三分法，その他（　　　　　）
⑤-1 損益計算書は誰が作成していますか。
　　　　税理士，社　員，その他（　　　　　）
　-2 損益計算書などを作成するうえで POS の数値はどのように活用していますか。

（出典）本書筆者作成。

それぞれの項目について聞き取りの結果を記す。

①-1　バーコードの中にある情報は何がありますか。

⇒ まず，POS システムをもちいている業態では，商品の売上をバーコードによって読み取ることから，バーコードのなかにある情報を質問すると，JAN コード[19]をもちい，それをスキャンすることで本社の商品マスタに格納されるしくみである。

①-2　値引きの時には新しいバーコードを作成すると思いますが，その時の情報は何ですか。

⇒ 値引き時の対応は，A 商品マスタの売価を変更する方法，B 商品および値引きクーポンのふたつのバーコードを両方スキャンする方法，の 2 通りである。

②-1　POS で売り上げた商品の数を集計すると思いますが，その時点で利益を集計しますか。

⇒ 利益集計については，即時に利益は算出可能であるが，必要ないので閲覧していない。

②-2　利益算出はどの時点でしていますか。

⇒ 一応，月末に利益算出している。

③-1　店舗における数量確認（棚卸）の頻度はどれくらいですか。

⇒ 店舗における数量確認は，店ごとによって異なる。月ごとの売上変動が少ない店舗は3ヶ月に1回，それ以外の店舗は毎月実施している。

③-2　数量が減っていた場合，どのように処理されますか。

⇒ 数量が違っていた場合は原因調査をするが，それでも原因が特定できない場合は減耗処理をする。

④-1　仕訳帳はつけていますか。

⇒ 仕訳帳はつけず，小口現金の出納簿だけつけている。ほとんど振替伝票の処理をおこない，買掛等はコンピュータ集計をしている。

④-2　商品を仕入れたり，売り上げたりするときの記帳方法は何ですか。

⇒ 市販の会計ソフトのほとんどが三分法でおこなっているように，三分法で処理している。

⑤-1　損益計算書は誰が作成していますか。

⇒ 社員が作成している。

⑤-2　損益計算書などを作成するうえでPOSの数値はどのように活用していますか。

⇒ ②で回答したとおり。

コンビニエンスストアにおいては，POSシステム（Point of Sales：販売時点即時管理システム）をもちいてさまざまな情報を入手していることはよく知られている。販売した商品，数量，単価，日付，時刻はいうにおよばず性別や年齢[20]も調査している。店主は自分の店の客層にあわせ，また天候などを考慮に入れ発注をすることになる。A社でも他店同様にJANコードをもちいていることが①-1の回答から読み取れる。値引時には時間的に余裕がある場合には商品マスタの売価を変更し，そうでない場合には商品と値引きクーポンを両方ス

キャンする方法で値引きをするなど一般的な方法を採用していることが①-2から読み取れる。

　POSシステム導入企業が即座に販売数量，在庫数量，利益をコンピュータ上で集約することは理解していたが，「必要ないので閲覧していない」という回答は予測していなかった（②-1）。毎日のように利益額を閲覧している店長がいる可能性はあるが本店では重視していないことが推察される（②-2）。

　商品棚卸については毎月実施していると想定していたが，売上変動の少ない店では3ヶ月に一度という回答には少なからず驚いた（③-1）。しかし長期にわたり経営をおこなっているとそのようなものかもしれない。数量が違っていた場合の対応は想定通りである（③-2）。

　中小企業などで日常的に帳簿をつけない会社があることは知っていたが，資本金が24億円を超える企業でもまったく仕訳をおこなわないことは想像していなかった（④-1）。商品の数量，買掛金および小口現金の把握ができていれば日常的な取引には問題ないうえ有価証券報告書へは結果を記載するため，途中経過は重視していないことがうかがえる。小規模商店などでは確定申告（納税）のためだけに書類を作成するというが，大企業でも同様の処理がおこなわれているのかもしれない。記帳方法については期待していた分記法の文言はうかがえず三分法であるという回答であった（④-2）。

　損益計算書等の有価証券報告書については外部委託している可能性から質問してみた（⑤-1）。これは企業によって専門家を雇用している可能性もあり拙速に論ずることはできない。日常的な利益の把握はしていないまでも有価証券報告書作成時にPOSの数値をほとんど利用していないという回答から他のデータをもちいて作成している現状が推察される（⑤-2）。

5-3-2　分記法・総記法

　高校や大学などで授業をおこなう場合などには通常，教科書通りに「分記法－三分法」の順に教授する方法が一般的である[21]。同じく一勘定制である総記法をはさみ「分記法－総記法－三分法」の場合もある。この方法が，最善なのであろうか。三分法からはじめてはいけないのであろうか。また逆になぜ分

記法のみではいけないのであろうか。考察を加えてみることにする。

分記法を最初に教授するのは、やはり初学者にわかりやすいことがあげられる。仕訳の一例を示すと以下のようになる。

＜商品を購入したときの仕訳＞
  商　　　品　　10,000　／　現　　　金　　10,000

＜商品を売却したときの仕訳（利益がでた場合）＞
  現　　　金　　12,000　／　商　　　品　　10,000
  　　　　　　　　　　　／　商品売買益　　 2,000

＜商品を売却したときの仕訳（損失がでた場合）＞
  現　　　金　　 8,500　／　商　　　品　　10,000
  商品売買損　　 1,500　／

商品を仕入れたときには仕入原価を商品勘定の貸方に記入し、商品を販売したときには販売した商品の仕入原価（売上原価）を貸方に記入するとともに売上高と売上原価の差額を商品売買益勘定（もしくは商品売買損勘定）として計上する。

分記法の劣位性は、中村　忠によれば「分記法をおこなうためには、売上のつど売上原価を調べなければならないので、商品の種類が多かったり、取引の回数が多い場合は非常に手数がかかり、ときには不可能なことさえある[22]」となり、武田隆二によれば「分記法は販売口別に売上高と売上商品原価とを対比して販売損益を算出する方式であるから、同種商品を多数回かつ多量に購入・販売する一般の商業の場合には適当でない。これにたいし、書画骨董、貴金属類の販売業のように、1品ごとに異なる価格をもち、また、違った売価で販売される業種にあっては、当該方法を適用することが可能であろう[23]」とされる。沼田嘉穂にいたっては「販売頻度が少なく、かつ1回の販売金額が比較的大きい卸売業もしくは貴金属業などでは、販売のつど販売益を算出して上

記のごとき記入をすることは可能であるが，一般の企業では実行しえない[24]」と断定している。

しかしこの説明だけでは手数が多くなり煩雑であるため分記法の利用が困難であるという理屈になり，コンピュータを導入した場合にはすべて解決してしまうことになる。しかし分記法を採用できない理由は，商品の種類や取引の回数が多い場合に適当でないからではなく総額主義の原則が適用されるからである。

損益計算書においては，売上から売上原価を差し引いて売上総利益を算出する。売上とは顧客からもらった対価総額であり，売上原価とは売上にたいして直接かかったコストである。分記法では，売上総利益の金額は算出可能であるが，売上と売上原価のふたつの勘定科目がなく，残高試算表をみるだけではその金額を知ることができない。

総記法とは14世紀から15世紀の北イタリアの商人たちの商品取引に起源をもつ簿記法であるが，上述のように商品勘定のなかに売買損益が含まれる混合勘定となり，さらに複雑となる。総記法の仕訳も同様に記してみる。

<商品を購入したときの仕訳＞
　　　商　　　品　　10,000　／　現　　　金　　10,000

<商品を売却したときの仕訳（利益がでた場合）＞
　　　現　　　金　　12,000　／　商　　　品　　12,000

<商品を売却したときの仕訳（損失がでた場合）＞
　　　現　　　金　　 8,500　／　商　　　品　　 8,500

結論として「商品勘定一勘定制をとる場合の分記法・総記法は会計理論に照らして適当とはいえないであろう[25]」ということばは多くの専門家が指摘するところである。

総額主義の原則について簡単に説明すると，企業会計原則第二損益計算書原

則（損益計算書の本質）一B総額主義の原則では，「費用及び収益は，総額によって記載することを原則とし，費用の項目と収益の項目とを直接に相殺することによってその全部又は一部を損益計算書から除去してはならない」と記されている。対応する費用と収益を損益計算書において相殺して，その差額である利益（損失）だけを表示した場合，利害関係者は企業が期中におこなった取引の規模を把握することができなくなる。そこで，明瞭性の原則が適用され，費用と収益は総額で表示しなくてはならないというものである。

　貸借対照表においても総額主義が適用される（第三 貸借対照表原則 一 B）。ただし，本来の営業業務にかかわらない，または投資活動の損益が利害関係者にとっての関心事であるとの理由で重要性の原則が適用され，純額表示が認められているものがある。
（純額表示が認められているもの）
　　売上・仕入値引割戻高，為替差損益，固定資産売却損益，有価証券売却損益

　結局，「分記法－総記法－三分法」の順に教授するのは，勘定記入の発達過程を歴史的にたどっているだけである。

5-3-3　売上原価対立法

　売上原価対立法とは「商品」，「売上」，「売上原価」勘定を使用して商品売買取引を処理する方法であり，分記法と三分法の中間のような仕訳となる。

　＜商品を購入したときの仕訳＞
　　　商　　　品　10,000　／　現　　　金　10,000

　＜商品を売却したときの仕訳（利益がでた場合）＞
　　　現　　　金　12,000　／　売　　　上　12,000
　　　売 上 原 価　10,000　／　商　　　品　10,000

<商品を売却したときの仕訳（損失がでた場合）＞
現　　　金　8,500　／　売　　　上　8,500
売 上 原 価　10,000　／　商　　　品　10,000

　商品を仕入れたときには分記法と同じで仕入原価を商品勘定の貸方に記入する。商品の販売価額を貸方に売上勘定で記入するとともに商品を販売したときには販売した商品の仕入原価（売上原価）を売上原価勘定として貸方に記入する。この仕訳により売上勘定の貸方残高と売上原価勘定の借方残高の差額によって商品売買益を計算できるというしくみである。

　売上原価対立法の劣位性は大藪俊哉によれば、「商品の種類が多かったり、売上取引の回数が多い企業では、売上のつど売上原価を把握することは煩雑であり、また売上時点で売上原価を把握できない場合もある[26]」とされる。

5-3-4　三分法・五分法・七分法

　あらゆる分野で商品売買取引の記帳方法としてもっとも一般的なのが三分法であろう。仕訳には仕入、売上、繰越商品の3つの勘定科目を使用する。
　仕訳の一例を示すと以下のようになる。

＜商品を購入したときの仕訳＞
仕　　　入　10,000　／　現　　　金　10,000

＜商品を売却したときの仕訳（利益がでた場合）＞
現　　　金　12,000　／　売　　　上　12,000

＜商品を売却したときの仕訳（損失がでた場合）＞
現　　　金　8,500　／　売　　　上　8,500

　同様の記帳方法に五分法と七分法があり、違いは仕入と売上の勘定の細分化の程度である。五分法では仕入、売上、仕入値引・戻し、売上値引・戻り、繰

越商品を使い,七分法では仕入,売上,仕入値引,仕入戻し,売上値引,売上戻り,繰越商品をもちいて商品売買を記帳する。決算時には三分法と同様に繰越商品の振替仕訳をおこなうが,五分法(七分法)ではさらに仕入値引・戻し(仕入値引,仕入戻し)の貸方残高を仕入勘定に振り替えることにより純仕入高を算出し,売上値引・戻り(売上値引,売上戻り)の借方残高を売上勘定に振り替えて純売上高を算出する。

後述するが手作業を中心とした実務において三分法が一般的に利用されてきたのは周知のとおりであるが,櫻井康弘によれば,「コンピュータ処理が当たり前になった今日において,三分法をもちいている企業は少ないのも事実である。三分法はコンピュータ環境下においては適用が困難で,代わりに商品売買取引処理の方法として一般的に採用されているのは五勘定法である[27]」とされる。この場合における,五勘定法とは,売上高,仕入高,商品,期首商品棚卸高および期末商品棚卸高の5つを使用するものであり,通常いわれる,仕入,売上,繰越商品,仕入値引・戻し,売上値引・戻りの五分法とは異なるので注意を要する。

櫻井康弘のいう五勘定法における仕訳の一例を示すと以下のようになる[28]。

＜商品を購入したときの仕訳＞
　　仕　入　高　　10,000　／　買　掛　金　　10,000

＜商品を売却したときの仕訳＞
　　売　掛　金　　10,000　／　現　　　金　　10,000

＜決算時における仕訳＞
　　期首商品棚卸高　5,000　／　商　　　品　　5,000
　　商　　　品　　6,000　／　期末商品棚卸高　6,000

5-4 コンピュータ内部における処理方法
　　──実務の面から──

5-4-1　コンピュータ処理の実際

　昨今の会計分野において標準化がなされつつあるものとして，XBRL（eXtensible Business Reporting Language），IFRS（International Financial Reporting Standards：国際財務報告基準），Cloud Computing [29] の3つがあげられる。今後の企業は，大きな標準化の波を何度も乗り越える必要がある [30]。企業に負担をかけず乗り切るには，XBRLを使ったIFRS対応ソフトをCloud Computingで提供してもらい，そのタクソノミ（taxonomy：電子的ひな形）を利用するのが現実的な対応となるだろう。この標準化は比較可能性を第一義としてなされているものである。比較とはどの会社に投機するかを決めるためにおこなうものであるが，そのために必要なのが企業情報の開示である。

　今日の企業会計はFASB [31]（Financial Accounting Standards Board：米国財務会計基準審議会）が1973年にStatementを発表して以来，情報開示の流れが急速に進んでいる。記録中心から報告書中心と何度も繰り返されていたのは記憶に新しい [32]。情報開示志向であるがゆえに，期中よりも決算時点が重要になり，情報開示をすることによって利益を生むのだろうかという素朴な疑問さえ生じてくる [33]。

　会社関係者にとって会計ソフトが普及しはじめたときにも，仕訳（複式簿記）が不要になるとよくいわれたものであるが，そのときよりも強い追い風が吹いているようにさえ思える。普通に考えれば，複式簿記が不要になることはないであろうが，本当にそうなのだろうか。現在，さまざまな情報が存在するがどのような情報がステークホルダーにとって有用な情報なのであろうか。1998年にわが国でも電子帳簿保存法が開始された。その後，電子報告の流れは加速度的に進んでいる。その概要を法制度からではなく，実務面から考察していくことにする。

5-4-2　会計ソフト内での商品売買取引の処理

　企業での商品売買の記帳処理について，櫻井康弘は「一般的に採用されているのは五勘定法である[34]」と述べている（5-3-4）。会計とコンピュータが共存していくためにはコンピュータを利用した場合の商品勘定の処理方法についても知る必要がある。そこで日本で会計ソフトとしてもっとも流通している「勘定奉行」について考察してみることにする。

　日本における会計ソフトの販売開始は 1980 年代初頭と意外に古く，すでに 30 余年が経過する。会計ソフトは，それなりの規模の法人をターゲットにした商品で，経理とパソコンがわからない素人にも使えるソフトということで 50 万ユーザーを超えるヒット商品となった。しかし，会計ソフト間の互換性がまったくなく，場合によっては同じ会計ソフトの新旧間でさえ互換性がないといったもろさをもっていた。Windows95 が発売され爆発的なヒットとなるとさらに迷走する。顧客層は，パソコン，経理のことに詳しくない中年層が大半であるという状況をまったく理解せず，勘定科目名をキーボードで入力する（数値入力は例外処理の扱い），項目移動は TAB キーを使うといった，キーボードの操作が不慣れな人には操作困難な仕様になっていた。

図表 5-8 会計ソフトシステム概要図の一例（勘定奉行 i10）

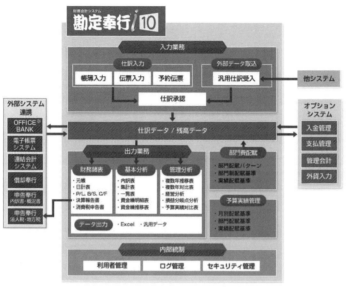

（出典）株式会社オービックビジネスコンサルタントウェブサイト，
http://www.obc.co.jp/bugyo/kanjo/，[2017 年 6 月 15 日閲覧]。

　また，会社の基幹システムや慣行に明るくない人が設計した結果，以前の消費税率が新しいソフトでは選択できない仕様となっていた。つまり新しいソフトでは昔の資料が閲覧できないという事態が起こったのである。帳簿書類とは，会社の歴史である。会社法では 10 年，法人税法では 7 年の保存期間が定められているのみであるが，役員を対象とした仕訳などのように 10 年 20 年後に調査することは少なくない。パソコンが得意な人は自らがプログラミングするためあまり利用せず，パソコンが苦手な人が会計ソフトを利用しようとして困っている。そのような状況がしばしば見受けられた。
　つぎに弥生会計をもとに商品売買取引の処理について考察してみる。入門書によれば，「売上高」「売上値引」等の勘定科目が使用されていることから，分

記法ではなく三分法（あるいは五分法）で入力されていることがわかる[35]。また体験版をダウンロード[36]して実際に使用してみても，売上や仕入等の勘定科目が使用されており，三分法であることがわかる（図表 5-9 参照のこと）。

図表 5-9　弥生会計　体験版

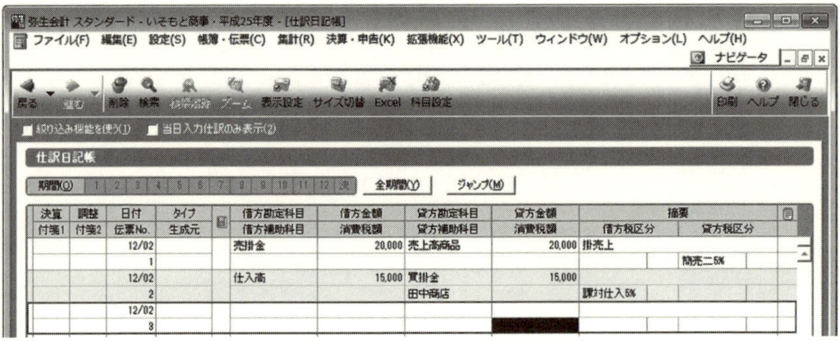

（出典）弥生会計体験版をもちいて本書筆者作成。

また，コンピュータ会計のネックになるであろう複合仕訳についても簡単に記入する機能を有している[37]。

　　　仕　　入　　20,000　／　現　　　金　　10,000
　　　　　　　　　　　　　　　買　掛　金　　10,000

それを「1行仕訳」といい，以下のような仕訳となる。

　　　仕　　入　　20,000　／　複　合　勘　定　　20,000

損益勘定などの集合勘定は表面的にはまったく存在せず，仕訳を入力すれば損益計算書，貸借対照表などの帳票ができ，確定申告も容易にできる。

　一方でXBRLの体験版を入手して実際に利用してみた[38]が非常に操作性が高い。大企業で日常業務をどのように処理しているのかは不明であるが，中小企業において役立つことは間違いない。ただ現在でも，確定申告をするときに日常的な帳簿をみられることを敬遠したいと考える人は多い。XBRL FR (eXtensible Business Reporting Language Financial Report)を導入すれば，税理士だけでなく誰もが閲覧できる可能性さえ存在する。導入時の初期投資だけでなくそのあたりの心情面もクリアできるかどうかである。ただ日本では法制化すれば不平不満があっても従う可能性が高いと推察される。また財務省等が利用者に有利なオプションを提示することで企業への導入をうながすこともまた効果的であろう。

会計ソフトは XBRL と同様に視認性および操作性が高い。XBRL 形式を利用した EDINET [39] の報告書の視認性の高さは本家の EDGAR [40] を軽く凌駕するほどである。また XBRL はタクソノミをもちいてさまざまな言語に対応したりさまざまな帳票に変化させたりするのは容易である。そのため IFRS 導入におけるさまざまな帳票作成にたいして親和性が高い。実際に金融庁におけるEDINET ウェブサイト [41] や日本取引所グループウェブサイト [42] から実在企業

図表 5-10　TeCAX による XBRL 画面

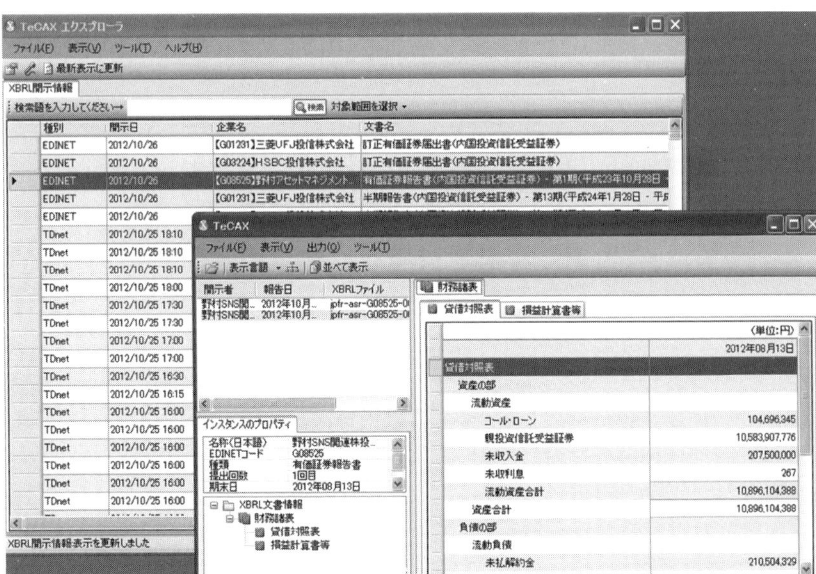

(出典) TeCAX をもちいて本書筆者作成。

の XBRL 情報をダウンロードしてパソコンで閲覧したものが**図表 5-10** である。なお EDINET, TDnet で公開されている XBRL を閲覧するために TeCAX をダウンロードして利用した[43]。なお TDnet は決算短信,業績予想の修正,配当予想の修正に対応している。

5-4-3 ERP システム

すでに述べたように櫻井康弘はコンピュータ処理が当たり前の今日において三分法をもちいている企業は少ないと論じたが,柴田充啓によれば,「ほとんどの企業は三分法を採用していて,特に市販会計ソフトでは三分法前提で標準科目も設定している[44]」とされる。一方で,大手会社は ERP システム[45]のひとつである SAP[46]を導入している。SAP では売上や仕入入力と同時に会計データも作成されるため,分記法で仕訳されているようである。ただし,売上はその都度,両建ての総額表示で,売上金額を把握できるようにしてある[47]。一例を示すと以下のようになる。

＜商品を売却したときの仕訳＞
　　売　掛　金　　8,000　／　商　品　売　上　　8,000
　　売　上　原　価　5,000　／　商　　　　品　　5,000

これはまさに売上原価対立法である。櫻井の説と異なるわけであるが,コンピュータ上では実際にはどちらが使われているのであろうか。

柴田充啓は,某中小企業が大手会社に吸収合併される際の業務移行に関する提案をした。そのときに,某中小企業のこれまでの業務（手書き）と大手会社の業務（ERP システム SAP）を統合するときに,「ふくろう鋼材[48]」＋「勘定奉行[49]」のシステムで進めた。自らを「税務会計・コンサルタント等の業務が利き腕の IT 精通税理士が多い中で,数少ない IT が利き腕の業務精通 税理士」と紹介する柴田充啓の考えでは,「販売管理と会計が同一のメーカー・ソフトの場合は共通データとしてもつこともできるが,他メーカーの市販会計データを売上・仕入入力と同時にリアルタイムで更新することはできない。売上・仕

入データを自動仕訳でエクスポート・インポートして月末に販売管理システムから出力した在庫一覧表の在庫金額を三分法で起票し合計転記する方法が，一般的・安価でシンプルである[50]」とされる。柴田充啓の考えるイメージを図表5-11として示す。

図表5-11 販売管理と財務会計システムの三分法イメージ図

A商品の期首在庫数100個，在庫単価100円，在庫金額10,000円（100円×100個），期中に仕入単価100円で10個購入，仕入金額1,000円（100円×10個），さらに売上単価160円で50個販売，売上金額8,000円（160円×50個）（この時の売上原価は100円×50個＝5,000円）の場合。

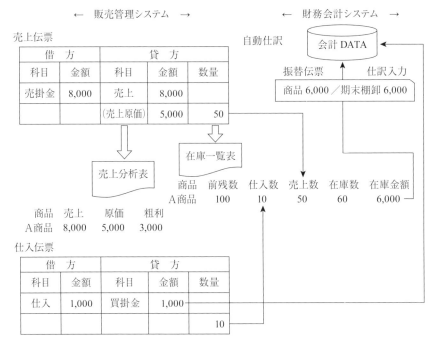

（出典）柴田充啓IT税理士事務所ウェブサイト『商品の三分法・分記法と売上原価対立法』，http://www.itzeirishi.com/?p=191,［2017年6月15日閲覧］。

図表 5-11 における仕訳を以下に記す。
＜商品を 10 個仕入れたときの仕訳＞
　　仕　　　入　　1,000　／　買　掛　金　　1,000

＜商品を 50 個売り上げたときの仕訳＞
　　売　掛　金　　8,000　／　売　　　上　　8,000

＜期末棚卸のときの仕訳[51]＞
　　商　　　品　　6,000　／　期 末 棚 卸　　6,000

当然ではあるが，売上 8,000 円 − 売上原価 5,000 円（期首 10,000 円 + 仕入 1,000 円 − 期末 6,000 円）＝売上総利益 3,000 円で分記法の商品販売益と一致する。

商品勘定から売上原価勘定へ振り替える売上原価対立法を採用しているので，分記法や三分法と違い，商品の増減財産管理がリアルタイムでできる。

三分法は，期（月）末になって売れ残った商品の金額をあらためて計算してみなければ，どれだけ利益が出たのか不明である。売上原価対立法では，商品が販売された時点でどれだけ商品が残っているか，どれだけの利益（損失）が計上されたかがわかるという点では優れている。しかし，三分法では仕訳が不要な入出庫データも売上原価対立法では仕訳しなければいけない。たとえばサンプル品出荷の場合，売上原価／商品　という仕訳で商品在庫減と同時に売上原価に反映させる必要がある。

5-4-4　コンピュータ会計と帳簿組織

行列簿記の帳簿組織について藤田昌也の論を中心に考察を加える。

帳簿組織を行列簿記で編成することについては，人名別に分類された得意先元帳を行列形式で表示すること自体は可能であるが，行列簿記の優位性を活かせないうえ結局は勘定式に転化してしまうことになる。その対策として仕訳の反対勘定に統制勘定をとるにしても総括帳簿とのリンクはできず，あえて実行すれば二重性を破壊してしまうことになるからである。したがって行列簿記は

統制勘定のレベルでのみ勘定簿記と互換性があり，それ独自では帳簿組織を作成不可能であると断言している[52]。高寺貞男はさらに進めて「行列簿記の形成には，他の表式簿記と同様，個別（個人）勘定よりなる前近代的個別勘定簿記から統括勘定[53]より構成される近代的総括勘定簿記への完全な移行が必要条件となる」と論じている（傍点は高寺貞男による）[54]。

そして「行列簿記の形式は投入産出表にみられるがごとくに必ずしも原本ということすなわち資本の概念は必要とせず，交換がありさえすればその形式を満たすことになる。したがって個々の勘定は互いに独立した部門であってもよくただ部門分類が共通の標識であればよい[55]」と続く。

帳簿組織の根幹をなす「複式簿記の二重性[56]には，取引の二重性と資産と資本の二重性があるが，行列簿記は取引の二重性に力点があり，勘定式簿記は資産と資本の二重性に力点があり，取引の二重性はその前提のうえにたっているといえる。したがって行列簿記が損益計算といえるのは勘定式簿記における損益計算の類推から[57]」である。

さらに「伝票式簿記＝複写式簿記は，いわば機械化簿記会計の領域であり，手記式簿記とは異なる操作の結合があり，若干問題の領域を異にしている[58]」と論じた後で「行列簿記が損益計算といえるのは勘定式簿記における損益計算の類推から[59]」であると述べているが，藤田昌也が1972年に論じている内容は会計ソフト等の内部処理の説明をしているかのような既視感を覚える。

統制勘定について少し論じてみる。帳簿組織において得意先元帳を補助元帳として使用している場合に，得意先が多いときには多数の補助元帳を作成しなければならず把握が難しくなる。総勘定元帳に売掛金勘定を設けて統括することとなるため，これを統制勘定とよぶ。この統制勘定は会計ソフト等では必ず補助元帳と総勘定元帳の機能が一体となるように設計されているが，かならずしもそのように設計しなければならないわけではない。一方でSAPにおける統制勘定は，補助元帳と総勘定元帳の整合性を保つ役割をもつ。売掛金，買掛金等の取引は必ず補助元帳に転記され，総勘定元帳にはその合計分が統制勘定科目に記録される。補助元帳の勘定に転記すると，総勘定元帳の統制勘定に自動的に転記がおこなわれる。統制勘定のしくみを使用すると，補助元帳勘定に

転記された金額が総勘定元帳にも自動的に転記されるため，貸借対照表と損益計算書をいつでも作成することが可能となる[60]。

図表 5-12　SAP における統制勘定の影響イメージ図

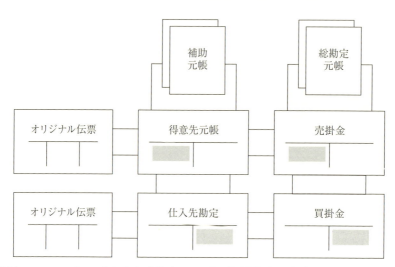

（出典）SAP Japan ウェブサイト『勘定タイプの統制勘定の意義』，http://help.sap.com/saphelp_470/helpdata/ja/c7/a88b8f43dd11d182b30000e829fbfe/content.htm，［2017 年 6 月 15 日閲覧］。

SAP においては上述のように設計されているので当然帳簿組織など存在しえない。

5-C　本章における結論

二十数年前に「分記法は現在ほとんど利用されていないが，それは仕訳が煩雑になるからである。コンピュータが発展した現代ではその劣位性はなくなり分記法をもちいることは可能である」とある高校教諭がいっていたことを思い出した。結論からいえばそれは誤りであった。越村式行列簿記表[61]では分記法を採用し「10　売買益」となっているが，西　順一郎，宇野　寛，米津晋次

の行列簿記表[62]では三分法が使用されている。この疑問をもったことがこの章における研究の出発点であった。

　コンピュータを簿記に利用することで容易に分記法が適用可能であると想像していたが問題点は多い。手書きをするうえで最善であったシステムが，コンピュータ上で最適であるという道理はない。企業会計原則等や損益計算書の形式までを含めて改定をする必要があるのかもしれない。実務界ではどの商品から値引きするというわけではなく，いわゆるどんぶり勘定で値引きをする局面もあると推察される。分記法を利用した場合に，どのように会計処理され，コンピュータ処理されるのか興味深い。また分記法であればすべての利益は計算を経ずに把握可能であるが，実地棚卸を省略できるわけではない。

　図表5-11の説明においては商品勘定から売上原価勘定へ振り替える売上原価対立法を採用しているので，商品の増減財産管理をリアルタイムでおこなうことが可能である。三分法は，期（月）末になって売れ残った商品の金額を調べることなしに，どれだけの利益額が計上されているのか不明であるが，売上原価対立法では，商品が販売された時点でどれだけの在庫が残っているか，どれだけの利益（損失）が計上されたかが明確であるという点で優れている。しかし，三分法では仕訳が不要な入出庫データも売上原価対立法では仕訳する必要がある。たとえばサンプル品出荷の場合，「売上原価／商品」という仕訳で商品在庫減と同時に原価に反映させるのである。

　分記法にせよ売上原価対立法にせよ「アメリカの最近の簿記書では，この方法について触れるところをみないのは，一般性に乏しいからである[63]」とされる。やはり実務の世界では厳密さよりも簡便性の高さを重視した結果であると推察される。

　結局，企業にたいして聞き取り調査を実施したが，商品売買の記帳法が分記法であるとも三分法であるともいえる明確な結論はえられず，売上原価対立法をみかけることはなかった。実務で三分法が広く浸透しているので，いくらコンピュータ処理においては分記法や売上原価対立法が適しているといっても，それを看過することはできないと推察される。

　佐藤によれば「現在のコンピュータ・システムの会計ソフトの多くは，デー

タベース機能を最大限に活用しようとする結果,内部構造はマトリックス会計の思想に沿った構造（本書筆者注：総勘定元帳は貸借マトリックス上の"セル"に在る，貸借区分は金額の正負記号に置き換える，など）を持ってい[64]」るとされる。すなわち，利用者がディスプレイ上で操作する際には伝統的な記帳方法である三分法を利用しているが，内部構造は仕訳帳や総勘定元帳の形式など存在せずマトリックス形式であるということである。

　柴田によれば「販売管理と会計が同一のメーカー・ソフトの場合は共通データとしてもつこともできるが，他メーカーの市販会計データを売上・仕入入力と同時にリアルタイムで更新することはできない。売上・仕入データを自動仕訳でエクスポート・インポートして月末に販売管理システムから出力した在庫一覧表の在庫金額を三分法で起票し合計転記する方法が，一般的・安価でシンプルである[65]」とされることからも，この処理方法が現実的なのかもしれない。

　一方で柴　健次によると，会社によっては，「仕訳帳などなくて元帳がすべてのデータなのだ」としてデータベースを構築している会社と「必ずしも借方，貸方という発想もない」といった会社などコンピュータ内部は無秩序状態といっても過言ではない。ただし，伝統的な財務諸表のデータを取得するためには複式簿記が存在するので，この数字はこれと加算してこれを減算してなどというデータの加工方法は存在する。その結果，帳簿組織が完全にブラックボックス化し各社各様でバラバラな処理になりはじめているとされる[66]。コンピュータプログラム内では簿記書で説明される「帳簿組織」などあってなきがごとしの状態である。

　この乖離は藤田昌也の説明によって氷解する。手作業簿記においては二重性の概念が資産と資本の二重分類へと統合されるようになっている。しかし行列簿記では投入産出表と同じく資本の概念は必要とせず，交換がありさえすればその形式を満たすことになる。その結果として作成順序にこだわりがなくなるため，行列簿記ひいてはコンピュータ会計において帳簿組織は存在しえないのである。これはSAPの内部処理をみても明らかなことである。

　しかし外部利害関係者への報告が最大の目的になっている場合には「たとえ

各社各様の外部報告用情報処理システムが存在するとしても，概念的に同種の情報の生産を可能とする情報処理システムは同一とみなしてよい[67]」とされる。

　大藪俊哉によれば「バラバラになっても，インプットデータは（帳簿組織にのっとって仕訳をした：本書筆者加筆）通常のもので，アウトプットをどのように使うかというのは，通常われわれが考えている方法でやる[68]」のであればブラックボックスであろうとなかろうと同じであるという発言もある。会計ソフトを開発する会社がどのような設計をするのかには触れずに，ブラックボックスにインプットする部分とアウトプットされた部分が理路整然となっていれば問題なしとするのが研究するうえでの最善策かもしれない。

　市販の会計ソフト間に互換性がないことは周知の事実である。わかりやすい箇所でいえば，項目名が異なっている。たとえば財務諸表データにおける「日付」という欄が，「伝票日付」，「取引日付」，「年月日」，「月日」，「日付」などさまざまな名称で表現されている。どれも同じ意味をもつことは人間であれば理解可能であるが，コンピュータには判断できない。現状ではそれを紐付けするのは人間の手作業である。これをどのように解消していくかについて，次章において論じたい。

【註】

1）土方　久「記録の起源と複式簿記の記録（Ⅱ）」『商学論集』（西南学院大学）第 57 巻第 1 号，2010 年 6 月，1-27 頁。

2）小島男佐夫『簿記史論考』森山書店，1964 年，207-208 頁。

3）沼田嘉穂『簿記教科書［五訂新版］』同文舘出版，1992 年，257 頁。

4）同上書，261 頁。

5）同上書，261 頁。

6）日本商工会議所主催簿記検定では 3 伝票制と 5 伝票制が出題範囲とされてきたが，5 伝票制を採用している企業が少ないという理由で，2016 年 6 月以降の出題範囲から 5 伝票制は除外された。

　　日本商工会議所ウェブサイト『商工会議所簿記検定試験出題区分表の改定について』，

https://www.kentei.ne.jp/wp/wp-content/uploads/2015/05/h28kaitei_shushi.pdf，2015年4月24日，［2017年6月15日閲覧］．
7）記録会計方式というのは河野一英が伝票会計方式と対比するためにもちいた用語である．
　　河野一英「EDP会計の実務」『経理知識』（明治大学）第51号，1970年3月，12頁．
8）同上論文，12頁．
9）同上論文，12頁．
10）パンチカードシステムとは和声英語であり，英語ではタビュレーティングマシン（Tabulating Machine）もしくはタビュレータ（Tabulator）と呼ばれる．本書では一般的になじみのあるパンチカードシステムと表記することにする．
11）花岡　菖「黎明期のコンピュータの発展に関する一考察（1）」『経済系』（関東学院大学）第215集，2003年4月，61-63頁．
12）河野一英，前掲論文，12頁．
13）以下のウェブサイト等を参照のこと．
　　国税庁ウェブサイト『電子帳簿保存法について』，http://www.nta.go.jp/shiraberu/zeiho-kaishaku/joho-zeikaishaku/dennshichobo/jirei/，［2017年6月15日閲覧］．
14）スマートフォンを利用した家計簿作成アプリケーションソフトである「家計簿レシーピ！」などはレシートをカメラで撮影したりカード決済情報を取り込んだりして入力の手間を省略しながら家計簿を作成することが可能である．
　　Ketchapp！ウェブサイト『レシーピ！のインストールと楽しい家計簿管理』，http://ketchapp.jp/trst/receipi/1/，［2017年6月15日閲覧］．
15）全自動クラウド型会計ソフトFreeeなどをもちいて日々の帳簿から確定申告までを自動的におこなうことも可能である．
　　廣升健生『会社の経理を全自動化する本』翔泳社，2014年．
16）「複合取引を単純取引に分解せず，複合取引は複合取引のまま処理する」として勘定科目が5，6個ある取引を1つのデータとして記録する方法が藤田芳夫によって論じられている．しかし後述するようにデータが冗長的になるのでデータ保存方式としては望ましいとはいえない．
　　藤田芳夫「伝統的複式簿記とコンピューター――電子計算機複式簿記における仕訳帳の廃止――」『商学討究』（小樽商科大学）第19巻第1号，1968年8月，27頁．
17）後述するが弥生株式会社の会計ソフトには複合仕訳を記帳可能にしてあるバージョンも存在する．その場合コンピュータ内部でどのようなルールに沿って分解しているのか不明である．
18）本書筆者が株式会社A社の総務部長ならびに経理部長への聞き取り調査をした結果である．2014年1月22日聞取り調査．

第 5 章　記帳の効率化　213

19) JAN（Japanese Article Number）コードは，日本の共通商品コードとして流通情報システムの重要な基盤となっている。JAN コードは日本国内のみの呼称で，国際的には EAN コード（European Article Number）と呼称され，アメリカ，カナダにおける UPC（Universal Product Code）と互換性のある国際的な共通商品コードである。
　　一般財団法人流通システム開発センターウェブサイト『JAN コードとは』，http://www.dsri.jp/jan/about_jan.htm，[2017 年 6 月 15 日閲覧]。
20) POS システムに購入者識別のための入力ボタンは計 10 個あり，12 歳以下，13 から 19 歳，20 から 29 歳，30 から 49 歳，50 歳以上の男女別に分類されている。レジ係が押し忘れないようにこのボタンを最後に押さないとレジが開かないようになっている場合がほとんどである。
21) 渡部裕亘，北村敬子，片山　覚『検定簿記講義（平成 25 年版）3 級商業簿記』中央経済社，2013 年 4 月，においては，第 2 章（25 頁）では分記法が，第 6 章（80 頁）では総記法が説明されている。
22) 中村　忠『現代簿記［新訂第 5 版］』白桃書房，2008 年，58 頁。
23) 武田隆二『簿記Ⅰ＜簿記の基礎＞［カラー版第 5 版］』税務経理協会，2009 年，161-162 頁。
24) 沼田嘉穂『現記教科書［五訂新版］』同文舘出版，1992 年，83 頁。
25) 杉本典之『会計理論の探求──会計情報システムへの記号論的接近──』同文舘出版，1991 年，206 頁。
26) 大藪俊哉編著『簿記テキスト［第 5 版］』中央経済社，2010 年，78 頁。
27) 櫻井康弘「コンピュータ会計における商品売買取引処理に関する一考察」『経理研究』（中央大学）第 54 号，2011 年 2 月，356 頁。
28) 同上論文，360 頁。金額は本書筆者が加筆。
29) ユーザーはコンピュータ処理をインターネット経由で，サービスとして利用し，その対価を払う。サービスにはサーバ，アプリケーション，ストレージなどがある。
30) 齋藤　聡「会計分野における 3 つの標準化（IFRS，XBRL，CLOUD）の動向と展望」『産業能率大学紀要』第 30 巻第 2 号，2010 年 2 月，35-60 頁。
31) 米国の企業会計基準の取りまとめをおこなう機関。1973 年設立。国際的な会計基準である IFRS（国際財務報告基準）を規定する IASB（国際会計基準審議会）と会計基準の統合に向けて協議をおこなっている, http://kotobank.jp/word/FASB，[2017 年 6 月 15 日閲覧]。
32) 山形休司『FASB 財務会計基礎概念』同文舘出版，1986 年。
33) 石川純治『複式簿記のサイエンス』税務経理協会，2011 年。
34) 櫻井康弘，前掲論文，356 頁。
35) 間　顕次著，鹿島兼一監修『今日から始める弥生会計 13』ソシム，2012 年，66-69 頁。
36) 本書筆者がダウンロードしたのは 2013 年 12 月 2 日であるが，最新版を以下のウェブサ

イトからダウンロードすることが可能である。

　　弥生株式会社ウェブサイト，http://www.yayoi-kk.co.jp/products/download/index.htm，[2017年6月15日閲覧]。
37) 複合仕訳を作成する場合，『弥生会計』では振替伝票に都度切り替えて仕訳を記帳する必要があるが，『弥生会計AE』の[高速仕訳入力]を利用すれば，複合勘定を使用することで，画面を切り替えることなく複合仕訳を作成することが可能である。

　　同上ウェブサイト，[2017年6月15日閲覧]。
38) XBRL Japan 監修，坂上　学・白田佳子編『XBRLによる財務諸表作成マニュアル』日本経済新聞社，2003年。
39) EDINET（Electronic Disclosure for Investors' NETwork）とは，「金融商品取引法に基づく有価証券報告書等の開示書類に関する電子開示システム」のことで，提出された開示書類について，インターネット上における閲覧を可能とするものである。
40) EDGAR（Electronic Data-Gathering, Analysis, and Retrieval system）とは，企業その他法人が1933年米国証券法および1934年証券取引所法等にもとづき証券取引等監視委員会（Securities and Exchange Surveillance Commission：SEC）へ提出が義務付けられている書類を自動収集・確認・分類・受理等するためのシステムの名称である。
41) 金融庁ウェブサイト，http://disclosure.edinet-fsa.go.jp/EKW0EZ0001.html?lgKbn=2&dflg=0&iflg=null，[2017年6月15日閲覧]。
42) 日本取引所グループウェブサイト，http://www.jpx.co.jp/index.html，[2017年6月15日閲覧]。
43) TecaWeb ウェブサイト，http://tecaweb.net/archives/26，[2017年6月15日閲覧]。
44) 柴田充啓IT税理士事務所ウェブサイト『商品の三分法・分記法と売上原価対立法』，http://www.itzeirishi.com/?p=191，[2017年6月15日閲覧]。
45) Enterprise Resource Planning の略。企業全体を経営資源の有効活用の観点から統合的に管理し，経営の効率化を図るための手法・概念，およびこれを実現するITシステムやソフトウェアのこと。これを実現するための統合型（業務横断型）業務ソフトウェアのパッケージ製品のことを「ERPパッケージ」と呼ぶことがある。

　　IT用語辞典 e-WORD，http://e-words.jp/w/ERP.html，[2017年6月15日閲覧]。
46) SAP（Systems, Applications And Products in Data Processing）とは，1972年にドイツのワルドルフで設立されたERPパッケージ（統合業務パッケージ）ソフトの大手ベンダーの名称である。正式名称は「SAP AG」。また，ERPソフト「SAP R/3」の略称としてもちいられることもある。ちなみに日本法人は「SAPジャパン」である。

　　IT用語辞典 BINARY，http://www.sophia-it.com/content/SAP，[2017年6月15日閲覧]。
47) 柴田充啓，前掲ウェブサイト，[2017年6月15日閲覧]。
48) アステム株式会社の提供する業種別販売管理パッケージ。顧客ごとにオリジナルカスタ

マイズすることができ，市販会計ソフトへ自動連動させることも可能である。
　　アステム株式会社ウェブサイト『ふくろう販売管理システム』，http://www.astem.com/，〔2017年6月15日閲覧〕。
49）株式会社オービックビジネスコンサルタントの提供する会計ソフト（パッケージ）。
　　株式会社オービックビジネスコンサルタントウェブサイト『奉行クリック』，http://www.obc.co.jp/，〔2017年6月15日閲覧〕。
50）柴田充啓，前掲ウェブサイト，〔2017年6月15日閲覧〕。
51）柴田充啓のイメージ図およびその他の説明箇所ではこのような仕訳および説明になっているが，通常の三分法でいえば以下のような仕訳が通りがよいであろう。
　　　　繰越商品　6,000／仕　入　6,000
52）藤田昌也「行列簿記と帳簿組織」『西南学院大学商学論集』第19巻第1号，1972年5月，118頁。なお，藤田昌也は勘定式簿記と呼称しているが，勘定簿記と同様のものである。本書では「勘定式簿記」といわず「勘定簿記」に統一することとする。
53）統括勘定とは前述の統制勘定と同義である。
54）高寺貞男『会計政策と簿記の展開』ミネルヴァ書房，1971年，348頁。
55）藤田昌也，前掲論文，119頁。
56）二重性の分類方法にはさまざまなものがあるが，リトルトンによれば「『二重性』概念には3つの意味の二重性が表現されている。第1は元帳と仕訳帳のような『帳簿の二重性』であり，第2は借方ページとその反対側にある貸方ページのような『勘定形式の二重性』であり，第3は『記入の二重性あるいは転記の二重性』である（文中のかぎ括弧は本書筆者による）」とされる。
　　A. C. Littleton, *Accounting Evolution to 1900,* Russell & Russell, 1933, p.24.
57）藤田昌也，前掲論文，1972年5月，119頁。
58）同上論文，118頁。
59）同上論文，119頁。
60）SAP Japan ウェブサイト『勘定タイプの統制勘定の意義』，http://help.sap.com/saphelp_470/helpdata/ja/c7/a88b8f43dd11d182b30000e829fbfe/content.htm，〔2017年6月15日閲覧〕。
61）越村信三郎『行列簿記のすすめ――電算機時代の會計――』日本経済新聞社（日経文庫），1967年，66-67頁。
62）西　順一郎，宇野　寛，米津晋次『利益が見える戦略MQ会計』かんき出版，2009年。
63）武田隆二，前掲書，54頁。
64）佐藤　博ウェブサイト『図解：複式簿記――仕訳のセマンティックス――』，http://home.s06.itscom.net/datacent/，2010年9月，〔2017年6月15日閲覧〕。
65）柴田充啓，前掲ウェブサイト，〔2017年6月15日閲覧〕。
66）大藪俊哉インタビュー時における柴　健次の発言を一部修正のうえ引用。

中野常男『複式簿記の構造と機能』同文舘出版,2007年,160頁。
67) 柴　健次『市場化の会計学——市場経済における制度設計の諸相——』中央経済社,2005年,68頁。
68) 大藪俊哉インタビュー時における発言を引用。
中野常男,前掲書,160頁。

第6章
DBMS と複式簿記

6-1 スプレッドシートとカード型データベース

6-1-1 コンピュータの変遷と会計処理

　これまで論じてきたように複式簿記システムの歴史はコンピュータ・システムの歴史と密接な関係をもちながら発展している。この章では具体的にどのような変遷をたどり，どのような問題点が生じているのかについて論じてみる[1]。具体的にいえば，会計ソフトや会計情報システム等でおこなわれている処理が伝統的な手計算による会計処理とどのような違いがあるかを考察し複式簿記システムの理解を深めることにある。

　複式簿記は，地中海貿易で繁栄したイタリアの商業都市で，商業と銀行業の記録・計算の道具として実務のうちから誕生・発達した。そして 1494 年に出版されたルカ・パチョーリによる初の複式簿記の解説書である『算術・幾何・比および比例総覧[2]』によってその体系的組織を確立した。

　一方でコンピュータの歴史は，1946 年にペンシルヴァニア大学で世界最初の電子計算機といわれる ENIAC が登場し，1950 年代に入ると Univac I，IBM650 などの事務処理用のコンピュータも商品化され一般に普及するようになってきた。そしてコンピュータの簿記会計への利用が始まった。それは IDP システム (Integrated Data Processing System)，トータル・システム，EDP 会計 (Electronic Data Processing Accounting)，コンピュータ会計，電子計算機会計など多くの名称で呼ばれ，さまざまな研究が 1960 年代から 1970 年代にかけてもっとも盛んにおこなわれた。

　伝統的な手計算処理による記帳会計方式から伝票会計方式や EDP 会計方式

へと移行する過程で想定しえない事態が生じた。転記という作業が消滅したのである。一方で試算表の存在は不要だという意見も散見される。伝統的な手計算による会計処理において試算表を作成しないということは理解しがたいことである。「現在の複式簿記システムの勘定科目体系は非常に巧妙に作り上げられており，財の変動の原因となるフロー情報とその結果であるストック情報の記録をひとつのシステムのなかで共存させるハイブリッドな構造をもっている[3]」。その巧妙さゆえに体系の変更が難しい。

一方でビッグデータの登場を待つまでもなく，データは増大しグローバル化している。いまや簿記の世界にコンピュータを導入すべきではないという意見はありえないであろう。複式簿記にはまだまだ解明できていない点も多く存在する。そして簿記学や会計学の研究者にもコンピュータにたいしての理解がない点も多く存在する。電話がなかった時代，固定電話しかなかった時代，携帯電話が普及した時代，スマートフォンが普及している時代と使用方法もマナーも変化している。それが当然の帰結である。

コンピュータを導入することで会計処理に変化が生じた。それならばコンピュータの何が変化を生じさせたのであろうか。そこで会計処理に変化を引き起こす重要な点をDBMS（Data Base Management System：データベース管理システム）におけるデータ定義や格納方法ではないかという視点に立ち，データベースの変遷に着目しながら論をすすめていく。

6-1-2 スプレッドシート

国民所得分析や経済波及効果にもちいられるレオンチェフの産業連関表[4]（投入－産出分析：Input-Output Analysis）に着想をえて，マテシッチが行列簿記（Matrix Bookkeeping）を考案したとされている[5]。日本における簿記会計へのコンピュータ利用の導入と行列簿記の導入は同列に論じられることが多かったため行列簿記を題材としてまず論を進める。

行列簿記とは「従来の複式簿記のように取引を借方と貸方の左右に仕訳する方式にかえて，それを縦と横との行列に配列し，一枚のチャートで仕訳帳，元帳，試算表そして損益計算書，貸借対照表を同時にあらわし，企業活動におけ

るストックとフローの演算を数学上の行列（マトリックス）と行列式（デターミナント）とでおこなうことのできる仕組みをもった簿記[6]」である。マテシッチの名づけた行列簿記ということばが一般的であるが，コーラーはスプレッドシート（Spread Sheet）と呼んだ[7]。

　スプレッドシートとは格子状に引かれた線に区切られたマス目（セルという）に数値，数式を打ち込むことで，自動的に演算結果を求めることが可能であるものをいい，Ms-Excel に代表されるような表計算ソフトのことをいう。データベースの範疇ではないが，最初にスプレッドシートについて論ずる。

6-1-3　スプレッドシートとマテシッチの行列簿記表

　まず，取引を仕訳したものを勘定科目ごとに行と列に並べるわけであるが，マテシッチの設例[8]をもとに考察してみたい。

(1)　現　　金　500　／　資本金　500　……　出　　資
(2)　債　　権　400　／　現　　金　400　……　現金貸付
(3)　債　　権　 40　／　損　　益　 40　……　受取利息の請求
(4)　現　　金　250　／　債　　権　250　……　債権回収（第1回割賦金）
(5)　損　　益　 10　／　現　　金　 10　……　経費支払
(6)　現　　金　100　／　債　　権　100　……　債権回収（第2回割賦金）

　この仕訳を行列簿記表（MB チャート：Matrix Bookkeeping Chart）にあてはめてみると**図表 6-1** のようになる。

図表6-1 マテシッチの行列簿記表

		1 資本（借方）	2 現金（借方）	3 債権（借方）	4 損益（借方）	5 閉鎖残高（借方）
1	資本（貸方）		(1) 500			
2	現金（貸方）			(2) 400	(5) 10	
3	債権（貸方）		(4) 250 (6) 100			
4	損益（貸方）			(3) 40		
5	閉鎖残高（貸方）					

（出典） Richard Mattessich, "Towards a General and Axiomatic Foundation of Accountancy: With an Introduction to the Matrix Formulation of Accounting Systems," *The Accounting Reserch*, Vol.8, No.4, October 1957, p.333, Table1 を若干の修正のうえ引用。

（注意） 原典では "balance sheet" と記してあるが，他の勘定科目を考慮に入れたうえで敢えて「閉鎖残高」と訳してある。

このときの並べ方にも2通り考えられる。貸方の勘定科目を行に並べ借方の勘定科目を列に並べる方法（貸行借列法）と借方の勘定科目を行に並べ貸方の勘定科目を列に並べる方法（借行貸列法）である。**図表6-1**でわかるようにマテシッチは貸行借列法を使用している。一方で高寺貞男は借行貸列法を使用している。

第6章　DBMSと複式簿記　221

図表6-2　貸行借列式行列簿記表

	1 財貨 +	2 貨幣 +	3 債権 +	4 負債 −	5 純資産 −	6 利益 −	7 損失 +	8 純益 −
1 財貨−	− +	− +	− +	− +	− +	− +	− +	− +
2 貨幣−	− +	− +	− +	− +	− +	− +	− +	− +
3 債権−	− +	− +	− +	− +	− +	− +	− +	− +
4 負債+	+ −	+ −	+ −	+ −	+ −	+ −	+ −	+ −
5 純資産+	+ −	+ −	+ −	+ −	+ −	+ −	+ −	+ −
6 利益+	+ −	+ −	+ −	+ −	+ −	+ −	+ −	+ −
7 損失−	− +	− +	− +	− +	− +	− +	− +	− +
8 純益+	+ −	+ −	+ −	+ −	+ −	+ −	+ −	+ −

（出典）越村信三郎『詳解行列簿記――原理と応用――』第三出版，1968年，37頁，表6を本書筆者が若干の修正のうえ引用。

図表6-3　借行貸列式行列簿記表

	1 財貨 +	2 貨幣 +	3 債権 +	4 負債 −	5 純資産 −	6 利益 −	7 損失 +	8 純益 −
1 財貨−	+ −	+ −	+ −	+ −	+ −	+ −	+ −	+ −
2 貨幣−	+ −	+ −	+ −	+ −	+ −	+ −	+ −	+ −
3 債権−	+ −	+ −	+ −	+ −	+ −	+ −	+ −	+ −
4 負債+	− +	− +	− +	− +	− +	− +	− +	− +
5 純資産+	− +	− +	− +	− +	− +	− +	− +	− +
6 利益+	− +	− +	− +	− +	− +	− +	− +	− +
7 損失−	+ −	+ −	+ −	+ −	+ −	+ −	+ −	+ −
8 純益+	− +	− +	− +	− +	− +	− +	− +	− +

（出典）越村信三郎『詳解行列簿記――原理と応用――』第三出版，1968年，40頁，表8を本書筆者が若干の修正のうえ引用。

222 第Ⅲ部 記帳の効率化とデータ保持

一般的にいえば，これまでの複式簿記の伝統を重視する会計学者の立場から行列簿記に接近した人びとは主として借行貸列法に傾斜し，一方で産業連関表の記法を重視する国民経済学者の立場からアプローチした人びとは貸行借列法を採用している[9]。これは借行貸列法のほうが仕訳の並びに近いことと，貸行借列法が産業連関表のならびに近いことに起因している。高寺貞男が調べたところによると，前者をとるケースと後者をとるケースはほぼ同数である[10]。特に優劣はないが，本書では会計行列代数をもちいることから貸行借列法を採用する。

6-1-4 行列簿記表と旧来の帳簿および財務諸表との関係

この図表のなかには貸借対照表等式も何も定義されてはいない。結果として

図表6-4 行列簿記表と旧来の帳簿および財務諸表との関係

	0 期首残高	1 財貨 +	2 貨幣 +	3 債権 +	4 負債 −	5 純資産 −	6 利益 −	7 損失 +	8 純益 −	9 貸方合計	10 期末残高
0 期首残高		期首貸借対照表（借）									
1 財貨 −	期首貸借対照表（貸）	仕訳帳・総勘定元帳								合計試算表（貸）	期末貸借対照表（貸）
2 貨幣 −											
3 債権 −											
4 負債 +											
5 純資産 +											
6 利益 +											損益計算書（貸）
7 損失 −											
8 純益 +											
9 借方合計		合計試算表（借）				損益計算書（借）					
10 期末残高		期末貸借対照表（借）									

（出典）越村信三郎『詳解行列簿記――原理と応用――』第三出版，1968年，81頁，表22を一部加筆修正のうえ引用。

誤記入さえなければ貸借対照表を作成可能であることは容易に想像できる。このようにして仕訳を積み重ねていくと最終的に以下のような行列簿記表（MBチャート：Matrix Bookkeeping Chart）が作成される。その際の旧来の帳簿および財務諸表との関係も提示しておく。

　ここでは図表に載せにくいので記していないが，現金欄を設けた場合にその入金，出金額を一覧にすればキャッシュ・フロー計算書としての価値も付与することが可能である。行列簿記は伝票会計とともに論じられることが多かったが，従来の伝票をコンピュータに読みとりやすい形式にしたものがカードであり，この意味において伝票とカードは同義である。行列簿記の体系を作った越村もカード利用を念頭においていた[11]。伝票に慣れた日本人にとって理解しやすかったためデータベース揺籃期にはカード型データベースが主流であった。

　カード型データベースは1レコードごとのデータをカードに見立てて管理する点が特徴である。データ構造も簡易であったため，処理能力の低いコンピュータでも支障なく作動した。設計も操作も簡単で動作も軽快である。

　日本では株式会社管理工学研究所の「桐」が有名で1980年代後半から1990年代前半にかけて業界を席巻した。しかしデータ量が増えるに従って管理することが難しくなることなどから，今日では市場占有率はきわめて少なくなっている。たとえば小売業を営むある商店で特売をおこなうため商品の単価を変更したとする。そのときにすべてのレコードからその商品の単価を呼び出してそれぞれのレコードの単価を書き換えていかなければならない。また百貨店のように多くの種類の商品についておこなう場合にはその仕事量は増加する。**図表6-4**においては9つの項目しかないが，1レコード中に多量の情報を含む場合には些細な変更作業でさえ多大な労力を要することとなる。1レコードのデータ量が増大すると検索効率が低下するなど不具合が多いため，カード型データベースを快適に利用するには単純構造，少量のレコード数であることが望まれる。

6-2 リレーショナルデータベース

6-2-1 演算誤差

　更新作業に優れたリレーショナルデータベースが現在の主流であるが、コンピュータ内部の構造理解の一助とするために、Ms-Excel で単純な計算がうまくいかない例を論じてみる。たとえば、ある店の顧客満足度（5段階）の平均値を前回調査と今回調査と手入力したとする。その増減値を Ms-Excel の計算式により減算し、0.1 ポイント以上増加した場合には"○"を表示するように IF 文を入力しておく。これだけの単純な簡易プログラムであり、目視により容易に結果も想像がつくが、正しく作成することができない。

図表 6-5　Ms-Excel で浮動小数点演算の結果が正しくない例

A	B	A−B
5.5	5.4	0.0999999999999899
5.6	5.5	0.0999999999999896
5.7	5.6	0.1000000000000010
5.8	5.7	0.0999999999999896
5.9	5.8	0.1000000000000010
6.0	5.9	0.0999999999999896
6.1	6.0	0.1000000000000090

（出典）本書筆者作成。

　それはコンピュータ内部で処理速度を優先し、小数の表示に関して若干の誤差を黙認しているからである。簡単に述べると、コンピュータ内部では2進数ですべての処理をおこなうが、小数を正確に表示しようとすると多くのデータ量を必要とする。10進数における 0.1 とは 2 進数においては 0.00011001100110011001100 の循環 2 進数となる。そこで浮動小数点数を適度な容量の領域に格納し、計算を比較的高速に実行可能にするために IEEE754 という規格をもちいている [12]。その結果として 0.1 は Ms-Excel 内部では若干大きな数値（0.1000000000000000055511151231257827021181583404541015625）で格納されることとなる。その結果として**図表 6-5** のような誤差が生じるのである。

これを回避するには Ms-Excel では① Round 関数をもちいる方法と，②浮動小数点の丸め誤差の「表示桁数で計算」オプションを利用する方法がある。①の方法は容易におこなえる。しかし②の方法では［Excel オプション］－［詳細設定］－［この BOOK を計算する時］－［表示制度の設定］チェックボックスをオンにする[13]だけでなく，利用する BOOK において特定の数値形式を使用して番号をフォーマットする必要もあり，ほとんどの利用者が敬遠すると考えられる。

6-2-2　3層スキーマ

われわれの想像と違う操作をしているのはデータベースにおける格納方法も同様である。現在の DBMS の主流はリレーショナルデータベースであり，その構成要素の考え方の主流は3層スキーマである。その3層スキーマにあてはめて前述のことを考えてみると，仕訳データは概念スキーマに相当し，総勘定元帳やさまざまな財務諸表は外部スキーマとしてとらえることが可能である。そして，現実の会計ソフトなどでも，同様な考え方をもちいて設計されている。

　3層スキーマについて簡単に述べる。データベースの構造やデータの格納形式のことを「スキーマ」と呼ぶ。ANSI（American National Standards Institute：米国規格協会）で標準化された ANSI/X3/SPARC の「3層スキーマ」と呼ばれるものが有名である。3層スキーマとは，データベースシステムの基本的な構成を3つの構造により定義したもので，現在ほとんどの DBMS 製品で取り入れられている。

　3層スキーマでは，各層が以下のように定義され，3つに分割することでデータの独立性を高めている。概念スキーマ（Conceptual Schema）とは，データベースで管理する対象の定義をいい，データの論理的な構造を定義する。もっとも抽象度が高く，外部スキーマと内部スキーマを結び付けるよりどころとなる。これには表（テーブル）の定義が該当する。外部スキーマ（External Schema）とは，データベース利用者に必要なデータの定義をいい，ユーザーの視点からデータを定義する。概念スキーマのなかで応用プログラム（たとえば，Microsoft Access

が利用する部分のみを記述する。これにはビュー表が該当する。内部スキーマ（Internal Schema）とはデータの物理的な格納方法のことでインデックスやデータファイル配置などを定義する。これには記憶装置（HDD等）記録が該当する。

6-2-3　正規化

　3層スキーマに準拠していれば，異なるデータベース管理システムであってもデータを相互利用することが可能であるという優位性がある。利用者がデータベースシステムへデータ検索などを要求する場合，利用者は外部スキーマ（ビューなど）とやりとりをし，外部スキーマは概念スキーマ（テーブルなど）とやりとりをし，概念スキーマが内部スキーマ（インデックスやデータ配置など）とやりとりをし，内部スキーマがデータとやりとりをすることとなる。たくさんのデータを管理しようとするとデータ量が膨大に増えることになる。そこで重複するデータの無駄をなくし，より単純な形にする必要がある。この作業を正規化という。たとえば，下記のようなテーブルがあるとする。

図表 6-6　非正規形

【発注表】

発注番号	発注日付	仕入先コード	仕入先名	仕入先住所	商品コード	商品名	仕入単価	発注数量
1001	2012/12/11	T001	尾道食品	広島県尾道市〇〇	K501	マンゴープリン（20個）	3,200	30
					S312	珈琲ゼリー（15個）	2,800	18
1002	2012/12/13	T002	福山乳業	広島県福山市〇〇	V23	野菜アイス（1L）	2,600	40
					L51	バニラアイス（2L）	2,400	80
					P96	抹茶アイス（2L）	2,200	25
1003	2012/12/15	T001	尾道食品	広島県尾道市〇〇	S312	珈琲ゼリー（15個）	2,800	10

（出典）『平成27年度版情報処理検定模擬試験問題集ビジネス情報1級』実教出版，2015年，30頁を参考に本書筆者作成。

ワープロソフトで作表した場合にこのようなテーブルをみる機会がしばしばある。このままでは利用価値が低いので，これを第1正規化してみる。そのためには重複して繰り返し現れている項目を別の行（レコード）として分離させる必要がある。

図表 6-7　第 1 正規形

【発注表】

発注番号	発注日付	仕入先コード	仕入先名	仕入先住所	商品コード	商品名	仕入単価	発注数量
1001	2012/12/11	T001	尾道食品	広島県尾道市○○	K501	マンゴープリン（20個）	3,200	30
1001	2012/12/11	T001	尾道食品	広島県尾道市○○	S312	珈琲ゼリー（15個）	2,800	18
1002	2012/12/13	T002	福山乳業	広島県福山市○○	V23	野菜アイス（1L）	2,600	40
1002	2012/12/13	T002	福山乳業	広島県福山市○○	L51	バニラアイス（2L）	2,400	80
1002	2012/12/13	T002	福山乳業	広島県福山市○○	P96	抹茶アイス（2L）	2,200	25
1003	2012/12/15	T001	尾道食品	広島県尾道市○○	S312	珈琲ゼリー（15個）	2,800	10

（出典）『平成 27 年度版情報処理検定模擬試験問題集ビジネス情報 1 級』実教出版，2015 年，30 頁を参考に本書筆者作成。

第 1 正規形にした時点でやっとリレーショナルデータベースの体裁が整ったといえる。この表においては，仕入先住所や仕入単価が変更されたなどの場合にひとつのデータ変更のために多くのデータ変更作業をする必要がある。それは発注番号と商品コードというふたつの主キーが存在しているからである。それを解消することで第 2 正規形を作成することが可能である。そのためには一方の値が決まれば，もう一方の値が決まるような「関係従属」と呼ばれる関係にもとづいて表を分割する。換言すれば，主キーとなる項目が決まれば他の項目が決まるような状態に表を分割する。

図表 6-8　第 2 正規形

【発注表】

発注番号	発注日付	仕入先コード	仕入先名	仕入先住所
1001	2012/12/11	T001	尾道食品	広島県尾道市〇〇
1002	2012/12/13	T002	福山乳業	広島県福山市〇〇
1003	2012/12/15	T001	尾道食品	広島県尾道市〇〇

【発注明細表】

発注番号	商品コード	発注数量
1001	K501	30
1001	S312	18
1002	V23	40
1002	L51	80
1002	P96	25
1003	S312	10

【商品表】

商品コード	商品名	仕入単価
K501	マンゴープリン（20個）	3,200
S312	珈琲ゼリー（15個）	2,800
V23	野菜アイス（1L）	2,600
L51	バニラアイス（2L）	2,400
P96	抹茶アイス（2L）	2,200

（出典）『平成 27 年度版情報処理検定模擬試験問題集ビジネス情報 1 級』実教出版，2015 年，30 頁を参考に本書筆者作成。

　第 2 正規形では，主キーが独立した。しかしまだ発注表には仕入先に関するデータが重複して存在している。そのため第 3 正規形にする。そのためには主キー以外の項目に関係従属しているものを分離する。

図表 6-9　第 3 正規形

【発注表】

発注番号	発注日付	仕入先コード
1001	2012/12/11	T001
1002	2012/12/13	T002
1003	2012/12/15	T001

【仕入先表】

仕入先コード	仕入先名	仕入先住所
T001	尾道食品	広島県尾道市〇〇
T002	福山乳業	広島県福山市〇〇

【発注明細表】

発注番号	商品コード	発注数量
1001	K501	30
1001	S312	18
1002	V23	40
1002	L51	80
1002	P96	25
1003	S312	10

【商品表】

商品コード	商品名	仕入単価
K501	マンゴープリン（20 個）	3,200
S312	珈琲ゼリー（15 個）	2,800
V23	野菜アイス（1L）	2,600
L51	バニラアイス（2L）	2,400
P96	抹茶アイス（2L）	2,200

（出典）『平成 27 年度版情報処理検定模擬試験問題集ビジネス情報 1 級』実教出版，2015 年，30 頁を参考に本書筆者作成。

これらのことによってデータが冗長的でなくなり，変更する場合も容易におこなうことが可能になった。リレーショナルデータベースの概念をもつ XBRL においてはこのようなデータのもち方をしている。データベースを正規化する目的は 1 事実 1 箇所（1 fact in 1 place）にすることである。1 事実 1 箇所でない（1 事実複数箇所）場合，3 つの問題が発生する。①主キーが決まらないために事前に登録ができないという事態が発生する。②1 事実複数箇所なので，当然重複が発生する。重複登録の手間がかかるのと，更新の際の更新もれが起こる蓋然性が高い。③主キーを削除したときに関係性が喪失する[14]。

6-3 XBRL におけるデータ管理

6-3-1 タクソノミとインスタンス

　IFRS（International Financial Reporting Standards：国際財務報告基準）導入の一翼をになうものとして，脚光をあびている XBRL（eXtensible Business Reporting Language）がある。XBRL においてもデータベース管理システムは利用されている。XBRL を考察することでデータベース管理システムへの理解を深めたい。XBRL は財務情報を異なるシステム間で流通および利用可能であるように標準化された XML（eXtensible Markup Language）をベースとした言語である。XBRL は XBRL GL[15]（Global Ledger）と XBRL FR（Financial Report）というふたつの部分から構成されている。インプット用の XBRL GL に仕訳データを記述し，アウトプット用の XBRL FR で財務報告をおこなうというしくみである[16]。それを図示したものが**図表 6-10** である。

図表6-10 タクソノミとインスタンスのイメージ

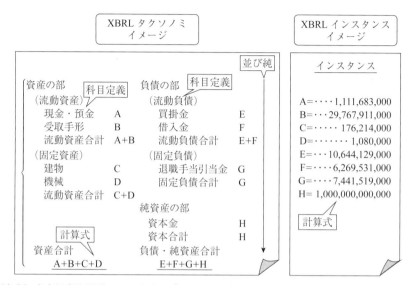

（出典）東京証券取引所ウェブサイト『タクソノミとインスタンスのイメージ』, http://www.tse.or.jp/rules/td/xbrl/about.html, ［2015年3月5日閲覧（2017年6月15日現在リンク切れ）］。

各企業における会計方針については人が指示を与えなければならないがXBRL GL からインスタンスを生成可能であるように設計されている。タクソノミ（Taxonomy：財務報告のための電子的雛型）とインスタンス（Instance：オブジェクトの実体のこと）の関係がどのような仕組みで処理されるかを例示してみると図表6-10 のようになる。タクソノミとインスタンスの働きの違いが明らかになる。XBRL GL からインスタンスを生成可能であるということは，複式簿記システムのしくみや処理の仕方を規定する会計基準などの部分については，基本的にすべて XBRL FR のタクソノミのなかに記述されていることを意味している。換言すれば XBRL タクソノミは，複式簿記システムの形式化された知識であるともいえる。

XBRL GL とは，勘定科目，会計仕訳，勘定残高などの会計・財務情報を表現するための XBRL タクソノミであり，データ形式は XBRL 仕様にもとづい

ている。XBRL のタクソノミのひとつとして定義され，事業活動にともなう内部報告データを異なるシステムやアプリケーション間でやり取りするための共通のデータ仕様である。2007 年 4 月 17 日に XBRL Global Ledger Framework として正式勧告となった。

図表6-11 次世代 EDINET におけるタクソノミとインスタンス（イメージ）

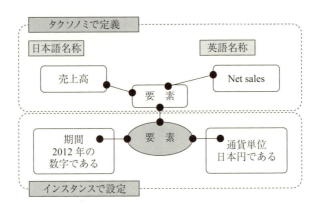

（出典）『EDINET タクソノミ新仕様の概要説明（次世代 EDINET 案)』金融庁総務企画局 企業開示課, 2014 年 6 月 25 日, 2 頁。

6-3-2　XBRL GL

　XBRL GL は，つぎの 3 点のデータ仕様について標準化している。それは，①取引にともなう帳簿（仕訳帳，売掛帳，買掛帳，在庫表，勤務表など）の共通表現，②取引表現に必要となる共通的な構成要素である科目，金額，リソース，事象，関与者，証憑書類などについての共通表現，③試算表，連結計算書の表現および多様な報告書（有価証券報告書，決算短信，納税申告書など）への対応関係である。

　また，事業報告の基礎となる個別の業務の記録を捕捉するための 4 つの構成要素を提供している。それは，①会計仕訳（勘定科目，貸借区分，金額，発生日付および摘要)，②組織，関与者（顧客，取引先，従業員（実行した人，承認した人，記帳した人など)），③証憑書類（文書番号，日付，文書保管場所)，④リソース（在庫，

サービス,固定資産,KPI [17]),⑤他の報告書との対応関係（財務報告書タクソノミとの対応関係）である[18]。

これらにより，たんなる帳簿の記録表現だけでなく，事業活動の詳細について標準的なデータ仕様を提供する。こうした項目を使用して，財務会計の基本データとしてだけでなく，管理会計の基礎データ，財務会計の基礎データとしても利用可能となる。

図表 6-12　XBRL GL タクソノミと仕訳の対応関係

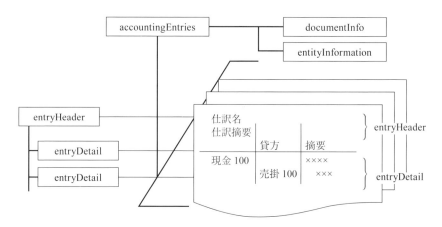

（出典）『XBRL FACTBOOK 2016』Vol.14, 一般社団法人 XBRL Japan, 2016 年 3 月, 19 頁, 図 3。

XBRL GL タクソノミの構造はつぎのとおりである。まず，XBRL 要素の直下に XBRL GL のルート要素 accountingEntries 要素がある。accountingEntries 要素の下位要素は，つぎの 3 種があり，つぎの情報を格納している。

① documentInfo（この文書（ファイル）の情報を格納する），② entityInformation（会社・団体の情報を格納する），③ entryHeader（仕訳データを格納し，複数の仕訳を格納可能である。伝票の見出し情報と明細から構成される）。

会計仕訳を XBRL GL では，**図表 6-12** で示した構造で表現する。entryHeader 要素が会計仕訳の見出し情報であり，entryHeader 要素の下位要素に摘要，登録

者などの情報を格納する。現金や売掛などの詳細（明細）はentryHeader要素の下位要素であるentryDetail要素にまとめて記載する。entryHeader要素は，伝票に対応するので，伝票と同じ数のentryHeader要素が存在することになる。

図表6-13　XBRLと複式簿記システムの対応関係

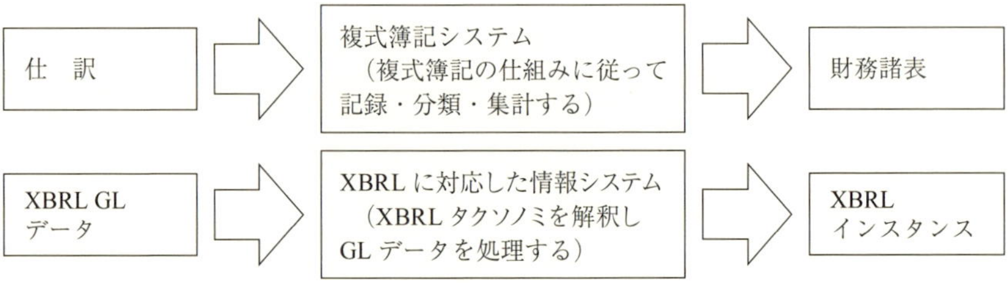

仕訳	⇒	複式簿記システム （複式簿記の仕組みに従って 記録・分類・集計する）	⇒	財務諸表
XBRL GL データ	⇒	XBRLに対応した情報システム （XBRLタクソノミを解釈し GLデータを処理する）	⇒	XBRL インスタンス

（出典）坂上　学「XBRLの構造と複式簿記システムへのインプリケーション」『會計』第169巻第3号，2006年3月，377頁。

一方で，財務諸表の形式や他国の形式に容易に変更可能であるのがXBRLの魅力である。現在の複式簿記システムの勘定体系では誘導的に作成することのできないキャッシュ・フロー計算書も，XBRLでは容易に作成可能である。XBRLの利用としては，国税電子申告・納税システム（e-Tax），地方税ポータルシステム（eLTAX），有価証券報告書等の電子開示システム（Electronic Disclosure for Investors' Network：EDINET）などが知られている。EDINETは2001年の供用開始時点や2004年の強制適用となった時点ではHTMLベースであった。2008年にXBRLが導入されたと喧伝されたときでさえ，有価証券報告書等の財務諸表部分のみというありさまであった。このことは1998年の総務省第545回統計審議会において当時の大蔵省の企業財務課長から，EDINETは「公衆縦覧のためにインターネットを含めた電子化をおこなうものであり，統計そのものを目的としているものではない[19]」という報告があったことからもうかがい知ることが可能である。その後年々拡充され現在に至っているが，検証機能が備わったのは，XBRL 2.1 Specificationにおける追加機能としてFormula Link[20]が導入されたのちであり，それ以前の仕訳や財務諸表の作成には検証機能は

まったく存在しなかったということである。e-Tax についても同様で，e-Tax の運用開始時には XBRL 2.0 Specification が採用されていたが，2008 年 9 月から XBRL 2.1 Specification に対応するようになった[21]。

6-3-3　仕訳帳と元帳の関係

　XBRL GL の意味も当初は General Ledger [22]（総勘定元帳）もしくは The "Journal" Taxonomy [23]（仕訳帳）などと説明されていた。現在は The Global Ledger Taxonomy [24] に統一されているようであるが，開発者側の意識として元帳と仕訳帳を区別しているとは思えない。坂上　学によれば「貸借対照表等式や貸借平均の原理といった基本原理に関する内容は，XBRL タクソノミには何も定義されておらず，勘定科目間の因果性についての情報も欠落している。しかしながらこれらの情報が欠落していても仕訳データから財務諸表を導出することに問題がないことを XBRL は実証している[25]」とされる。

　このように「仕訳帳に記録されているデータを元帳に転記されたデータは，データベース理論的には同じものとしてとらえることが可能である。記録されるデータを時系列に眺めると仕訳帳としてみえるが，項目別にまとめて眺めると元帳としてみえる。少しばかり専門的な用語を使っていえば，外部スキーマ（ビュー）の与え方次第で，仕訳帳にも元帳にもみえるということである[26]」。「XBRL GL は別名『仕訳タクソノミ』（Journalizing Taxonomy）と呼ばれているように，仕訳を記述するものとして位置づけられている。換言するならば『仕訳帳＝元帳』という考え方によって設計がなされており，あらためて総勘定元帳を記述するためのタクソノミを定義していない。これは複式簿記システムの本質観にかかわる部分でもあるが，少なくとも記録すべきデータは『仕訳』データのみで事足り，『総勘定元帳』に対応するデータは不要ということを意味する。このことは，複式簿記において仕訳帳と総勘定元帳の二つは主要簿として欠くことのできないものであるとしてきた従来のイメージとは大きくかけ離れている[27]」とされる。

　複式簿記の揺籃期において帳簿金額に誤りが多かったことは容易に推察されるし，それこそが最大の悩みでもあったことであろう。それを防ぐための手立

図表6-14　XBRL GLの3つの基礎概念の関係

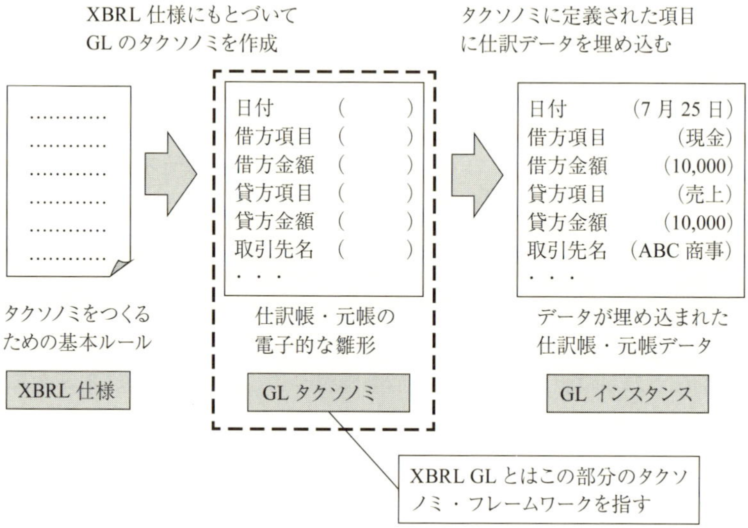

XBRL仕様にもとづいて
GLのタクソノミを作成

タクソノミに定義された項目
に仕訳データを埋め込む

```
日付      （　　）           日付      （7月25日）
借方項目  （　　）           借方項目  （現金）
借方金額  （　　）           借方金額  （10,000）
貸方項目  （　　）           貸方項目  （売上）
貸方金額  （　　）           貸方金額  （10,000）
取引先名  （　　）           取引先名  （ABC商事）
 ...                         ...
```

タクソノミをつくる
ための基本ルール
XBRL仕様

仕訳帳・元帳の
電子的な雛形
GLタクソノミ

データが埋め込まれた
仕訳帳・元帳データ
GLインスタンス

XBRL GLとはこの部分のタクソノミ・フレームワークを指す

（出典）坂上　学『新版　会計人のためのXBRL入門』同文舘出版，2011年，198頁。

ては当然必要だったに違いない。それが仕訳帳から元帳そして試算表への転記手続きである。このことは行列簿記の構造を通して検討する過程ですでに論じたが，それによって記入ミスや転記ミスを防ぐことが容易に実現可能であるため非常に便利なシステムであったと推察される。しかしコンピュータ導入とともにその意義は薄れ，人体における盲腸のような存在になってしまう蓋然性は高い。

6-4　クラウドによるデータ管理

6-4-1　コンピュータとデータベース

　コンピュータの世界に，「データベース」が登場したのは1963年で，GE社（General Electric Company）からIDS（Integrated Data Store）というデータベースが商品として発表された。データベースが登場する前は，データ管理にはファイル

が使われていたが,ファイルはアプリケーションに依存するという問題があり,特にデータ量が大きくなると扱いにくくなる。そのため,データ管理を独立したソフトウェアとして扱い,アプリケーションから切り離すことにし,そのデータ管理をするソフトウェアはデータベース管理システム（DBMS，このシステムに管理されるデータの集まりはデータベースと呼ばれることになり,大規模化した情報の管理手段として登場した。

そして後の1960年代後半にネットワーク型データモデルと,IBM社の階層型データベース管理システムIMSが発表され,一気にデータベースへの関心が高まってきた。このふたつのデータモデルは,発表された当初は注目されていたが,1980年代にリレーショナルデータベース管理システム（RDBMS）が実用化されてからは,RDBMSに関心を奪われてしまうことになる。

このRDBMSは万能で,ユーザーからのデータアクセスやトランザクションをさばくフロントエンドの役割からビジネスデータの解析等をおこなうバックエンドの役割までこなすことができ,データ管理の定番として長年使われ続けている。しかし,ウェブが社会の情報基盤として使われるようになると,データ量やアクセス数が凄まじい勢いで増加し,これによってRDBMSがボトルネックになることが多くなる。これは,RDBMSが多くのサーバに分散してデータを保管したり,処理したりすることが困難である,つまり,スケールアウト面に問題があるためである。

この問題を解決すべく,ふたつのデータベースが登場した。ひとつは2006年に登場したGoogleのBigtableであり,もうひとつは2007年に登場したAmazonのDynamoである。これらはRDBMSが備えている一貫性（Consistency）と可用性（Availability）のうちどちらかひとつを犠牲にする代わりに,RDBMSにはない分割耐性（Partition Tolerance）を備え,データの保管や処理を多くのサーバに分散しうるスケールアウト可能なデータベースであった[28]。

6-4-2 ビッグデータ

ビッグデータということばが企業情報システムの分野で急速に浸透している。その定義は必ずしも明確ではないが,容量,種類,頻度（リアルタイム性）

といった観点で大規模であるデータをあらわすという点についてはおおよそのコンセンサスはえられつつある。また，データそのものに加えて，こうしたデータを ICT によって利活用することで何らかの価値を生み出していくサービスまで含めてビッグデータということばで語られているのが現状である。

　データの利活用により価値を生み出すための技術の歴史は古く，1960 年代の RDB とそれを操作するための SQL（Structured Query Language：構造化問合せ言語）によって，蓄積したデータの分析が計算機上でおこなわれたのに始まり，1990 年代にはデータマイニングが登場し，データの間の相関の抽出がおこなわれた。産業界においてもこうした技術をもとに，1990 年代以前より小売業などで POS データをもちいた CRM（Customer Relationship Management：顧客関係管理）が実現されているほか，データウェアハウス，BI（Business Intelligence：ビジネスインテリジェンス）ツールなどがこれまでに実用化されてきた[29]。

図表 6-15　Bigtable データモデル概念図

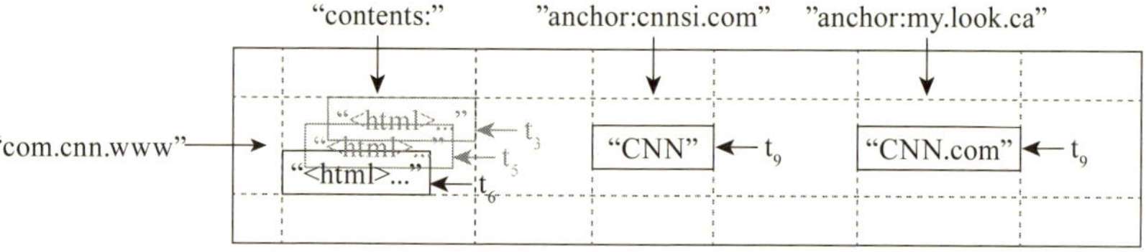

（出典）Fay Chang, Jeffrey Dean, Sanjay Ghemawat, Wilson C. Hsieh, Deborah A. Wallach, Mike Burrows, Tushar Chandra, Andrew Fikes, Robert E. Gruber "Bigtable: A Distributed Storage System for Structured Data", *Google Inc.*, 2006.

　ビッグデータの利活用が最近の技術革新のなかで注目される理由としてはいままで利用不可能だった膨大なデータをコンピュータが処理しうるようになったことである。従来は定型業務とはみなせなかった複雑な非定型業務を定型業務としてみなせるようになったことが背景にある。そのことで今後さまざまな局面で変化がみられることになると思われる。

6-4-3 NOSQL

ビッグデータを活かすデータベース技術として NOSQL などがあげられる。NOSQL ということばは，1988 年にカルロ・ストレッツィ（Carlo Strozzi）がはじめて使用した。リレーショナルデータベース管理システムであるにもかかわらず SQL 構文を使わない独自開発の製品であることから，これまでの SQL にたいして NOSQL（Not Only SQL）と名づけられたのである [30]。

NOSQL データベース環境とは，簡単にいえば，幅広い種類の膨大な量のデータを高速かつ動的に整理し分析することを可能にするための非リレーショナルな広域分散データベースシステムである。NOSQL データベースは，クラウドデータベース，非リレーショナルデータベース，ビッグデータデータベース，その他さまざまな名前で呼ばれることがあるが，今日のユーザー（ユーザーが生成するデータ）とそのアプリケーション（マシンが生成するデータ）によって生成，格納，分析される膨大なデータへの答えとして開発されたものである [31]。

これらのことから NOSQL はつぎの 4 つの特徴をもつ。ひとつめに，さまざまな場所から入ってくる高速で大量のデータを受取り可能である。ふたつめに，構造化データ，準構造化データ，非構造化データなど多様なデータが格納可能である。3 つめに，テラ（10^{12}）バイト単位，ペタ（10^{15}）バイト単位など大量なデータが取扱い可能である。4 つめに，複数の異なる場所やデータセンターへのデータの格納など複雑なデータ格納をすることによりデータの消失に備える。

コンピュータ技術の発展によりビッグデータが取り扱われるようになると，データの格納方法もそれにともなって変化する。それはごく当然のことである。

6-C 本章における結論

従来の勘定簿記では，手計算による方法を主とした伝統的な複式簿記システムによるデータ処理機構が使用されている。革張りの綴りこみ式帳簿にひとりの記帳係が記帳する方式であったため，極端にいえば記帳係さえ理解できれば

問題ないという状態であった。それでは現金有高や商品有高などが即座に把握しづらく分業が進まないため，その状態を打破するために導入されたのが伝票会計であった。その後コンピュータが登場したので，処理の置き換えがすすんで取り入れられたのがカード型データベースである。この時代までが伝統的な勘定記入式会計の範疇に収まる限界であると推察される。

個人商店が大企業に発展した場合を想定してみれば理解可能であるようにデータ量は加速度的に増大していく。そこでデータだけを別に管理する必要性が発生した。そこで1963年にGE（General Electric）社からIDS（Integrated Data Store）というデータベースが発表された。データ管理を独立したソフトウェアとして扱い，アプリケーションから切り離すことにし，そのデータ管理をするソフトウェアはデータベース管理システム（DBMS）によって管理されるデータの集まりはデータベースと呼ばれることになり，大規模化した情報の管理手段として登場した。

独立したデータ管理のもとではひとつのデータが不規則的に保存されている状態であり，伝統的な記帳方法をとっている人からみれば信頼性がある方法であるとはいいがたい。伝票会計やカード型データベースの導入時にすでに仕訳帳や総勘定元帳が不要になることは論じられていたが，現代のデータベース理論的にいえば「仕訳帳＝元帳」であることは疑いようがない事実である。

「データをデータベースとして組織化した目的は，アプリケーションプログラムをデータの諸元（とくにレコードの物理的格納順，インデックスの有無，データへのアクセスパスなど）から切り離し，それらの改変と無関係とする，すなわちアプリケーションプログラムのデータ独立性を達成させるためである。それは物理的データ独立性と論理的データ独立性の2種類である。それまで維持・管理してきたリレーショナルデータベースのユーザーにまったく影響を与えないでその変更をおこなえるかどうか，（中略）概念スキーマと内部スキーマを明確に区別しておけばそれができる[32]」ということである。このあたりが会計研究者に理解してもらえるかどうかの分岐点である。

従来の複式簿記システムは「いずれも数学的には既知項過剰である。しかしながら，複式簿記のメカニズムによって，この既知項過剰が都合のよいチェッ

クとして作用している[33]」とされる。このことは手計算のときに仕訳帳，総勘定元帳，試算表，損益計算書・貸借対照表へと転記する一連の流れを想起してもらえば容易に理解しうる。しかし，データベース管理システムを利用した場合などは「この既知項過剰は容易に矛盾やまちがった結果にみちびきやすい。したがって，既知項過剰を避けるために，これらの独立変数（半従属変数といっておきたい）のうちのすくなくともひとつを緩衝装置として従属変数にしなければならない。こうすることが，当該期間に変化をひきおこすべての変数の相互依存関係をえぐりだすもっとも単純な方法なのである[34]」とされる。

さらにビッグデータを取り扱う場合を考えるとリレーショナルデータベースでは大量のデータ処理が追い付かないためNOSQLを利用することになるだろう。このようにコンピュータの発展とともにデータ格納方法も変化する必要がある。会計研究者にデータベース管理システムを利用した財務会計システムを理解してもらう一助となれば幸いである。

電子計算機を使用して作成する国税関係帳簿書類の保存方法等の特例に関する法律（平成10年3月31日法律第25号，最終改正：平成19年3月30日法律第6号：電子帳簿保存法）が制定されたが，「紙綴簿が製本簿に比して法的証拠能力が薄弱であるとの考え方は簿記学者，法律家ならびに実務家の間にかなり普遍的である[35]」とされ，電子データなど論ずるまでもない。改ざんなどが不可能であるシステム構築ができさえすれば，紙綴簿，電子帳簿に限らず「いかなる素材と形式によるにせよ，これに簿記の記録がされており，簿記の職能をみたす限り，それはことごとく帳簿である[36]」と法的証拠能力を具備しているととらえる必要がある。

【註】

1）以下の論文を加筆修正して引用している。
　　礒本光広「DBMSの複式簿記システムに与える影響——データベースの発展を中心にして——」『産業經理』第75巻第2号，2015年7月，137-150頁。
2）Luca Pacioli, *Summa de Arithmetica, Geometria, Proportioni et Proportionalita*, Paganini, 1494.

3) 坂上　学「XBRL の構造と複式簿記システムへのインプリケーション」『會計』第 169 巻第 3 号，2006 年 3 月，50 頁．
4) Wassily Leontief, *The Structure of American Economy 1919-1939: An Empirical Application of Equilibrium Analysis Second Edition Enlarged,* International Arts and Sciences Press Inc., 1951.
5) Richard Mattessich, "Towards a General and Axiomatic Foundation of Accountancy: With an Introduction to the Matrix Formulation of Accounting System," *Journal of Accounting Research,* Vol.8, No.4, October 1957, pp.328-355.
6) 越村信三郎「行列簿記の展開（1）──そのしくみと原理──」『産業經理』第 27 巻第 11 号，1967 年 11 月，113 頁．文意を損ねない範囲で表現を一部変更している．
7) ベリニ（Clitofonte Bellini）は将棋盤式簿記（La Scrittura Doppia a Scacchiera），ロッシ（Giovanni Rossi）は将棋盤式複式（二重分類）簿記（Lo Scrittura in Partita Doppia a Forma di Scacchiera），ゴンベルグ（L. Gomberg）は同時記入簿記法（Ein Besondere Synkro BuchhAltungsmethode（a scacchiere）），コーラー（Eric L. Kohler）は展開表（Spread Sheet）と呼んだ．
　高寺貞男「行列簿記小史」『經濟論叢』（京都大學經濟學會）第 100 巻第 2 号，1967 年 8 月，53-62 頁．
8) Richard Mattessich, *op.sit.*, p.332.
9) マテシッチ，コーコランは貸行借列法を支持し，リチャーズやゲーツは借行貸列法を支持している．
　越村信三郎『詳解　行列簿記──原理と応用──』第三出版，1968 年，41 頁．
10) 貸行借列形式を採用しているのは，ベリニ，岡田誠一，ゴンベルグ，カルヘラム，ブール，吉田良三，コーラー，黒澤　清，河部守弘，リチャーズ，飯野利夫，チャーンズ，クーパー，井尻雄士，高寺貞男である．借行貸列方式を採用しているのは，デーベス，ライエラー，クローネン，グリューナー，プレリンガー，ワルプ，杉本秋男，戸田義郎，マテシッチ，ケメニー，シュライファー，スネル，トンプソン，コーコラン，越村信三郎である．
　高寺貞男『簿記の一般理論──勘定簿記から行列簿記へ──』ミネルヴァ書房，1967 年，194 頁．
11) 越村信三郎「行列簿記の展開（1）──そのしくみと原理──」『産業經理』第 27 巻第 11 号，1967 年 11 月，109-110 頁．文意を損ねない範囲で表現を一部変更している．
12) 2 進浮動小数点演算規格（Standard for Binary Floating-Point Arithmetic）は 1985 年に IEEE（The Institute of Electrical and Electronics Engineers, Inc.：米国電気電子技術者協会）の定めた浮動小数点演算の規格である．単精度，倍精度，およびそれぞれの拡張精度の浮動小数点形式を定めている．2 進数を使うため，ほとんどの 10 進小数は正確に表現できない．現在，ほとんどのパソコンは IEEE754 規格の演算装置を内蔵しているため，この規格を使うことによってソフトウェアは高速演算可能となる．

マイクロソフト社ウェブサイト「Excel で浮動小数点演算の結果が正しくない場合がある」https://support.microsoft.com/ja-jp/help/78113/floating-point-arithmetic-may-give-inaccurate-results-in-excel，［2017 年 6 月 15 日閲覧］．
13）この操作は Ms-Excel2007 における方法である．
14）エクセル大辞典，http://home.att.ne.jp/zeta/gen/excel/c01p10.htm，［2017 年 6 月 15 日閲覧］．
15）eXtensible Business Reporting Language Global Ledger の略．XBRL FR（Financial Report）と並び XBRL を構成する．インプット用の XBRL GL に仕訳データを記述すれば，アウトプット用の XBRL FR が財務報告をおこなうという仕組みである．
16）XBRL タクソノミにしたがって日々の取引データを記録していけば，インスタンス文書が自動的に生成される，というように誤解する人が多い．XBRL GL と XBRL FR とを結びつけるのは，XBRL を実装した情報システム側の役割である．XBRL 自体はプログラミング言語でも情報システムでもないので，そのような処理はおこなわない．
　　坂上　学『新版会計人のための XBRL 入門』同文舘出版，2011 年，53 頁．
17）KPI（Key Performance Index）重要業績評価指標．企業目標やビジネス戦略を実現するために設定した具体的な業務プロセスをモニタリングするために設定される指標（業績評価指標：Performance Indicators）のうち，特に重要なものを指す．経営戦略では，まず命題となる「目標」を定め，つぎにその目標を具体的に実現するための「手段」を策定し，その手段が間違いなく遂行されているかどうかを定量的に測定する「指標」を決める．この目標を「戦略目標」，手段を「CSF（主要成功要因）」，指標を「KGI（重要目標達成指標）」，「KPI」と呼ぶ．CSF／KGI／KGI を使った経営手法として注目されているのがバランス・スコアカード（Balanced Scorecard：BSC）である．
　　IT 情報マネジメント用語辞典，http://www.atmarkit.co.jp/aig/04biz/kpi.html，［2017 年 6 月 15 日閲覧］．
18）『XBRL FACTBOOK 2016』Vol.14，一般社団法人 XBRL Japan，2016 年 3 月，16 頁．
19）三國谷勝範企業財務課長の発言による．『第 545 回統計審議会会議事録』総務省統計審議会，1998 年 2 月 13 日．
20）Formula 1.0（2009 年 6 月 22 日勧告）：フィルタ（Filters），変数（Variables）の概念が導入され，数式（Formula）により項目の値を再計算・項目間の値をチェックする，などのビジネスルールを定義（Calculation Linkbase と比較し，たとえばディメンションやコンテキストをまたがる複雑な計算（期末＝期首＋期中増減などの移動計算など）が可能）．
　　『XBRL FACTBOOK 2013』Vol.13，一般社団法人 XBRL Japan，2013 年 9 月，11 頁．
21）国税電子申告における XBRL 採用は，世界でもオーストラリア，イギリスに次ぐ早さとなっている．同上書，51 頁，［2017 年 6 月 15 日閲覧］．
22）『XBRL FACTBOOK 2005』Vol.7，一般社団法人 XBRL Japan，2005 年 11 月，11 頁．
23）同上書，14 頁．

24）『XBRL FACTBOOK 2016』Vol.14，一般社団法人 XBRL Japan，2016 年 3 月，16 頁。
25）坂上　学，前掲論文，50 頁。
26）坂上　学，前掲書，199 頁。文意を損ねない範囲で表現を一部変更している。
27）坂上　学，前掲論文，381-382 頁。
28）城田真琴『ビッグデータの衝撃――巨大なデータが戦略を決める――』東洋経済新報社，2012 年。
29）池田尚司ほか「非構造化データ利活用のためのメディア処理技術」『人工知能学会誌』第 28 巻第 1 号，2013 年 1 月，114 頁。
30）太田　浩『NOSQL の基礎知識――ビッグデータを活かすデータベース技術――』リックテレコム，2012 年，22 頁。
31）DATA STAX ウェブサイト『NoSQL データベース』，http://www.planetcassandra.org/what-is-nosql-jp/，［2017 年 6 月 15 日閲覧］。
32）増永良文『リレーショナルデータベース入門・新訂版――データモデル・SQL・管理システム――』サイエンス社，2003 年，159 頁。文意を損ねない範囲で表現を一部変更している。
33）Richard Mattessich, "Mathematical Models in Business Accounting," *The Accounting Review*, Vol.33, No.3, July 1958, p.477.
34）*Ibid.*, p.477.
35）沼田嘉穂『現記教科書［五訂新版］』同文舘出版，1992 年，264 頁。
36）同上書，267 頁。

終　章
成果と今後の展望

E-1　要約と結論

　ここでは，本研究における基本的な理論的枠組みについて，その内容を要約したうえで結論を明らかにしたい。

　行列簿記の起源ともいえる将棋盤式簿記は19世紀にはすでに利用されていた。その後，アメリカ式簿記法，ボストン式簿記法など一帳簿制（多欄式帳簿）や複写式簿記法（透記式簿記法）などさまざまな工夫がなされてきた。これは記帳手続の短縮をし誤謬を減らす目的で作成される一帳簿制の流れであり，同時に試算表作成の流れもまた包含している。レオンチェフの産業連関表に着想をえてマテシッチが考案した行列簿記は一覧性を備えていることなどを優位性としてもつが，二律背反性ともいえる「表が大きくなりすぎること」が劣位性となりその後は理論的にも実務的にもいささか行詰まりの状況となった。マテシッチが考案した当初に優位性としてあげられた「手数を減らすこと，誤謬を減らすこと」は伝票会計の採用にともなう帳簿組織の変更によってなくなり，試算表的チェック機能の有用性もまたEDP会計導入にともない優位性であるとはいえなくなった。残った優位性は「一覧性があること」だけになりその裏返しである「帳票が大きくなりすぎること」という劣位性に対抗できるほどではなかった。

　その流れを打破すべく，マテシッチは分析および予測という視点をあて，それを詳細に具現化したのが越村信三郎である。越村は単純で理解しやすい行列簿記表を作成し将来予測や企業診断を試みた。越村が具現化した行列簿記表は期末残高をもとにして予測をするというきわめて不確実なものであり，数学的

に多くの問題を抱えていた。そのため将来予測や意思決定のためへの提言が何人かの学者からなされたが，実現は困難であった。また経営分析の内容も勘定簿記と同程度のものしかおこなえず勘定簿記にたいする優位性がみられなかった。これは現在の複式簿記に非可逆性がないことに起因する制度的な問題であるといえる。キャッシュ・フロー計算書の導入時にも盛り上がりを見せた行列簿記であるが，コンピュータによって発展するはずの行列簿記は逆にコンピュータ会計に併呑された。

行列簿記というものを財務諸表（貸借対照表等を含む）としてとらえるならば，前期繰越や次期繰越があるのが当然であり，それがなければ継続企業としてはありえない。そういう意味でいえば越村の作成した行列簿記表には妥当性があり，コーコランや高寺貞男の行列簿記表には妥当性がない。しかし産業連関表における投入係数をもちいた数学的な視点からいえば，コーコランや高寺貞男の行列簿記表の方に妥当性があることになる。

行列簿記表には3つの視点が混在している。ひとつめは一帳簿制，試算表作成の流れをくむ財務諸表由来のもの，ふたつめは分析ツールの流れをくむ産業連関表由来のもの，3つめは予測ツールの流れをくむリニア・プログラミング由来のものである。コーコラン，高寺貞男，河部守弘，藤田芳夫などは産業連関表を強く意識し，田中茂次，上野清貴などは財務諸表を強く意識しながら行列簿記を論じている。マテシッチの行列簿記表は産業連関表に起因するものであり，ケメニー＝シュライファー＝スネル＝トンプソンの行列簿記表は複式簿記の表現方法を変えたものである。この根本的に考え方の違うものを同一に論じようとしていることが混乱に拍車をかけているといえる。そのままのかたちでの利用は無理があるのかもしれないが，表現形式を変えての利用をおこなうことによって行列簿記の意義が高まる。その内容についてはE-3において詳述する。

E-2　成　果

E-2-1　学術的貢献

　記帳の手間を省略すること，一覧性が高いことなどが行列簿記の優位性としてあげられるが，その最大の目標は将来予測にあったと考えられる。産業連関表でもちいられている借方係数等の係数をもちいて将来予測をすることは，固定資産の購入や売却，景気変動や物価の変動など不確定要素も多く，困難がともなう。越村が10年間の平均値や回帰分析の利用を，そして清水　浩がマルコフ連鎖等の利用を提案するなど工夫を凝らした研究者も存在するが，実用的ではないといわざるをえない。

　しかし行列簿記が予測ツールとして利用できないわけではない。行列簿記が混迷している最大の理由のひとつは越村理論の揺らぎに起因している。最初は財務諸表由来の「能率型」を論じておきながら，論理的な説明もなく産業連関表由来の「古典型」を展開しはじめたことにある。そのことにより行列簿記表は複式簿記の表現形式を変えたものであり，損益計算書，貸借対照表，合計試算表等を一覧可能なものであり，予測ツールにも使えるものであるとの誤解が生じた。しかし誤解といってもまったくできないわけではない。同じ行列簿記表では同時にできないだけで，財務報告用の行列簿記表，将来予測用の行列簿記表と別々に作成すれば可能である。この一般的な誤解を理論立てて説明したことに学術的貢献がある。

　リニア・プログラミングとの融合をはじめ，越村式行列簿記が会計学における将来予測の流れをつくったことは疑いようのない事実であり，そのことは評価されるべきである。越村をはじめとする行列簿記の研究者はあげていないが，行と列というふたつの意味をもつボックスに数値を入れるということは"源泉"と"使途"というふたつの意味をもつということである。これはソーターの会計事象理論や杉本典之の会計記号論，"原因"と"結果"というふたつの基準にもとづくフレームワークをもつ会計情報論などに通じるものがある。マテシッチはこの論文を1957年に発表しているが，ソーターが"The

Boundaries of the Accounting Universe" をシカゴ大学の博士論文として発表した 1963 年[1]よりもさらに古い。行列簿記は会計事象理論よりもさらに古く，生のデータ（Raw Data）を提供しようとしていたことを発見したのは評価されるべき点である。そして XBRL GL を導入したならば勘定簿記でありながら行列簿記と同様にふたつの意味をもつという優位性を具備することを指摘したことも評価されるべき点である。さらに SAP や会計ソフト等の内部処理について調べることによってコンピュータに会計処理をさせると手作業の処理の場合と違い帳簿組織が存在しえないことを指摘した。このことも評価されるべき点である。

E-2-2 実務的貢献

　産業連関表に着想をえて会計学に将来予測の視点をもちこんだマテシッチ，そしてそれを具現化しようとした越村の功績は大きい。ある産業が他の産業とどれくらい関連するのかということと，ある企業の借方総額と現金総額や売掛金総額の関連性が同様に論じられていることに懐疑的な意見が多かった。マテシッチの主張を検証したとされる代表的なものにリチャーズの実証研究がある。リチャーズによれば流動資産，負債，資本については予測値と実際値との差がほとんどなかったが，固定資産純額（Net Fixed Assets）および残高（Balance）勘定については大きな差異があったとされる。リチャーズはその理由を非経常的な記入（前年度の取引に修正があったこと，資産の廃却がまちまちであったこと等）とし[2]，投入産出分析は有用であり経年比較も可能であると結論づけている。

　この研究にたいする意見は多かったが，理論的に問題があるというものや限定的に批判するものばかりで会社の財務データをもちいて実証した論文はみつけることができなかった。そこで本書筆者は 4-3 においてマツダの有価証券報告書のデータにより，リチャーズと同様の方法で作成した行列簿記表ならびにグラフをもちいて証明した。それによると実際値と予測値のあいだにいくらかの相関関係があるといえるが，リチャーズの主張のように一致しているとはいいがたい。リチャーズのこの実証研究の結果を引用している論文が散見され，流動資産その他の非固定資産，負債，純資産については計算値と実際値と

の差がほとんどなかったが，固定資産純額および残高勘定については大きな差異があったと結論づけられている。

ここでリチャーズの研究にたいする問題点を指摘したい。

① なぜ貸借対照表項目をこの勘定（科目）に分類したのか。
② なぜ損益計算書項目は網羅されていないのか。
③ なぜ予測値を計算するための係数を平均値としているのか。

①については固定資産純額（Net Fixed Assets）とそれ以外の資産項目に分類されていることにリチャーズの意図の入り込む蓋然性がある。その分類方法がスウィフト社のデータにとって都合がよかったと推察される。また，負債・純資産項目（Equities）は，企業規模が一定している場合変化がないのが当然であろう。

②については，損益（Operations）勘定のみである。景気変動によって比較が困難になることを恐れたと推察される。また**図表 4-7**（リチャーズ Table1）には記載されているが，比較グラフおよび結果講評ではまったく論じられていないことにたいして違和感を覚える。

③については，予測値を計算するための係数を「1953 年，1955 年，1957 年の単純な平均[3]」によって求められた数値をもちいていることも，1 年では不安であると自らが判断していると推察され，この 3 年を選別したことにもまたリチャーズの意図の入り込む蓋然性がある。いくつかの疑問点はあるものの，過去の記録でしかなかった財務諸表を将来への指針としようとした功績は評価される。

本書筆者がリチャーズの研究にたいしてマツダの財務データをもちいて具体的に考察し，そこに困難性があることを検討した。また，前節でも述べたが越村式行列簿記表に関しては，前期理論と後期理論のあいだに齟齬があることを証明した。

E-3 課題と今後の展望

E-3-1 XBRL GL の可能性

　2008年 EDINET に XBRL 形式が導入されたことにより，有価証券報告書の財務データを入手することならびにコンピュータによる財務データの収集，取扱いは加速度的に容易になった[4]。以前は紙媒体であったため再入力の必要があったが XBRL からデジタルデータを入手できるため Ms-Excel 等にデータを移し加工することも容易におこなえる。また金融データ解析をするのであれば，R 言語をはじめとした統計解析向けのプログラミング言語をもちいれば，財務分析のデータを自動的に作成し財務指標の作成をすることさえも容易である。有価証券報告書用の財務諸表作成という意味ではなく，自己診断をするための財務諸表を作成するという意図で行列簿記表を作成することは意義のあることである。

　現在 XBRL といえば XBRL FR を指すことが多い。XBRL FR においては勘定科目の集まりともいうべき数値しか扱っておらず，その"源泉"や"使途"といった相手勘定の抜け落ちた数値をもちいている。しかし XBRL の特性としてそのような結果になっているわけではない。XBRL を現在主流の報告段階のみでもちいる（XBRL FR）のではなく仕訳段階からもちいる（XBRL GL）ことによって，勘定簿記においても行列簿記と同様に資金の"源泉"と"使途"というふたつの意味をともなった数値を利用可能となる。XBRL が導入されるとデータが標準化されるため IFRS コンバージェンスへの適用やマイナンバー制導入時の請求書管理などに優位性があることが喧伝されている。しかし XBRL GL はふたつの意味をもつ数字をもっているため，いつでも行列簿記表もしくは行列簿記表以外の有用な表へ容易に変換することが可能である。このことで勘定簿記の劣位性が解消され行列簿記の優位性は消滅したという見方もできるが，"源泉"と"使途"をもつという行列簿記の最大の長所が表現方法を変えて現代によみがえったという見方をすることも可能である。

E-3-2　非可逆性にたいする対応

　公開された有価証券報告書から利用可能な行列簿記表の作成はできたものの，完全な行列簿記表を作成することはできなかった。いわばリバースエンジニアリングの失敗である。しかし，この取引と勘定とのあいだの非可逆性は複式簿記に本質的なものではなく，現在の企業会計が貸借対照表と損益計算書の作成を最終目的とし，帳簿組織がその目的に沿うように構成されていることによるものである[5]。しかし**第5章**で述べたようにコンピュータ内部における帳簿組織は作成順序もなければデータの並び順もバラバラであり，手作業であれば財務諸表を作成することには困難をきたすことが推察される。

　本書筆者が有価証券報告書のデータを加工し，行列簿記表を作成したのは現行の複式簿記システムでは"源泉"や"使途"が抜け落ちており，財務諸表内にデータとして存在する数値の根拠を示すことができないことの再確認である。XBRL FR のデータしか入手できない場合には勘定簿記の場合と同様の結果となるが，XBRL GL を利用することにより行列簿記を利用した場合と同様にふたつの意味をもつ数値を利用可能となる。このようにコンピュータの処理能力も向上した現代において財務諸表内に"原因"と"結果"や"源泉"と"使途"を具備させることは実現可能であり，情報利用者にたいして有用な情報をもたらしうる。このことから自社の経営状態を判断し経営予測をおこなったり，販売品目の重点項目を判断したりする管理会計的利用を容易におこなうことが可能となる。

E-3-3　経営俯瞰ツールとしての意義と課題

　行列簿記表は一覧性があるという優位性をもつが，大企業においては表自体が大きくなる劣位性となる。この問題点の解消については，行と列の勘定科目を同一ではなく貸借対照表項目と損益計算書項目を行と列に配置する方法を田中茂次，上野清貴が研究している。このことにより，ほとんど取引例のない行列要素については設定する必要がなくなりスペースの縮小が可能となるため劣位性は解消しうる。

　表現形式としての行列簿記表は表が大きくなるという劣位性を内包している

とはいえ，中小企業などにおいてはとくにその劣位性を意識することなく利用することは可能である。会計ソフト「勘定奉行」に打ち込むと行列簿記表に出力されるようにカスタマイズされている商品も実在する[6]。入力時点では通常おこなわれている勘定式の仕訳形式であるが，出力時点では勘定式の財務諸表ではなく行列簿記表に変換されているのである。俯瞰的に帳票をみるうえで，行列簿記には大きな優位性がある。

たとえば1万×1万のマス目の帳票を紙媒体に印刷するのならば出力も閲覧も大変であろうが，コンピュータ上で操作または加工すれば，必要な情報のみを取捨選択することも，また必要箇所を拡大縮小することも容易である。Google Earthで世界地図を表示した場合，日本の市町村名が表示されすぎて地図がみえないという問題は起きない。地図の大きさによって表示される国や市町村名が選別されているからである。これと同様の操作性を行列簿記は備えており，これに加えてコンピュータの機能の飛躍的向上と低廉化がそれを後押ししたことも重要である。さらにDBMS（Database Management System）のビュー表をもちいて，自らの必要な帳票を作成することもまた可能である。表が大きくなりすぎることを劣位性ととらえる必要はないのである。

越村の後期理論による予測ツールは数学的に問題があることから進展をみせず，一般的に利用されていないため歴史に埋没しているかのようである。一方，中小企業の「社長は数字の下ヒトケタまで知る必要はない[7]」という感覚で経営を俯瞰するためのツールとしての利用は古くから存在し，経営シュミレーションゲーム（マネジメントゲーム：MG）を実施しながら仕訳をおこない，終了後に短時間でマトリックス会計表（行列簿記表）に記入することで中小企業の社長や社員教育の一環として利用している例は実在する[8]。このように行列簿記のもつ一覧性は瞬時の経営判断を養うためには有効であり，多くの関連会社を抱える企業の経営者などにもメリットがあると推察される。

これまで行列簿記の実現可能性にたいして疑問が呈せられてきたし，またそれらの多くは従来であれば妥当であった。しかし先述したようにコンピュータの機能の飛躍的向上と低廉化が「経営俯瞰ツールとしての存在意義」を大きく向上させ，前処理と後処理をコンピュータに処理させることで一覧性という視

点における実務的な有効性を高めたのである。このことは単に会計学領域のみならず，産業社会や経済社会そして技術社会などの領域においても実り多い成果をもたらしたものと評価することが妥当である。

E-3-4　今後の展望

　田中茂次や上野清貴のように行列簿記表が大きくなりすぎないように工夫をし，劣位性を克服しようとしている研究者もいる。これらの研究の真意は行列簿記単体での取り組みというよりも複式簿記システムの問題点の改善に重きを置いて論じているとみるべきである。本論文筆者は行列簿記の研究をしていく過程で，複式簿記システムには非可逆性をもつという劣位性があると認識するにいたった。非可逆性の問題は制度的な問題であり，技術的な改善は即座に可能である。非可逆性の問題を解消することは会計監査や税務調査などを筆頭に多くの優位性がある。

　さらに研究過程のなかでデータ記録の視点から複式簿記も変更を余儀なくされている点があると推察される。コンピュータ処理をすることで記録方式が変わり，これまで積み上げてきた帳簿組織はコンピュータ内部では存在しえなくなった。今後コンピュータ処理をおこなううえで帳簿組織は必要なのか。必要だとすればどのような帳簿組織が妥当なのかについても考察していきたいと考えている。

　本研究において，財務会計的アプローチおよび管理会計的アプローチの両者をとりいれながら行列簿記を考察した。どちらか一方だけの研究では不十分であるとの理由であるが，本来両者は密接不可分であるともいえる。行列簿記の研究が両者の懸け橋となればよいと考えている。

【註】

1 ）書籍として発行されたのは 1978 年のことである。
2 ）Allen B. Richards, "Input-Output Accounting for Business," *The Accounting Review,* Vol.35, No.3, July 1960, p.434.

3）*Ibid.,* p.432.
4）高柳慎一，井口　亮，水木　栄『金融データ解析の基礎』共立出版，2014 年，167 頁。
5）河部守弘「勘定連関論の構想」『産業經理』第 16 巻第 3 号，1956 年 3 月，53 頁。
6）勘定奉行ⅰシリーズ対応 マトリックス会計 MX-PRO Ver.6 という会計ソフトは上述のことが実現可能である。
　　ITS ウェブサイト『戦略 MQ 会計・マトリックス会計』，http://www.mxpro.jp/マトリックス会計-mxpro/，［2017 年 6 月 15 日閲覧］。
7）奥村誠次郎「カネの動きをひと目でつかむ簡易"将棋式"簿記のすすめ」『月刊中小企業』第 29 巻第 3 号，1977 年 3 月，23 頁。
8）西　順一郎「MG 開発の経緯──経営の大衆化を目指して──」『システムと制御』第 32 巻第 7 号，1988 年 7 月，418-423 頁。
　　ITS，前掲ウェブサイト［2017 年 6 月 15 日閲覧］。

むすび

　複式簿記は，地中海貿易で繁栄したイタリアの商業都市で，商業と銀行業の記録・計算の道具として実務のうちから誕生・発達した。そしてルカ・パチョーリにより1494年に出版された『算術・幾何・比および比例総覧（Luca Pacioli, Summa de Arithmetica, Geometria, Proportioni et Proportionalita, Paganini, 1494.)』によってその体系的組織を確立したとされている。その後，根幹をなすべき部分の変更はないものの実務においてさまざまな変更がなされた。記帳回数を減らし，速く手軽に記録できる帳簿を作成しようとの工夫から一帳簿制が考え出された。また記帳間違いが多いため，間違いをなくすために試算表が作り出された。そして未来予測をおこなうための投入産出表をもとに行列簿記が生まれたのである。

　一方でわれわれがコンピュータに求めているものはなんであろうか。コンピュータ（Computer：計算するもの）ということばの意味からもわかるように，最初は弾道計算や暗号解読のための計算をするためのものであった。利用が進むにつれてMs-WordやMs-Excelをはじめとして事務処理にも多く使われるようになり，その後音声，静止画，動画などさまざまなデータを取り扱うようになった。そしてデータを管理する必要性が生まれたのであるが，データ管理方法も時代とともに変遷している。

　ところで電話機で聞こえる音声が肉声とは違っていることをご存じだろうか。簡単に説明してみる[1]。音波として伝わり，聞くことのできる声の振動周波数の最大は約4kHzである。この2倍の8kHz，すなわち125μ秒に1回の電圧値を送ることによって元の声を再現することが可能である。これを標本化定理というが，この性質を使って初期のアナログ伝送では，6.25Hzの周波数間隔に音声を並べて一括して信号伝送していた。これを周波数多重化という。デジタル伝送が導入されてからは，量子化理論をもちいて標本化された信号の

強さを2の7乗に分割したいずれに相当するかを7つの（1，0）（ビット）の組み合わせに変換し、制御用の1ビットの符号を加えて送っていた。このためひとつの音声を送るのに毎秒64kビット必要であった。

現在の通信量は増大するばかりで歯止めをかける必要がある。そこで携帯電話に使われている新しい方式ではこれを約8kビットで送り、10倍に近い加入者を収容している。声帯から発せられる音の性質を分析しパターン化することによってあらかじめ用意しておいた音声データへの新しい符号化（デジタル信号への変換）をおこなうことでデータ量の削減を図っている。つまり電話から聞こえてくる声は本人の肉声ではないのである。

通信の世界ではデータ伝送効率のためにこのようなことがおこなわれている。これを知ってどのように考えるだろうか。わたしたちが当然正しいと思っていることはじつは大きな勘違いであるかもしれないのである。

一方でオズボーン（Miceal A. Osborne）によれば「米国労働省のデータにもとづいて、702の職種が今後どれだけコンピュータ技術によって自動化されるかを分析した。その結果、今後10年から20年程度で、米国の総雇用者の約47％の仕事が自動化されるリスクが高いという結論に至った[2]」とされる。他方デビットソン（Cathy N. Devidson）によれば「2011年の小学生のゆうに65％はまだ存在しない職業に就くだろう（fully 65 percent of today's grade-school kids may end up doing work that hasn't been invented yet）[3]」とされる。すると早ければ2022年春に卒業する大学生はそうなる見通しである。この論文のデータをもとにして計算された「機械が奪う職業・仕事ランキング」によれば1位が小売店販売員、2位が会計士、3位が一般事務員である[4]。これらのことは人工知能（Artificial Intelligence：AI）の発展による将来予測であるが、従前は非定型業務とされていたことを定型業務化することができるようになり、自動化することができるようになった結果このような予測がなされているのである。

レストランなどにおけるウエイターは自動化することはできないと欧米人の多くが考えていた。欧米人の考えるウエイターとはお客が店内に入ってくるや否や笑顔で迎え、椅子を引く、ジョークのひとつもいって場を和ませる。また料理のおすすめをいったり、子供がフォークを落とせば代わりを持ってきた

り，ワインのお代わりを聞きに来たりする。そしてそのサービスへの対価としてチップをえるような，そんな職業である。しかし，それは徐々に減少しつつあるし，将来はなくなるであろうといわれている。代わりにおこなわれているのは自動注文装置である。

プロのウエイターはきっとそれでは自分の代わりは務まらないというであろう。本書筆者も100％の代替にはなっていないと考える。しかし最終的に選ぶのはお客である。ちょうど百貨店で服を買うのが煩わしいと考えアマゾンで注文するお客が増え続けているように，人と会ったりあれこれいわれたりすることを敬遠する人が増えているのと同じことである。会計士，事務員はおろか教員でさえも定型業務化できないとはいいがたい。機械にはできない付加価値が求められている時代であるといえる。

第6章においてDBMSのデータ保存方法について論じたが，主張したかったことは同じことである。ビッグデータ等の利用によって，これまで非定型化業務とされてきた記帳業務の何が定型化されることになり，何が自動化されるのか。何を優先にすることにより何が淘汰されるのか。会計学の将来はどのようになるのか。それを見極めるよい機会ではないかと考える。

The farther backward you can look, the farther forward you are likely to see.
　過去をより遠くまで振り返ることができれば，未来もそれだけ遠くまで見渡せるだろう。

Winston Churchill（ウィンストン・チャーチル）

【註】

1）LittleBets! ウェブサイト「ケータイ電話，スマホの音は本人の声ではない？　CELP（セルプ），コードブックって何？」http://littlebets.top/celp/，2015年10月29日［2017年6月15日閲覧］。

2）Carl Benedikt Frey and Michael A. Osborne "The Future of Employment: How Susceptible are Jobs to Computerisation?," Oxford Martin School, University of Oxford, September 17, 2013, pp.1-

72.

3) Virginia Heffernan "Education Needs a Digital-Age Upgrade,"
http://opinionator.blogs.nytimes.com/category/virginia-heffernan/, New York Times, August 7,2011, ［2017 年 6 月 15 日閲覧］.

4) Diamond Online ウェブサイト『機械に奪われそうな仕事ランキング 1 〜 50 位！会計士も危ない！　激変する職業と教育の現場』, http://diamond.jp/articles/-/76895, 週刊ダイヤモンド, 2015 年 8 月 19 日, ［2017 年 6 月 15 日閲覧］。

主要参照文献リスト

【邦 文】

新井益太郎ほか『新簿記新訂版』実教出版，2012 年。
池田尚司ほか「非構造化データ利活用のためのメディア処理技術」『人工知能学会誌』第 28 巻第 1 号，2013 年 1 月，114-121 頁。
石川純治『複式簿記のサイエンス』税務経理協会，2011 年。
井尻雄士『会計測定の基礎——数学的・経済学的・行動学的探究——』東洋経済新報社，1968 年。
礒本光広「ソーターの会計事象理論の再検討」『修大論叢』（広島修道大学）第 11 号，1990 年 1 月，1-34 頁。
礒本光広「DBMS の複式簿記システムに与える影響——データベースの発展を中心にして——」『産業経理』第 75 巻第 2 号，2015 年 7 月，137-150 頁。
礒本光広「行列簿記表の作成と経営分析への適用可能性——有価証券報告書にもとづいて——」『日本経営診断学会論集』第 16 号，2017 年 3 月，47-53 頁。
礒本光広「行列簿記における逆行列係数と産業連関表——影響力係数と感応度係数そして利益感度分析に着目して——」『マネジメント研究』（広島大学マネジメント学会）第 18 号，2017 年 3 月，25-32 頁。
礒本光広「記帳効率化と会計システムの変容——行列簿記の変遷を中心にして——」『イノベーション・マネジメント研究』（信州大学経営大学院イノベーション・マネジメント研究編集委員会）第 13 号，2017 年 4 月，34-44 頁。
上野清貴「キャッシュ・フロー会計と行列簿記」『経営と経済』（長崎大学）第 80 巻第 2 号，2000 年 9 月，1-37 頁。
太田　浩『NOSQL の基礎知識——ビッグデータを活かすデータベース技術——』リックテレコム，2012 年。
大藪俊哉編著『簿記テキスト［第 5 版］』中央経済社，2010 年。
岡田誠一「將棊盤式簿記法」『會計』第 2 巻第 1 号，1917 年 10 月，19-29 頁。
岡田誠一「三記式簿記法梗概 (1)」『會計』第 14 巻第 5 号，1924 年 5 月，1-13 頁。
岡田誠一「三記式簿記法梗概 (2)」『會計』第 15 巻第 1 号，1924 年 7 月，31 頁。
奥村誠次郎「カネの動きをひと目でつかむ簡易"将棋式"簿記のすすめ」『月刊中小企業』

第29巻第3号，1977年3月，22-24頁。

小野二郎「会計情報処理の発展──事務機械化から情報システムの形成へ──」『企業会計』第21巻第7号，1969年6月，6-14頁。

加藤秀樹「債務超過900兆円──初試算日本国のバランスシート──」『文藝春秋』第77巻第5号，1999年5月，134-144頁。

河部守弘「機械簿記の意味するもの」『産業經理』第14巻第1号，1954年1月，107-115頁。

河部守弘「勘定連関論の構想」『産業經理』第16巻第3号，1956年3月，53-58頁。

菊地和聖「ベクトル型情報処理の系譜とその理論──ソロバン・複式簿記・行列簿記──」『青森中央学院大学研究紀要』第8号，2006年3月，65-86頁。

菊谷正人，石山　宏『新会計基準の読み方』税務経理協会，2001年。

来栖正利「ビッグ・データと会計問題」『流通科学大学論集──流通・経営編──』第27巻第2号，2015年1月，237-246頁。

黒澤　清『簿記原理』森山書店，1949年。

黒澤　清『改定簿記原理』森山書店，1951年。

黒澤　清『企業経営と複式簿記原理』同文舘出版，1967年。

黒澤　清「日本会計学発展史に関する一つの試み──会計学にとってパラダイム変革は可能であるか（1）──」『會計』第109巻第3号，1976年3月，1-12頁。

ケーファー著，安平昭二訳『複式簿記の原理』千倉書房，1972年（Käfer, Karl, *Theory of Accounts in Double-Entry Bookkeeping*, Center for International Education and Research in Accounting, 1966）。

河野一英「EDP会計の実務」『経理知識』（明治大学）第51号，1970年3月，11-23頁。

河野正男「社会会計モデルと行列形式」『企業会計』第24巻第6号，1972年6月，90-97頁。

小島男佐夫『簿記史論考』森山書店，1964年。

越村信三郎「經濟循環と資本収益率の體系」『一橋論叢』第10巻第5号，1942年11月，36-63頁。

越村信三郎「再生産の一般方程式」『一橋論叢』第36巻第4号，1956年10月，38-58頁。

越村信三郎「経済学は役にたつか──数学，物理学，会計学との関連において──」『経済セミナー』第133号，1967年5月，15-19頁。

越村信三郎『行列簿記のすすめ──電算機時代の會計──』日経文庫，日本経済新聞社，1967年。

越村信三郎「行列簿記の展開（1）──そのしくみと原理──」『産業經理』第27巻第11号，1967年11月，106-113頁。

越村信三郎「行列簿記の展開（2）──国民経済計算への道（ケネー「経済表」の分析）──」『産業經理』第27巻第12号，1967年12月，113-120頁。

越村信三郎「行列簿記の展開（3）──国民経済計算への道（産業・商業・金融業の総循環

系)──『産業經理』第28巻第1号，1968年1月，122-132頁。

越村信三郎「行列簿記の展開（4・完）──数式化の試み──」『産業經理』第28巻第2号，1968年2月，118-124頁。

越村信三郎『詳解行列簿記──原理と応用──』第三出版，1968年。

越村信三郎『経済人会計人の常識 マトリクス入門』同文舘出版，1974年。

越村信三郎『マトリックス経済学──経済学と会計学の統一をめざして──』同文舘出版，1976年。

越村信三郎「マトリックス会計表（MAC）による未来予知」『企業会計』第32巻第3号，1980年3月，137-145頁。

越村信三郎『だれにでもできるマトリックス会計──経営を変える経理革命──』ソーテック社，1980年。

越村信三郎『マトリックス経営と未来会計──あなたの会社の命運がわかる──』ソーテック社，1980年。

越村信三郎『日本企業のマトリックス分析──会社の経営が一目でわかる──』ソーテック社，1981年。

越村信三郎『戦略マトリックス会計──OA時代の利益倍増プラン──』ソーテック社，1982年。

齋藤 聡「会計分野における3つの標準化（IFRS，XBRL，CLOUD）の動向と展望」『産業能率大学紀要』第30巻第2号，2010年2月，35-60頁。

坂上 学，白田佳子編『XBRLによる財務諸表作成マニュアル』日本経済新聞社，2003年。

坂上 学「XBRLの構造と複式簿記システムへのインプリケーション」『會計』第169巻第3号，2006年3月，376-386頁。

坂上 学『新版会計人のためのXBRL入門』同文舘出版，2011年。

櫻井康弘「コンピュータ会計における商品売買取引処理に関する一考察」『経理研究』（中央大学）第54号，2011年2月，356-366頁。

柴 健次『市場化の会計学──市場経済における制度設計の諸相──』中央経済社，2005年。

清水哲雄「伝票式会計の機能と会計情報」『彦根論叢』（滋賀大学）第151・152号，1971年10月，16-31頁。

清水哲雄「トータル・システムとマトリックス会計」『彦根論叢』（滋賀大学）第153号，1971年12月，59-78頁。

清水哲雄「EDP会計における自動仕訳について」『彦根論叢』（滋賀大学）第182号，1977年1月，74-96頁。

清水 浩「行列簿記における予測についての考察」『北海道産業短期大学紀要』第8号，1974年12月，1-14頁。

集 思編著，馬場克三監訳「増減記帳法──中国の新しい簿記（1）──」『企業会計』第19

巻第13号，1967年12月，113-120頁。
城田真琴『ビッグデータの衝撃——巨大なデータが戦略を決める——』東洋経済新報社，2012年。
杉本典之『会計理論の探求——会計情報システムへの記号論的接近——』同文舘出版，1991年。
醍醐　聰ほか『簿記　教科書』東京法令出版，2016年。
高寺貞男「行列簿記と勘定形式の止揚——会計今昔物語——」『企業会計』第17巻第7号，1965年7月，137-139頁。
高寺貞男「行列簿記小史」『経済論叢』（京都大學經濟學會）第100巻第2号，1967年8月，44-64頁。
高寺貞男『簿記の一般理論——勘定簿記から行列簿記へ——』ミネルヴァ書房，1967年。
高寺貞男「中国の新しい増減簿記法の構成分析」『經濟論叢』（京都大學經濟學會）第102巻第3号，1968年9月，1-22頁。
高寺貞男『会計政策と簿記の展開』ミネルヴァ書房，1971年。
高橋　賢「直接原価計算をめぐる最近の動向」『横浜国際社会科学研究』第15巻第1・2号，2010年8月，1-11頁。
高橋　賢「全部原価計算の説明能力の再検討と直接原価計算の現代的意義」『商学論纂』（中央大学）第55巻第4号，2014年3月，147-165頁。
高柳慎一，井口　亮，水木　栄『金融データ解析の基礎』共立出版，2014年。
武田隆二『簿記Ⅰ＜簿記の基礎＞［カラー版第5版］』税務経理協会，2009年。
田中茂次「行列簿記とその深層構造——原型財務諸表行列簿記の展開のために——」『商学論纂』（中央大学）第36巻第5・6号，1995年3月，237-287頁。
田中茂次「原型財務諸表行列簿記のすすめ（その1）」『商学論纂』（中央大学）第37巻第5・6号，1996年5月，59-125頁。
田中茂次「原型財務諸表行列簿記のすすめ（その2）」『商学論纂』（中央大学）第38巻第1号，1997年1月，1-79頁。
田中茂次「原型財務諸表行列簿記のすすめ（その3）」『商学論纂』（中央大学）第39巻第1・2号，1998年2月，1-55頁。
田中良三「行列簿記の有用性と限界（Ⅰ）」『商学討究』（小樽商科大学）第24巻第4号，1974年3月，25-42頁。
田中良三「行列簿記の有用性と限界（Ⅱ・完）」『商学討究』（小樽商科大学）第26巻第2号，1975年10月，44-60頁。
チャン，A.C.，ウエインライト，K.著，小田正雄，高森　寛，森崎初男，森平爽一郎訳『現代経済学の数学基礎［第4版］上』シーエーピー出版，2010年（Alpha. C. Chiang, Element of Dynamic Opimization, Mcgraw-Hill, 1992）。

陳　忠徳「中国式簿記における計算構造——龍門帳・改良中国式簿記と貸借対照表」『産研論集』(札幌大学), 第 35 号, 2008 年 3 月, 55-66 頁.
鶴見東洋「行列簿記による企業分析」[テーマ研究論文] (早稲田大学), 2013 年 2 月.
戸田博之「ロジスモグラフィアに関する研究」『神戸学院経済学論集』第 23 巻第 7 号, 1991 年 12 月, 71-120 頁.
永田雅宣「線型ということばについて」『理系への数学』現代数学社, 1999 年 7 月号, 10 頁.
中野　勲「行列簿記と投入産出会計」『國民經濟雑誌』第 26 巻第 5・6 号, 1977 年 3 月, 107-116 頁.
永野則雄「会計実体について——マテシッチ理論の一つの問題点——」『山口經濟学雑誌』第 26 巻第 5・6 号, 1977 年 3 月, 107-116 頁.
中村　忠『現代簿記 [新訂第 5 版]』白桃書房, 2008 年.
中村　忠『簿記の考え方・学び方 [5 訂版]』税務経理協会, 2007 年.
二階堂副包『現代経済学の数学的方法——位相数学による分析入門——』岩波書店, 1960 年.
西　順一郎「MG 開発の経緯——経営の大衆化を目指して——」『システムと制御』第 32 巻第 7 号, 1988 年 7 月, 418-423 頁.
西　順一郎, 宇野　寛, 米津晋次『利益が見える戦略 MQ 会計』かんき出版, 2009 年.
西口清治「会計マトリックス表論序説」『関西学院商学研究』第 12 号, 1981 年 6 月, 59-76 頁.
西村匡史「誤解されている行列簿記 (会計——しろうとの感触第 4 回——)」『産業経理』第 34 巻第 12 号, 1974 年 11 月, 88-91 頁.
沼田嘉穂『簿記教科書 [五訂新版]』同文舘出版, 1992 年.
間　顕次著, 鹿島兼一監修『今日から始める弥生会計 13』ソシム, 2012 年.
花岡　菖「黎明期のコンピュータの発展に関する一考察 (1)」『経済系』(関東学院大学) 第 215 集, 2003 年 4 月, 55-112 頁.
原田富士雄「会計情報システムと行列簿記——簿記理論展開の一方向を探る——」『企業会計』第 24 巻第 6 号, 1972 年 6 月, 105-112 頁.
ピーター・フランクル『数学の愛しかた (NHK 人間講座)』日本放送協会, 2004 年.
土方　久「記録の起源と複式簿記の記録 (Ⅱ)」『商学論集』(西南学院大学) 第 57 巻第 1 号, 2010 年 6 月, 1-27 頁.
廣升健生『会社の経理を全自動化する本』翔泳社, 2014 年.
藤田昌也「行列簿記と帳簿組織」『西南学院大学商学論集』第 19 巻第 1 号, 1972 年 5 月, 105-143 頁.
藤田芳夫「単式簿記と複式簿記——簿記の財産管理機能と損益計算機能——」『商学討究』(小樽商科大学) 第 16 巻第 1 号, 1965 年 6 月, 23-40 頁.
藤田芳夫「伝統的複式簿記とコンピューター——電子計算機複式簿記における仕訳帳の廃止——」『商学討究』(小樽商科大学) 第 19 巻第 1 号, 1968 年 8 月, 13-58 頁.

藤田芳夫『行列簿記と線型会計』日本評論社，1970年。

藤田芳夫「行列簿記とその展開（1）――行列簿記と投入産出分析・線型計画法の結合――」『會計』第106巻第3号，1974年9月，69-90頁。

藤田芳夫「行列簿記とその展開（2）――行列簿記と投入産出分析・線型計画法の結合――」『會計』第106巻第5号，1974年11月，65-89頁。

藤田芳夫「行列簿記とその展開（3）――行列簿記と投入産出分析・線型計画法の結合――」『會計』第106巻第6号，1974年12月，48-68頁。

増永良文『リレーショナルデータベース入門・新訂版――データモデル・SQL・管理システム――』サイエンス社，2003年。

溝口一雄「リニアー・プログラミングと原価計算」『パブリックリレーションズ』第5巻第10号，1954年10月，21-24頁。

宮崎栄一『未来決算書で会社は儲かる！』こう書房，2012年。

山形休司『FASB財務会計基礎概念』同文館出版，1986年。

山田昭彦「コンピュータ開発史概要と資料保存状況について――第一世代と第二世代コンピュータを中心に――」『技術の系統化調査報告第1集』国立科学博物館，2001年3月。

山桝忠恕『複式簿記原理（新訂版）』千倉書房，1991年。

ヨハン・フリードリッヒ・シェアー著，林　良治訳『シェアー簿記会計学　上巻』新東洋出版社，1976年（Johann Friedrich Schär, *Buchhaltung und Bilanz*, Julius Springer, 1922）。

渡部裕亘，北村敬子，片山 覚『検定簿記講義（平成25年版）3級商業簿記』中央経済社，2013年。

『EDINETタクソノミ新仕様の概要説明（次世代EDINET案）』金融庁総務企画局企業開示課，2014年6月25日。

『XBRL FACTBOOK 2005』Vol.7，一般社団法人XBRL Japan，2005年11月。

『XBRL FACTBOOK 2011』Vol.12，一般社団法人XBRL Japan，2011年3月。

『XBRL FACTBOOK 2013』Vol.13，一般社団法人XBRL Japan，2013年9月。

『XBRL FACTBOOK 2016』Vol.14，一般社団法人XBRL Japan，2016年3月。

『第545回統計審議会議事録』総務省統計審議会，1998年2月13日。

『法令用語改善の実施要領』昭和29年11月25日法制局総発89号。

『公用文における漢字使用等について』昭和56年10月1日内閣閣第138号。

『電子計算機を使用して作成する国税関係帳簿書類の保存方法等の特例に関する法律』国税庁，平成10年3月31日法律第25号，最終改正：平成19年3月30日法律第6号。

『平成17年富山県産業連関表』富山県経営管理部統計調査課経済動態係，2010年6月。

「平成17年広島県産業連関表」『資料第1173号』広島県企画振興局政策企画部統計課分析グループ，2012年3月。

『有価証券報告書及び内部制御報告書』富士重工業株式会社，第82期，自2012年4月1日

至 2013 年 3 月 31 日。
『有価証券報告書及び内部統制報告書』富士重工業株式会社,第 83 期,自 2013 年 4 月 1 日至 2014 年 3 月 31 日。
『有価証券報告書及び内部統制報告書』富士重工業株式会社,第 84 期,自 2014 年 4 月 1 日至 2015 年 3 月 31 日。
『有価証券報告書』マツダ株式会社,第 146 期,自 2011 年 4 月 1 日至 2012 年 3 月 31 日。
『有価証券報告書』マツダ株式会社,第 147 期,自 2012 年 4 月 1 日至 2013 年 3 月 31 日。
『有価証券報告書』マツダ株式会社,第 148 期,自 2013 年 4 月 1 日至 2014 年 3 月 31 日。
『有価証券報告書』マツダ株式会社,第 149 期,自 2014 年 4 月 1 日至 2015 年 3 月 31 日。
『商工会議所簿記検定試験出題区分表』日本商工会議所,1959 年 9 月 1 日制定 2016 年 2 月 1 日最終改定(2016 年 4 月 1 日施行)。
『商工会議所簿記検定試験出題区分表の改定について』日本商工会議所,2015 年 4 月 24 日。
「景気の谷 12 年 11 月 後退 7 か月 戦後 2 番目の短さ」『読売新聞』2014 年 5 月 31 日,9 頁。
「環境技術で提携拡大 トヨタ・マツダエコカー開発強化 基本合意」『毎日新聞』2015 年 5 月 14 日,7 頁。
「富士重工業改め SUBARU」『朝日新聞』2016 年 5 月 13 日,11 頁。
「カープ V 効果 331 億円 広島県内の消費・投資試算」『朝日新聞』2016 年 9 月 10 日,9 頁。

【欧 文】

American Accounting Association, Committee to Prepare a Statement of Basic Accounting Theory, *A Statement of Basic Accounting Theory,* Evanston, 1966.

Berman, Abraham and Robert J., *Nonnegative Matrices in the Mathematical Sciences (Classics in applied mathematics, 9)*, Society for Industrial and Applied Mathematics, 1994.

Cayley, Arthur, *The Principles of Book-keeping by Double Entry,* Cambridge University Press Warehouse, 1894.

Chambers, Raymond John, *Accounting, Evaluation and Economic Behavior,* Prentice-Hall, Inc. Englewood Cliffs, 1966.

Chang, Fay, Jeffrey Dean, Sanjay Ghemawat, Wilson C. Hsieh, Deborah A. Wallach, Mike Burrows, Tushar Chandra, Andrew Fikes, Robert E. Gruber, "Bigtable: A Distributed Storage System for Structured Data," *Google, Inc.,* 2006.

Charnes, A., Cooper, W. W., Henderson, A. and Wiley, J., *An Introduction to Linear Programing,* Chapman & Hall, 1953.

Charnes, A., Cooper, W. W. and Ijiri, Yuji, "Breakeven Budgeting and Programming to Goals," *Journal of Accounting Reserch,* Vol.1, No.1, April 1964, pp.16-43.

(http://static.googleusercontent.com/media/research.google.com/ja//archive/bigtable-osdi06.pdf).

Chiang, Alpha C., *Fundamental Methods of Mathematical Economics Second Edition*, McGraw-Hill Inc., 1974.

Codd, Edgar Frank, "A Relational Model of Data for Large Shared Data Banks," *Communications of the ACM*, Vol.13, No.6, June 1970, pp.377-387.

Corcoran, A. Wayne, "Matrix Bookkeeping," *Journal of Accountancy*, Vol.117, No.3, March 1964, pp.60-66.

Cushing, B. E., "On the Feasibility and the Consequnces of a Database Approach to Corporate Financial Reporting," *Journal of Information Systems*, Vol.3, No.1, Spring 1989, pp.29-52.

Farag, Shawki M., "A Planning Model for the Divisionalized Enterprise," *The Accounting Review*, Vol. 43, No. 2, April 1968, pp. 312-320.

Fujimoto, Takao, "The Banachiewicz Identity and Inverse Positive Matrices," 『福岡大学経済学論叢』第51巻第4号, 2007年3月, pp.1-7.

Goetz, Billy E., "Debit, Credit, and Input-Output Tables," *The Accounting Reviw*, Vol.42, No.3 July 1967, pp.589-591.

Gomberg, Leon, *Grundlegung der Verrechngswissenschaft*, Duncker & Humblot, 1908.

Gomberg, Leon, *Eine geometrische Darstellung der Buchhaltungsmsthoden*, L. Weiss, Vol. 1. 1927.

Gray, S. J., "Towards a Theory of Cultural Influence on the Development of Accounting System Internationally," *ABACUS*, Vol.24, No.1. March, 1988, pp.1-15.

Hawkins, David and Simon, Herbert A. "Some Conditions of Macroeconomic Stability," *Econometrica*, Wiley-Blackwell Publishing Inc., Vol.16, No.4, October 1948, pp. 309-322.

Hügli, F., *Die Buchhaltungs-Systeme und Buchhaltungs-Formen: Ein Lehrbuch der Buchhaltung*, K. J. Wyss, 1887.（Neugedruckt durch Nihon Shoseki 1977）.

Ijiri, Yuji, "An Application of Input-Output Analysis to Some Problems in Cost Accounting," *Management Accounting*, Vol.49, No.8, April 1968, pp.49-61.

Kemeny, John G., Shleifer Jr., Arthur, Snell, J.Laurie and Thompson, Gerald L., *Finite Mathematics with Business Applications*, Prentice-Hall, Inc., 1962.

Kohler, Eric L., *A Dictionary for Accountants first edition*, Prentice-Hall, Inc., 1952.

Kohler, Eric L., *A Dictionary for Accountants fifth edition*, Prentice-Hall, Inc., 1975.

Leontief, Wassily, *The Structure of American Economy 1919-1939: An Empirical Application of Equilibrium Analysis Second Edition Enlarged*, International Arts and Sciences Press Inc., 1951.

Littleton, A. C., *Accounting Evolution to 1900*, American Institute Publishing Co. Inc., 1933, Reissued Russell & Russell, 1966.

Mattessich, Richard, "The Constellation of Accountancy and Economics," *The Accounting Review*, Vol. 31, No. 4, October 1956, pp.551-564.

Mattessich, Richard, "Towards a General and Axiomatic Foundation of Accountancy: With an Introduction to the Matrix Formulation of Accounting System," *Journal of Accounting Research*, Vol.8, No.4, October 1957, pp.328-355.

Mattessich, Richard, "Mathematical Models in Business Accounting," *The Accounting Review*, Vol.33, No.3, July 1958, pp.472-481.

Mattessich, Richard, "Budgeting Models and System Simulation," *The Accounting Review*, Vol.36 No.3, July 1961, pp. 384-397.

Mattessich, Richard, *Accounting and Analytical Methods: Measurement of Projection of Income and Wealth in the Micro and Macro Economy*, Richard D. Irwin, 1964.（R. マテシッチ著，越村信三郎監訳『会計と分析的方法　上巻・下巻』同文舘出版，1972 年）

Mattessich, Richard, *Simulation of the Firm through a Budget Computer Program*, Richard D. Irwin, 1964.

Mattessich, Richard, *Die wissenschaftlichen Grundlagen des Rechnungswesens*, Bertelsmann Universitätsverlag, 1970.

Mattessich, Richard, "Methodological Preconditions and Problems of a General Theory of Accounting," *The Accounting Review*, Vol .47 No.3, July 1972, pp.185-216.

Mattessich, Richard, "Fritz Schmidt (1882–1950) and his Pioneering Work of Current Value Accounting in Comparison to Edwards and Bell's Theory," *Contemporary Accounting Research*, Vol.2 No.2, Spring 1986, pp.157-178.

Mattessich, Richard, "Commentary: Accounting Schism or Synthesis? A Challenge for the Conditional Normative Approach," *Canadian Accounting Perspectives*, Vo.1 No.2, November 2002, pp.185-216.

Osborne, Michael A. and Frey, Carl Benedikt, *The Future of Employment: How Susceptible are Jobs to Computerisation?*, Technological Forecasting & Social Change, 2016.

Ostrowski, A. M., "Über die Determinanten mit über wiegender Hauptdiagonale," *Commentarii Mathematici Helvetici*, Vol.10, 1937, S.69-96.

Pacioli, Luca, *Summa de Arithmetica, Geometria, Proportioni et Proportionalita*, Paganini, 1494.

Perry, Kenneth W., "Statistical Relationship of Accounting and Economics," *The Accounting Review*, Vol. 30, No. 3, July 1955, pp.500-506.

Plemmons, R. J.,"M-Matrix Characterizations.I-Nonsingular M-Matrices," *Linear Algebra and Its Applications*, Vol.18 No.2, 1977, pp.175-188.

Richards, Allen B., "Input-Output Accounting for Business," *The Accounting Review*, Vol.35, No.3, July 1960, pp.429-436.

Rossi, Giovanni, *Lo Scacchiere Anglo-Normanno e la Scrittura in Partita Doppia a Forma di Scacchiera*, Tipogr. Eredi Botta, 1889.

Shank, John K., *Matrix Methods in Accounting* (Addison-Wesley Paperback Series in Accounting),

Addison-Wesley, 1972.

Sorter, George H., "An 'Events' Approach to Basic Accounting Theory," *The Accounting Review*, Vol. 44, No. 1, January 1969, pp.12-19.

Sorter, George H., *The Boundaries of the Accounting Universe,* Arno Press, 1978.

Sykora, Gustav, *Systeme Methoden und Formen der Buchhaltung,* Industrievelag Spaeth & Linde, 1952.

Sylvester, James Joseph, Additions to the Articles in the September Number of this Journal, " 'On a New Class of Theorems,' and 'On Pascal's Theorem,' " *Philosophical Magazine and Journal of Science,* Ser.3, Vol.37, November 1850, pp.363-370.

【ウェブサイト】

ITS ウェブサイト『戦略 MQ 会計・マトリックス会計』, http://www.mxpro.jp/,〔2017 年 6 月 15 日閲覧〕。

アステム株式会社ウェブサイト『ふくろう販売管理システム』, http://www.astem.com/,〔2017 年 6 月 15 日閲覧〕。

一般財団法人流通システム開発センターウェブサイト『JAN コードとは』, http://www.dsri.jp/jan/about_jan.htm,〔2017 年 6 月 15 日閲覧〕。

株式会社オービックビジネスコンサルタントウェブサイト, http://www.obc.co.jp/,〔2017 年 6 月 15 日閲覧〕。

Ketchapp! ウェブサイト『レシーピ！のインストールと楽しい家計簿管理』, http://ketchapp.jp/trst/receipi/1/,〔2017 年 6 月 15 日閲覧〕。

国税庁ウェブサイト『電子帳簿保存法について』, http://www.nta.go.jp/shiraberu/zeiho-kaishaku/joho-zeikaishaku/dennshichobo/jirei/,〔2017 年 6 月 15 日閲覧〕。

小林敬幸税理士事務所ウェブサイト『帳簿組織とパソコン会計』, http://kobarin.hatenablog.com/entry/20090616/1245128882, 2009 年 6 月 16 日,〔2017 年 6 月 15 日閲覧〕。

SAP Japan ウェブサイト『勘定タイプの統制勘定の意義』 http://help.sap.com/saphelp_470/helpdata/ja/c7/a88b8f43dd11d182b30000e829fbfe/content.htm,〔2017 年 6 月 15 日閲覧〕。

佐藤　博ウェブサイト『図解：複式簿記――仕訳のセマンティックス――』, http://home.s06.itscom.net/datacent/, 2010 年 9 月,〔2017 年 6 月 15 日閲覧〕。

柴田充啓 IT 税理士事務所ウェブサイト『商品の三分法・分記法と売上原価対立法』, http://www.itzeirishi.com/?p=191,〔2017 年 6 月 15 日閲覧〕。

総務省統計局『産業連関表の仕組み』, http://www.soumu.go.jp/toukei_toukatsu/data/io/system.htm,〔2017 年 6 月 15 日閲覧〕。

DATA STAX ウェブサイト『NoSQL データベース』, http://www.planetcassandra.org/what-is-nosql-jp/,〔2017 年 6 月 15 日閲覧〕。

TecaWeb ウェブサイト，http://tecaweb.net/archives/26，［2017 年 6 月 15 日閲覧］。

東京証券取引所ウェブサイト『タクソノミとインスタンスのイメージ』，http://www.tse.or.jp/rules/td/xbrl/about.html，［2015 年 3 月 5 日閲覧（2017 年 6 月 15 日現在リンク切れ）］。

日経平均プロフィル「日経平均株価の推移」，http://indexes.nikkei.co.jp/nkave/archives/data，［2017 年 6 月 15 日閲覧］。

日本取引所グループウェブサイト，http://www.jpx.co.jp/index.html，［2017 年 6 月 15 日閲覧］。

マイクロソフト社ウェブサイト，『Excel で浮動小数点演算の結果が正しくない場合がある』，https://support.microsoft.com/ja-jp/help/78113/floating-point-arithmetic-may-give-inaccurate-results-in-excel，［2017 年 6 月 15 日閲覧］。

マークラインズ自動車産業ポータル『自動車販売台数速報 2014 年』，http://www.marklines.com/ja/statistics/flash_sales/salesfig_japan_2014，［2017 年 6 月 15 日閲覧］。

初出掲載雑誌等一覧

　本書の内容の多くはすでに学術雑誌等に発表したものである。初出掲載雑誌およびその際の論文題目等は以下のとおりである。序章と終章は本書のために書き下ろしたものである。学術雑誌等に発表した時点での論文要旨と本書の内容が根本的に異なることはないが，論文展開の都合上，初出論文の内容の一部を大幅に加筆・補正し，また表現・用語にたいしてはかなりの修正を施した。これらのうち，特に第4章は紙面の都合上，推定仕訳や多くの行列簿記表を割愛して発表したが本書では詳細に説明してある。

第1章　行列簿記の萌芽と生成
　（書き下ろし）

第2章　行列簿記の構造と種類
　（書き下ろし）

第3章　行列簿記と意思決定
　「行列簿記表の作成と経営分析への適用可能性——有価証券報告書にもとづいて——」『日本経営診断学会論集』第16号，2017年3月，47-53頁。日本経営診断学会第48回全国大会（2015年9月，主催校：近畿大学）発表。

第4章　行列簿記表と経営分析
　「行列簿記における逆行列係数と産業連関表——影響力係数と感応度係数そして利益感度分析に着目して——」『マネジメント研究』（広島大学マネジメント学会）第18号，2017年3月，25-32頁。日本会計研究学会第74回全国大会（2015年9月，主催校：神戸大学）発表。

第5章　記帳の効率化
　「記帳効率化と会計システムの変容——行列簿記の変遷を中心にして——」『イノベーション・マネジメント研究』（信州大学マネジメント学会）第12号，2017年3月，34-44頁。

第6章　DBMSと複式簿記
　「DBMSの複式簿記システムに与える影響」『産業経理』（産業経理協会）第75巻第2号，2015年7月，137-150頁。

索　引

A－Z

ANSI/X3/SPARC………………………… 225
ASOBAT …………………………… 93，168
Bigtable ……………………………………… 237
DELTA 行 …………………………………… 150
Dynamo ……………………………………… 237
EDGAR …………………………… 203，214
EDINET ………………………… 203，214，234
EDP 会計 ………………………… 185，187，217
ENIAC ……………………………………… 217
ERP システム ……………………………… 204
FASB ……………………………… 124，199
Formula Link ……………………………… 234
GUI ………………………………………… 185
IEEE754 …………………………………… 224
IFRS ……………………………… 199，230，250
JAN コード ……………………………… 192，213
MB チャート ……………………… 27，104，128
MINVERSE 関数 …………………………… 61
NOSQL ……………………………………… 239
POS システム …………………………… 192，213
RDBMS …………………………… 41，237
SAP ……………………………… 204，207，214
SQL ………………………………………… 238
Windows95 ……………………………… 185，200
XBRL FR ………………………… 230，250
XBRL GL ………………………… 231，235，250

ア

アメリカ式簿記 ……………………………… 9，10
アンケート内容 …………………………… 191
イギリス式簿記法 ………………………… 179
石川純治 ……………………………………… 36
井尻雄士 …………………………… 40，147
イタリア式簿記法 ………………………… 179
1 事実 1 箇所（1 fact in 1 place）……… 230
一帳簿制 …………………………… 12，43，245
インスタンス ……………………………… 231
ヴェニス式簿記法 ………………… 39，50，178
上野清貴 …………………………………… 83
売上原価対立法 ……………… 196，206，209
影響力係数 ……………………… 100，118
演算誤差 …………………………………… 224
大藪俊哉 …………………………… 197，211
岡田誠一 ……………………… 8，13，48
オストロスキー …………………………… 125
オズボーン ………………………………… 256

カ

会計行列代数 …………………… 123，222
会計事象理論（Event Theory）………… 168
会計領域（Accounting Universe）……… 168
外生変数 ……………………………… 146，148
概念スキーマ ……………………………… 225
外部スキーマ ……………………………… 225
開放型 ……………………………… 99，101

ガウス……………………………………39
貸方方程式………………………………60
仮想現実…………………………………iii
カード型データベース……………223
借方係数…………………………30, 64, 67
　　――行列……………………………61, 68
関係従属…………………………………227
勘定学説………………………………86, 92
勘定奉行…………………………………201
勘定連関……………………16, 95, 147
感応度係数……………………………101, 118
機械が奪う職業・仕事ランキング……256
機械化簿記会計………………………207
犠牲関連取引……………………………80
擬制的勘定……………………………144
擬制法…………………………………189
既知項過剰………………………41, 86, 241
逆取引行列………………………………37, 45
逆行列係数………………………61, 99, 112
キャッシュ・フロー計算書……93, 134, 234
行列式……………………………iii, vi, 27
行列簿記に関する投稿論文一覧……94
記録会計方式………………………183, 212
均衡資産等式……………………………52
クーパー…………………………………30
クラウド（Cloud Computing）……199, 236
クラメルの公式…………………………31
黒澤　清………………………12, 39, 51
経営俯瞰ツール…………………………251
経済波及効果………………………91, 112, 118
ケイリー………………………………26, 40
ケメニー＝シュライファー＝スネル＝
　　トンプソン……………………34, 37, 60
原型財務諸表行列簿記……………77, 82
源泉………………………………16, 168, 251

交換取引…………………………………77, 81
五勘定法…………………………………198
コーコラン………………………………21, 127
越村信三郎…………………………26, 92, 105
コッド……………………………………40
古典型……………………………………55, 247
碁盤式簿記………………………………8, 42, 60
五分法……………………………………197
コーラー………………………16, 76, 124, 219
混合型……………………………………58
混合勘定…………………………………195
混合取引…………………………………77
ゴンベルグ…………………………31, 34, 124

サ

財務分析診断シート……………………142
坂上　学…………………………………235
三記式簿記………………………………50
産業連関表………………………………96
3層スキーマ……………………………225
三分法…………………………192, 197, 209
シェアー…………………………………2, 39
使途………………………………34, 247, 250
柴　健次…………………………………210
ジャカール………………………………184
借行貸列式………………………………221
収益構造概略図…………………………121
集合論……………………………40, 86, 127
主キー……………………………………227
主座小行列………………………………108
将棋盤式簿記……………………………8, 13
商品勘定の四分法……………………59, 89
シルベスター……………………………iii
人的勘定学説（人的勘定理論）……50, 86
推定仕訳…………………………………132

| 索　引 |

スウィフト社·································30, 143
ストレッツィ··239
正規化···226
正方行列·······························17, 105, 108
セル··83, 219
線型計画法（リニア・プログラミング）
　···29, 154
総額主義の原則····································195
総記法···193
ソーター······································168, 247
ソルバー機能·······························31, 44, 152
ソローの列和条件··································108
損益取引··· 77

タ

貸行借列式···221
大陸式決算法······························144, 179
高寺貞男·····························31, 52, 207, 222
タクソノミ··231
武田隆二······································89, 194
田中茂次··· 77
多欄式帳簿································7, 50, 245
単位行列·······································61, 68
単式簿記··171
チェルボーニ·· 50
チャーンズ··· 30
中国式増減記帳法································· 52
帳簿組織·································178, 206, 210
直接原価計算······································119
データベース······································177
デビットソン······································256
展開表（スプレッドシート）········16, 36, 219
伝票会計··181
同時記入的簿記（同時記入的一覧表）
　···33, 50, 86

統制勘定（統括勘定）··················207, 215
投入係数··································30, 104, 111
投入産出表································98, 146, 210
ドグランジェ··· 8
戸田博之··· 51

ナ

内部スキーマ······································225
中村　忠···································174, 194
七分法···197
二重性···································35, 171, 207
二重分類簿記····························35, 45, 53
日記帳······································13, 50, 178
沼田嘉穂···································179, 194
能率型··54, 247

ハ

パスカル··184
パチョーリ···································40, 122, 177
パンチカードシステム················1, 185, 212
非 I/O 取引··147
非可逆性···································34, 45, 251
非正規形··226
ビッグデータ······························218, 237
非転記簿記法······································ 12
ヒュックリ·· 51
ビュー表·····································226, 252
ファラグ·····································147, 158
複合勘定··202
複合仕訳···································189, 202, 214
複合取引··212
複式行列簿記······································ 83
藤田昌也·····································206, 210
藤田芳夫·····································146, 150
フローダイアグラム··························2, 46

分解仕訳·················· 82
分課制度················· 180
分割耐性················· 237
分割法·················· 189
分記法·················· 193
閉鎖残高············ 148, 174, 220
ベクトル················ 29, 106
ベリニ················· 7, 124
便益関連取引··············· 79
ホーキンス＝サイモンの条件······ 107, 125
ボストン式元帳··········· 9, 12, 245
ホレリス················· 185

マ

マテシッチ············ 17, 40, 127
マトリックス·············· iii, vi
マネジメントゲーム（MG）······· 252
マルコフ連鎖············· 30, 117
メディチ家··············· 178

ヤ

弥生会計················ 201

ラ

ライプニッツ·············· 184
利益感度分析·············· 119
リチャーズ·········· 143, 158, 248
リトルトン··············· 171
流線型·················· 57
量子化理論··············· 255
レオンチェフ············· 9, 92
────逆行列············ 116
────行列············· 116
ロジスモグラフィア··········· 50
ロッシ················ 8, 124

ワ

ワンライティングシステム
　（One Writing System）······ 181, 187

《著者紹介》
礒本光広（いそもと・みつひろ）

広島県生まれ。
広島大学大学院社会科学研究科マネジメント専攻博士課程後期修了。
博士（マネジメント）（広島大学）。

（検印省略）

2018年1月6日 初版発行　　　　　　　　　略称―行列簿記

行列簿記の現代的意義
―歴史的経緯と構造の視点から―

著　者　礒本光広
発行者　塚田尚寛

発行所　東京都文京区　株式会社　創　成　社
　　　　春日2－13－1

電　話　03（3868）3867　　ＦＡＸ　03（5802）6802
出版部　03（3868）3857　　ＦＡＸ　03（5802）6801
http://www.books-sosei.com　振　替　00150-9-191261

定価はカバーに表示してあります。

©2018 Mitsuhiro Isomoto　　組版：トミ・アート　印刷：エーヴィスシステムズ
ISBN978-4-7944-1517-2 C3034　　製本：宮製本所
Printed in Japan　　　　　　　　落丁・乱丁本はお取り替えいたします。

---- 簿記・会計選書 ----

行列簿記の現代的意義 ― 歴史的経緯と構造の視点から ―	礒本光広 著	3,000円
非営利・政府会計テキスト	宮本幸平 著	2,000円
ゼミナール監査論	山本貴啓 著	3,000円
財務会計論講義	林　兵磨 著	2,000円
国際会計の展開と展望 ― 多国籍企業会計とIFRS ―	菊谷正人 著	2,600円
IFRS教育の実践研究	柴　健次 編著	2,900円
IFRS教育の基礎研究	柴　健次 編著	3,500円
投資不動産会計と公正価値評価	山本　卓 著	2,500円
会計不正と監査人の監査責任 ― ケース・スタディ検証 ―	守屋俊晴 著	3,800円
キャッシュフローで考えよう！ 意思決定の管理会計	香取　徹 著	2,200円
会計原理 ― 会計情報の作成と読み方 ―	斎藤孝一 著	2,000円
現代会計の論理と展望 ― 会計論理の探究方法 ―	上野清貴 著	3,200円
簿記のススメ ― 人生を豊かにする知識 ―	上野清貴 監修	1,600円
複式簿記の理論と計算	村田直樹 竹中　徹 森口毅彦 編著	3,600円
複式簿記の理論と計算　問題集	村田直樹 竹中　徹 森口毅彦 編著	2,200円
社会化の会計 ― すべての働く人のために ―	熊谷重勝 内野一樹 編著	1,900円
活動を基準とした管理会計技法の展開と経営戦略論	広原雄二 著	2,500円
ライフサイクル・コスティング ― イギリスにおける展開 ―	中島洋行 著	2,400円

(本体価格)

---- 創成社 ----